希腊化－罗马时期
地中海世界的
犹太观念

Jewish Perceptions in
Mediterranean World during
the Hellenistic-Roman Period

傲慢与偏见

郑 阳 著

社会科学文献出版社
SOCIAL SCIENCES ACADEMIC PRESS (CHINA)

本书为国家社会科学基金青年项目（批准号：14CSS002）结项成果

缩略语

CPJ	*Corpus Papyrorum Judaicarum*	《犹太纸草集》
GLAJJ	*Greek and Latin Authors on Jews and Judaism*	《希腊拉丁作家论犹太人与犹太教》
OCD	*Oxford Classical Dictionary*	《牛津古典词典》

斐洛作品

Abr	*De Abrahamo*	《论亚伯拉罕》
Aet	*De Aeternitate Mundi*	《论世界的永恒》
Agr	*De Agricultura*	《论农艺》
Anim	*De Animalibus*	《论动物》
Cher	*De Cherubim*	《论基路伯》
Conf	*De Confusione Linguarum*	《论语言的变乱》
Cong	*De Congressu quaerendae Eruditionis gratia*	《论预备性学习》
Decal	*De Decalogo*	《论十诫》
Det	*Quod Deterius Potiori insidiari soleat*	《恶人攻击善人》
Deus	*Quad Deus Immutabilis sit*	《论神的不变性》
Ebr	*De Ebrietate*	《论醉》

Flacc	*In Flaccum*	《反弗拉库斯》
Fug	*De Fuga et Inventione*	《论逃避与发现》
Gig	*De Gigantibus*	《论巨人》
Heres	*Quis Rerum Divinarum Heres*	《谁是神立的后嗣》
Hyp	*Hypothetica*	《为犹太人申辩》
Ios	*De Iosepho*	《论约瑟》
Leg All	*Legum Allegoriae*	《寓意解经》
Legatio	*De Legatione ad Gaium*	《觐见盖乌斯》
Mig Abr	*De Migratione Abrahami*	《论亚伯拉罕的迁徙》
Mos	*De Vita Mosis*	《论摩西的生平》
Mut	*De Mutatione Nominum*	《论更名》
Op Mund	*De Opificio Mundi*	《论创世》
Plant	*De Plantatione*	《论种植》
Post	*De Posteritate Caini*	《论该隐的后裔与放逐》
Praem	*De Praemiis et Poenis*	《论赏罚》
Probus	*Quod Omnis Probus Liber sit*	《善者皆自由》
Prov	*De Providentia*	《论神意》
Quaest Gen	*Quaestiones et Solutiones in Genesin*	《创世问答》
Quaest Exod	*Quaestiones et Solutiones in Exodum*	《出埃及记问答》
Sacr	*De Sacrificiis Abelis et Caini*	《论亚伯和该隐的献祭》
Sobr	*De Sobrietate*	《论清醒》
Somn	*De Somniis*	《论梦》
Spec Leg	*De Specialibus Legibus*	《论特殊律法》
Virt	*De Virtutibus*	《论德性》

| Vit Cont | *De Vita Contemplativa* | 《论凝思的生活》 |

约瑟夫斯作品

AJ	*Antiquitates Judaicae*	《犹太古事记》
BJ	*Bellum Judaicum*	《犹太战记》
CA	*Contra Apionem*	《驳阿庇安》
V	*Vita*	《自传》

坚守与融合（代序）

徐　新

　　郑阳所著《傲慢与偏见——希腊化-罗马时期地中海世界的犹太观念》一书是一部从史学角度探讨古代文明的著作，涵盖的历史时段（公元前 4 世纪~公元 2 世纪）与涉及的地域范围（地中海世界）在人类文明史上十分独特。这是第一个不同文明深度碰撞交流的时期。面对这样的历史变局，身处其中的各个文明如何应对已经成为今天重视文明互鉴者关注的历史课题。犹太民族作为地中海世界的一员，作为这一文明碰撞交流过程重要的参与者和塑造者，成为本书的审视主体十分自然，非犹太群体在这一过程中如何形成，以及最终形成了何种犹太观念亦应是大家所关注的内容。

　　阅读这样一部作品，需要从了解希腊化-罗马时期开始，而开创这一时代的传奇英雄亚历山大大帝为我们提供了合适的切入点。亚历山大 20 岁即位，一生中几乎未尝败绩，仅用 10 年时间便征服了从欧洲巴尔干到印度河流域的广袤地区，建立了当时世界上疆域最大的帝国——亚历山大帝国，并开启了"希腊化时代"。亚历山大不仅是马其顿国王、希腊世界的共主，还成为"亚洲之王"。由于他的扩张和征服，已有上千年历史的上古诸文明，如两河文明、埃及文明、波斯文明、犹太文明、希腊文明等都被纳入同一"屋檐"下。这位叱咤风云的英雄33岁便猝然离世，然而他所开创的不同文明之间既冲突又融合的新浪潮并未随着他的离世而式微，反而积跬致远，渐成大势，成为人类文明史上光辉灿烂的一页。亚历山大的帝国在其去世后主要分裂为三个部分：在欧洲的马其顿王国，包括希腊及其周边地区；托勒密王国，主要统辖埃及和巴勒斯坦部分地区；塞琉古王国，继承了亚历山大帝国亚洲部分的领土，统治的中心地区在叙利亚和黎巴嫩地区。生活在巴勒斯坦地区的犹太人曾先后被托勒密王国和塞琉古王国统治。

马其顿统治者深受希腊文化影响，认定希腊文化是一种超越希腊本土的理想和生活方式。出于自身情感和统治需要，他们在自己的统治区域中推广希腊的语言、思想和文化，希腊式城市纷纷建立，一场所谓"希腊化运动"（Hellenization）在希腊化诸王国所在的地区悄然兴起，这一时期也被称为"希腊化时期"。

席卷近东地区的希腊化运动在犹太人的家园也声势浩大，影响深远。以色列地出现了近30座设有希腊式祭坛、竞技场和剧院的新兴城镇，凯撒利亚和撒玛利亚是其中的代表。这些表明以色列地孕育出的犹太文明与希腊文明的融合。在犹太散居地、埃及亚历山大里亚，犹太会堂更是直接采用了巴西利卡的建筑样式，这是典型的希腊-罗马建筑。诞生于亚历山大里亚的《七十士译本》是犹太《托拉》的第一个希腊语译本。这一译本为生活在散居地、讲希腊语的犹太民众研习《托拉》提供了方便，也为希腊人提供了一条了解犹太文明的渠道。生活在亚历山大里亚的斐洛（Philo of Alexandria）完全可以被视为希腊文化与犹太文化融合的典范。斐洛是一位希腊化的犹太哲学家，是第一位对《托拉》进行哲学诠释并留下丰硕成果的学者。他采用隐喻的叙述方法，将犹太经典寓意转化为一系列抽象的哲学概念，为犹太文化注入了新的活力，使其能够在希腊化的新形势下延续、发展、壮大。同时，他有意识地将希腊哲学融入犹太传统，致力于阐发犹太神学思想，进而把犹太教中包含的神秘主义成分理论化、系统化。这些现象都清楚地体现出希腊文化对犹太文明的影响，也昭示着犹太人对希腊文化的接纳与融合。

然而，不同寻常的是，犹太文化与希腊文化的融合并不是没有边界的融合，而是一种在坚守中的融合，是在加强自身文明护栏建设中的融合。这样的融合体现在两方面：一是以抗争的方式抵御，二是以"大众化"的方式重塑犹太教。

如前所述，希腊式生活方式的多元性和开放性显然对一部分犹太人，特别是其上层贵族，非常具有吸引力。不过，广大犹太民众因为独特的信仰与传统，对希腊式生活提不起兴趣；而希腊统治者对其生活方式的执意推行，不可避免会导致对犹太传统生活方式的冲击，使决意坚守自身文化传统的犹太人最后不得不奋起进行捍卫民族文化传统的斗争。

这种政治文化冲突随着安条克四世强制在耶路撒冷推行希腊化改革而达到高潮。这位塞琉古的统治者不仅劫掠了耶路撒冷的犹太圣殿，在圣殿竖起希腊祭坛，而且宣布犹太教非法，焚烧《托拉》经卷，禁止犹太人守安息日和其他犹太节日，禁止犹太人为新生儿行割礼，强迫犹太人放弃犹太饮食法和食用被犹太传统视为不洁的猪肉，并且对违反这些禁令的犹太人进行严厉的迫害。大量犹太人因此遭到杀身之祸。《马加比一书》《马加比二书》都以大量笔墨记述了这场人类历史上的第一次宗教迫害。在这些记述中，许多普通犹太人在面临良心和信仰自由的考验时选择杀身成仁，成为殉道者。这些人甚至成为中世纪的基督徒的榜样，被彼时的教会封为圣徒，并出现在中世纪基督教的艺术作品中。

虽然犹太民族在历史上遭受过多次严重打击，包括国家的丧失，但其宗教活动却从未被禁止过。安条克四世的希腊化改革以空前的方式将犹太人逼迫至"是可忍，孰不可忍"的境地，于是反抗塞琉古统治的犹太起义终于在公元前 168 年爆发，史称"马加比起义"。

起义在犹地亚地区一个叫作莫迪因的小镇首先打响。起义者采取灵活的游击战术进行战斗，同时，号召所有犹太人加入抵抗并迅速得到广大民众的响应，其中包括主张严格遵守摩西律法的哈西德派。经过一段时间的锤炼，起义者以灵活机动的战术，逐渐赢得了战场主动权。公元前 165 年犹太历基流斯月——相当于公历 12 月，起义军终于进军耶路撒冷，收复并洁净了圣殿。为了纪念此事，犹太人将每年的基流斯月 25 日作为庆祝这一胜利的节日——哈努卡节的首日。

面对马加比起义的节节胜利，塞琉古王国的统治者不得不做出一定的妥协和让步，宣布放弃先前的政策，允许犹太人按照自己的传统生活，犹太教重新受到了尊重。起义者在最终获得自治权利后建立起了具有半独立性质的哈斯蒙尼王朝（公元前 143~公元前 63 年）。马加比起义遂成为犹太历史上少有的一次反抗异族压迫并取得完全胜利的斗争。

马加比起义最初就不是一场政治运动，也不是为了推翻希腊统治者的民族独立战争，而是一场捍卫信仰和传统的斗争，是一种有意识的抵制异质文化之举，所以这显然是一场文明的冲突。因此，起义胜利的意义便显得更为特别，它不仅体现在犹太人在政治上获得了自治权，更重要的是，它是犹太民族捍卫自身良心自由和信仰传统的胜利。正是这一胜利使犹太文明开创的独一神信仰得以留存。假使马加比起义没有爆发，或是起义归于失败，则犹太一神传统便极可能像许多其他的古代文明那样，消失于历史的长河之中。若此，今日我们所熟知的基督教和伊斯兰教，以及建诸这两种宗教基础之上的西方文明和伊斯兰文明便大概率不会出现。因为无论是基督教，还是伊斯兰教，其观念基础均来源于犹太教。故此，马加比起义胜利的意义远远超出其直接成果，而起义本身也表明犹太文明在面对希腊文明时的一种坚守，犹太人在接受希腊统治融入"主流社会"的同时，从未放弃自己的犹太性，这个民族把自己创造的文化视为生命一般的珍贵之物，需要用鲜血加以捍卫。这恐怕也是犹太文明能够迥异于众多消失的古文明，延续至今的原因之一。

哈斯蒙尼王朝是犹太民族史上的辉煌时期。亚历山大·雅尼斯为王时，哈斯蒙尼王朝的疆域达到最大，超越了大卫、所罗门时期的王国版图。同时，该王朝也极大地推动了其统辖区域犹太化的程度，他们甚至通过强制割礼的方式使以土买人全部皈依。这些强制皈依的做法已经偏离了犹太传统，更加倾向希腊化行为模式的旨趣。事实上，哈斯蒙尼王朝在坚守犹太性的同时，也在很大程度上吸收并采用希腊方式建构认同、巩固统治。王朝末期，哈斯蒙尼王室内部出现了分裂，兄弟阋墙争夺王位，最终导致罗马人介入，终结了独立的犹太国家，犹太人开始生活在罗马的统治之下。

虽然罗马统治者在大部分时间里允许犹太人保持内部的自治，但文明之间观念和生活方式的冲突加之统治者的暴政，还是引发了犹太人与罗马人的武装冲突。犹太人曾数度拿起武器反抗罗马，其中对以色列地犹太人影响最大的冲突，是公元66～70年的第一次犹太-罗马战争以及公元132～135年的第二次犹太-罗马战争。犹太人在这两场战争中均以失败告终，并导致了灾难性的后果。前者使得犹太第二圣殿被毁；后者使犹太人彻底丧失了独立地位，罗马当局还完全禁止犹太人在耶路撒冷居住，在将犹太人赶出犹地亚省的同时，将该省的名称改为巴勒斯坦。犹太历史从此进入了人们通常所说的"大流散时期"，时间长达1800余年。

毫无疑问，这两场残酷的战争对犹太文明的生存延续构成了严峻的挑战。从历史经验看，几乎没有任何族群能在失去政权和地域联系的散亡状态下将自身的文化延续下去。阿摩利人、亚述人、米坦尼人、加喜特人、赫梯人、迦勒底人，这些曾经在古代东方叱咤风云的族群，在国灭之后都消散无闻，成为退出文明舞台的历史过客。此时，犹太文化的命运也因遭遇类似的局面而岌岌可危。皮之不存，毛将焉附？然而，犹太民族和犹太文化不仅奇迹般地得到留存和延续，而且在随后的年代对人类文明的发展做出了巨大的贡献。

这一"奇迹"何以发生？原因之一正是本书作者在文中分析指出的以"大众化"的方式对犹太教进行重塑，进一步使犹太教的礼仪、要求、做法成为民众生活习俗的一部分，成为生活之道。原来只是要求在圣殿侍奉上帝的祭司阶层的律法诫命扩大到适用于犹太民众，成为大众的"义务"。这样一个由万千民众组成的护栏就树立了起来。以"大众化"对抗"希腊化"。本书囿于所探讨的时段，主要分析了第二圣殿时期犹太文明大众化的情况，对公元2世纪之后的情况着墨不多，这里对圣殿被毁后犹太文明"宗教大众化"的内容加以补充，以期更为全面地呈现出这一变化。公元 70 年第二圣殿被毁后，犹太"宗教大众化"的进程与一个名为"贾布奈"（Yabneh）的犹太经学院紧密地联系在一起，与起义失败后在那里聚集、终日研读的一群犹太知识分子紧密地联系在一起，与在那里发生的一系列具有变革意义的思辨活动紧密地联系在一起。尽管当时发生在贾布奈的一切都是在学院内悄悄进行的，没有任何人制造任何声势，也无外邦人给予任何关注，但在贾布奈出现的变革不仅奇迹般地保存了犹太民族，保存了犹太精神，还使犹太文化的核心——犹太教进入了一个新时期，即从"经典犹太教时期"步入了后人所说的"拉比犹太教时期"。犹太民族的主导权开始完全掌握在犹太拉比群体的手中，犹太民族的历史从此翻开了新的一页。因此，无论从何种角度审视，发生在贾布奈的变革应该被视为一场名副其实的革命，一场彻底改变犹太人命运、改变犹太文化发展方向的革命，是犹太历史上的一个极其重要的转折点。

聚集在贾布奈的犹太拉比以其特有的预见性，对犹太民族在圣殿被毁之后所面临的一系列危险进行梳理和思考，将犹太民族面临的危险归纳为四个方面：其一，亡国沦为奴隶的犹太人经过世界奴隶市场而消亡的危险；其二，犹太人因散居而互不联系，忘记自己文化（特别是语言和传统）的危险；其三，犹太人在散居地被其他民族文化彻底同化的危险；其四，犹太人的传统信仰被其他宗教取代的危险。为了应对这些危险，贾布奈的犹太拉比以阐释《托拉》律法的方式塑造权威，竭力确立起统一的行为规范和生活方式，倡导全民教育，通过一系列的文化营建建构起犹太人与圣地和圣殿永久的精神联系，以此锻造犹太的民族意识。具体的措施大致包括以下五点。

第一，确立犹太生活的群体主义意识。如何设法保持分散犹太人之间的沟通和团结，不为所在社会同化。贾布奈犹太拉比为此创造性地提出了"法定人数"（minyan）的概念，以律法的形式规定组成会众进行正式宗教仪式的最低人数，即犹太人若要进行集体祈祷或举行割礼、婚礼、葬礼等人生仪式至少得有 10 名年满 13 岁并行过成年礼的犹太男子在场。倘若达不到该法定人数，集体祈祷等活动就不能进行，前来集会的人只能以个人身份祈祷。

由于犹太文化的核心是宗教，宗教生活是犹太人生活中不可或缺的部分，因此，这一独特的观念使得犹太意义上的生活不再可能是个体式的生活，单个的犹太人是无法过犹太式生活的，宗教文化意义上的犹太人只能以群体形式存在。这一概念一旦得到犹太人的认可，散居的犹太人便不再受到地域的限制，圣殿成为一件"便携式"的物品，无论在何时何地，只要达到该法定人数，犹太人可以在任何地方、任何建筑物中进行集体祷告。历史表明，"法定人数"这一概念在沟通散居犹太人联系和团结方面发挥了关键的作用。犹太人不再以个体存在，必须相互信赖和依靠。而这种生活上的相互依存自然而然培养出了犹太民族的群体主义意识。

不仅如此，这一法定人数的概念同时确认：无论何时何地，只要有 10 名年龄在 13 岁以上的犹太男子生活在能够相互联系的范围内，便可以（实际上更有义务）自行组成一个犹太人会集（设立犹太会堂），进行集体宗教活动。这样，分散的犹太人便有了一个定期聚集的场所。此外，倘若一个地区的犹太人数达到 120 人，便有权组成自己的社区。而根据犹太人的传统，犹太社区有权处理涉及本社区的一切事务，规范社区内犹太人的生活，同时还具有民事司法权，可以处理包括宗教、民事纠纷在内的案件。此外，每一个社区都有权（也应该）征收一部分国家税以外的税额。这部分税金被用来保证犹太人在经济上的自立，使生活在该社区的犹太人在任何时候都无需向非犹太人政府和机构寻求财政上的帮助，而是从犹太人自己的社团得到救助。

这种最初由法定人数的概念形成的带有强烈自治色彩的社区机制随后成为千百年来散居在世界各地犹太人的基本组织形态，从而在组织上确保犹太民族的散而不亡，在没有政治权力的情况下，在没有共同地域生活的情况下，有一个可以信赖的权威机构。

第二，倡导全民教育。尽管犹太人素有热爱学习的传统，贾布奈的犹太拉比还是从文化层面上发出了倡导实现全民教育的号召：每一个犹太社区都应建有自行管理、能向所有适龄犹太儿童提供受教育机会的教育体系。讲授和研习犹太教经典是学校教育的主要内容。学校的规模和教师的人数依据社区适龄儿童的人数多寡而定。更为重要的是：这样的教育对于孤儿和穷人的孩子必须是免费的，以确保每一个适龄儿童都有受教育的机会。

从某种意义上说，犹太民族的全民义务教育制度早在贾布奈时代就已建立并付诸实践。贾布奈时代确立的教育思想使得读书学习成为犹太人的终生义务。这一倡导实行全民义务教育的做法在确保犹太精神代代相传的同时，还使得犹太人成为一个崇尚知识、尊重知识分子的民族，在随后的年代，由知识分子为本民族的前途掌舵也就顺理成章了。

第三，确立希伯来语作为犹太民族"圣语"的地位。为确保犹太民族自己的母语，撰写《圣经》的语言——希伯来语在犹太民族的大流散中不致消亡，贾布奈的犹太拉比把希伯来语解释为"上帝的语言"，在与上帝交流（即举行祈祷活动时）必须使用。这样希伯来语便名正言顺地成为犹太会堂的唯一用语。在随后的年代，在犹太会堂中，不论是祈祷，还是诵读，或者是布道，犹太人均使用希伯来语。希伯来语作为"圣语"的地位就这样得到了确定。为了防止希伯来语在散居地分裂成不同的方言，犹太学者还着手编写了第一部希伯来辞典和语法书。

事实证明，这一解释和做法意义非凡，在长达 1800 余年中，分散在世界各地的犹太人基本以希伯来语为纽带保持相互间的联系。这种联系既有宗教文化上的，也有经济生活上的。此外，在世界各地生活的犹太人基本同时使用两种语言：一种是希伯来语，另一种是当地的语言。这不仅逐渐培养了犹太人的语言天赋，而且极大地丰富了散居地犹太人的文化生活。贾布奈知识分子此举使得犹太民族的古老语言——希伯来语"死"而不"亡"。虽然在大多数情况下，希伯来语已经不再是犹太人的日常用语，但其仍然作为一种书面用语而延续。如果没有这一措施，日常生活中已经停止使用的希伯来语在 19 世纪末于犹太人的民族复兴运动中在巴勒斯坦"复活"，重新成为犹太人的日常用语是不可想象的，也是根本做不到的。

第四，确定《希伯来圣经》文本的最终内容。在贾布奈的犹太拉比经过一系列讨论，终于在公元 90 年对哪些书卷应当入选，哪些书卷不该收入做出了最终裁决，从而完成了《圣经》的正典化过程。这是继公元前 440 年《托拉》正典以来的一项极其重要的举措，永久性地锁定了犹太教经典应包含的内容。

《圣经》的正典化对于犹太教而言意义极为重大。犹太人若不能为其传统信念找出一种永存的形式，使其具有权威性，犹太教的正统信念无疑要面临巨大危机。因为当时犹太文化被希腊化的压力越来越大，希腊文化对犹太教，特别是生活在希腊化地区犹太人的影响越来越大。从当时流行、日后被收入《次经》和《伪经》的一系列作品中可以看出这一影响程度之烈。

贾布奈知识分子正是在这一形势下，讨论并最终确定正典内容，从而将《希伯来圣经》的全部内容建立在传统信仰的基础之上，维护了犹太教的纯洁性，确保了犹太教的独特性和对全体犹太人的权威性。

从某种意义上来说，《圣经》的正典实际上给了犹太民族一个新的定义：犹太民族是一个以摩西律法为核心的共同体。犹太教是一个以律法为中心的宗教。

在《圣经》正典化后的近两千年时间里，散居在世界各地的犹太人正是以这部《圣经》建立起与犹太历史和耶路撒冷圣殿的联系，它成为维系犹太人作为一个统一民族的核心纽带。此外，《圣经》的正典还是人类历史上出现的一场伟大的文化建设活动，在通过对一本书的权威确立的过程中，知识的力量和犹太拉比的作用得到了空前的加强。此后，围绕《圣经》而进行的文化活动成为人类历史上最为持久和波澜壮阔的智识活动之一。

第五，规范和统一了犹太教祈祷仪式的基本内容和框架。当时另一个极有可能导致犹太民族分裂的棘手问题是：在失去圣殿的情况下该如何祈祷？贾布奈犹太拉比确定了祈祷的基本内容，对于什么样的祈祷词可以代替圣殿的献祭、哪些新的祈祷词和祈祷仪式可以使用以及祈祷顺序等，做出了统一的规范，从而避免了在这一重要问题上可能出现的混乱，使散居在世界各地的犹太人在犹太会堂举行宗教礼仪时有了统一的标准。

今天，犹太人在祈祷时所使用的祈祷词内容基本上是贾布奈时代确立的框架。同时，确立的祈祷仪式还使得传统犹太会堂祈祷仪式中的每周《托拉》诵读活动不再是一小部分专门人士的专利，会众中的任何一员，只要仪表得体，均可以上台诵读。这使《托拉》的诵读活动成为全民活动，使研习犹太经典的活动深入人心。

此外，为了设法保留犹太民族对圣殿和历史的回忆并永志不忘，将其与祖先曾经生活过的地方在精神上联系起来，贾布奈的犹太拉比创造出一种象征，代表着对失去故乡的怀念。例如，他们将罗马人攻陷圣城耶路撒冷和焚毁圣殿的日子（根据犹太历，这一日为阿布月初九）定为犹太人的哀悼日，以纪念耶路撒冷被毁事件。在这以后的每一年，犹太人都要在这一日禁食 24 小时并诵读《耶利米哀歌》以示悼念。这一日子的确定保持了犹太民族对圣殿的永恒回忆。

在这一系列措施提出的过程中，我们可以清晰地看出，作为知识分子的拉比不同于犹太历史上的先知。先知尽管谴责一切形式的不公正，却不相信人能够为进步和历史立下法规，他们对犹太民族的唯一要求是用忍受和服从上帝的方式等待救赎。而拉比则号召人们"打开律法书，寻求上帝的指导"。打开书本意味着学习和讨论，意味着思考和提出新的看法，意味着对知识和律法的尊重，对有知识的人的尊重和对知识分子领导的服从。难怪人们把这一时期看成犹太民族历史上"从圣殿崇拜向书本崇拜"的过渡期，是犹太教完全大众化的过程。面对不幸灾难时做出的临时对策，成为坚守传统的卓有成效的方式，成为确保犹太人成为一个世界上为数不多的在传统习俗上"一以贯之"的民族。

贾布奈变革在为犹太教的特性重新定型的同时，还用一种崭新的、重文化的形式重塑了犹太民族。这种重塑使得犹太民族的同一性不再取决于共同的地域或任何特定的政治结构，而是共同拥有的文化传统，在远离家乡和经历漫长的时间后，犹太人仍能永久保持自己的特征。

当然，事物都有两面。犹太人通过"大众化"坚守自身传统，梳理族际藩篱，必然引发周边民族的猜疑、不满甚至敌视。正如郑阳在一系列论证的基础上指出：由于不同文明之间的习俗、世界观、价值观等方面的差异，加之现实生活中各种政治、宗教和社会方面的利益考量，埃及、希腊、罗马等多神教文明越来越多地关注现实生活中犹太习俗与自身传统的矛盾之处，反感犹太人"不合群的生活方式"，以不同的眼光审视犹太人和犹太教后，各种以排斥、厌恶、憎恶甚至仇视为特征的反犹观念开始出现，并且散布于地中海世界主要的多神教文明之中。

事实上，犹太人单是不承认其他民族的神祇、不对偶像（即众神）献祭、不向邻人的神庙送去自己的供品，就足以引起周围各族对犹太人的不满和憎恶了。关于这一点，经典历史学家海涅曼曾在他的书中这样写道："在当时，除了犹太民族外，没有任何其他民族拒绝承认相邻民族的神祇；除了犹太人以外，没有任何其他民族的人拒绝举行向众神献祭活动；除了犹太人以外，也没有任何民族的人拒绝向相邻人的寺庙送去自己的供品。"生活在1世纪的罗马史学家阿庇安也在他的书中记录了对犹太人的不满："如果他们（指犹太人）是罗马公民，那么他们为什么不和我们敬拜同样的神祇？"犹太人只崇拜自己的神，拒绝崇拜其他民族的神祇，因为这点而对犹太人不满和憎恨一事还反映在罗马帝国的统治者身上。例如，公元1世纪，罗马皇帝卡利古拉因获悉犹太人是罗马帝国众多臣民中唯一一个拒绝在圣殿中安放其塑像的民族而对犹太人十分反感。后来，一个犹太人代表团专程去罗马晋见卡利古拉，并试图就此事做出解释，卡利古拉嘲讽并斥责了代表团。当犹太代表团向他说明犹太人已经以他的名义在耶路撒冷圣殿献祭了三次时，卡利古拉十分恼火地说："是啊，你们替我献了祭，却从来不向我献祭！"

现在的问题是，犹太人不仅不敬不拜邻人的神祇和以神明自居的罗马皇帝，还要大力宣扬自己的"独一神"思想，声称除了他们所说的神以外，异教社会所信仰的神祇都是虚假偶像。毫无疑问，这样的态度必然会引起非犹太人的愤怒和敌视，因为当时除了犹太人及其派生出的基督教，没有哪一个民族，没有哪一种宗教敢于做出如此狂妄的断言。

更有甚者，犹太律法要求犹太人做到的远非对独一神的信仰，犹太律法涵盖了日常事务的各个方面，确保犹太人在生活中保持犹太民族的独特生活方式和价值观念，而任何一个群体试图保持自身独特生活方式和自身价值观念的做法常常会引起周围其他群体的不满和反感。例如，犹太饮食法在很大程度上使得犹太人无法与非犹太人同桌共餐。因为犹太饮食法不仅规定了哪些东西可以吃，哪些食品不可以吃，特别是对肉类食品有着极其严格的规定，而且对那些可以食用的动物的宰杀方法做出了特别的规定，犹太教中的礼定屠宰法就是针对这一规定制定出来的。根据礼定屠宰法，人们在屠宰动物时必须使用无缺口的屠刀，力求把被宰动物遭受的痛苦降到最低，然后还必须放尽所有的血。因此，凡是不按此方法屠宰的动物的肉即使是犹太饮食法中认定可食用的也将被视为"不洁"，而不能食用。犹太律法中有关守安息日的律法是另一项使犹太人与非犹太人分隔的重要内容。在犹太传统中，安息日是圣日，犹太人在这天不劳作、不旅行、不烧煮、不娱乐、不做生意、不购物，能够做的是休息、祈祷、学习和交谈。这些诫命使得犹太人在这一日几乎很难与非犹太邻人接触。

倘若犹太人只生活在自己的社会、天地中，不与其他民族的人交往或生活在一起，上述有关安息日和饮食法的种种规定也许不会引起人们太大的不安和反感，如同那些离群索居，或者与世隔绝的原始部落一样，无论他们的生活方式和信仰多么独特，也不会引起太大的反响。然而事实上，希腊化时代以降，特别是自圣殿被毁后，犹太人就基本上生活在外邦文明的社会之中，并在大多数情况下，只是主流社会中的少数族群。在这样的社会中，再坚持自己的独特生活方式和道德准则，便会使他们在非犹太人眼中成为一个"古怪"的、与社会格格不入的群体，招致人们的反感和猜疑。

此外，这一时期的罗马精英由于第一次直接面对犹太文化，对于犹太人及其习俗和传统多有误读误判，进而对之抨击指责，形成了希腊化-罗马时期独特的犹太观念。这导致罗马知识界对犹太人的态度也发生了变化。他们不再像过去那样将犹太人视为东方诸多普通民族中的一员，而是继承希腊人的许多反犹观念，以著书立说的方式或者把犹太人说成下等人，或是把他们斥为遭神和人共同痛恨的民族。学者阿庇安就曾在他的著作中把犹太人形容为一群道德败坏的下等人，是被埃及人赶出来的麻风病患者，并以此告诫大众不要与犹太人接触、交往。著名罗马史学家塔西佗在偏见的基础上，将犹太人说成一个厌恶、排斥其他民族的人群。而他说这番话的出发点竟是犹太人"不与人们一道吃饭"，"拒绝与外乡女子发生性关系"。

本书中讨论的反犹观念大致可以归为亨廷顿所说的"不同文化实体的人民之间的冲突"，基本上可以被视为反犹的先声，是反犹思想的最初表现，对后世产生了一定的影响。从某种意义上说，希腊化-罗马时期犹太人的生存状态是：他们必须臣服于异族统治，在离散式生活中不可避免地要遭受宗主国异族各类不同形式的反犹嘲讽、歧视乃至迫害。这一种特殊的困境迫使他们要想延续自身和保存自己的文化传统，就必须自强坚守，不惧特立独行，必须表现出超越他人的品质和才干，使独特的自己对于宗主国而言变得不可或缺。事实上，正是这一状态确保了犹太文明在希腊化的浪潮中没有被彻底融合，或者说同化，成为地中海世界唯一发端于上古时期、以一贯之势留存至今的文明。

《傲慢与偏见——希腊化-罗马时期地中海世界的犹太观念》以翔实的史料、力透纸背的分析，创造性地揭示了主题：希腊化-罗马时期地中海世界的犹太观念。在目前的中文语境下，这是人们了解古代反犹产生背景以及内涵实质的最佳读本。对于任何想从史学角度了解延绵数千年的反犹主义最初是如何产生的读者，起码是在中文语境下，该书都是绕不开、非读不可的重要参考著作。其意义和价值也就无须赘言。

是为序。

2024 年 1 月 31 日于金陵

目　录

绪　论

希腊化时期开启了人类文明碰撞交融全新阶段。以亚历山大的东侵为始，东西方各个族群的交流变得更加频繁，各个文明之间的交融也越发呈现多维度、深层次的特征。以一神教为特征的犹太文明，在这一过程中扮演着重要角色。在与不同族群交往的过程中，犹太人在吸收外族文化和维系自身传统的道路上艰难探索。与此同时，其他族群也在这一交往中逐步深入了解着犹太人独特的生活方式和精神理念，产生并不断丰富其独特的犹太观念。事实上，犹太人与非犹太人对彼此的认知是相互的，而各个族群的犹太观念生发、演变的过程，一方面彰显着文明间深度的交流互动，另一方面也是各个文明对自身特性的表达。本书致力于分析"希腊化-罗马时期"地中海世界各主体文明的犹太观念，并在研究这些观念的基础上探讨犹太文明与其他文明，特别是古典文明之间的互动及其影响。

一　文明交汇的时空："希腊化时期"与"第二圣殿时期"

在资本主义文明于 16 世纪兴起将人类联结为一体之前，不同的文明圈虽然也有各种交流，但独立发展的一面更为明显。然而，在各文明圈独自发展的过程中，某些历史时期却因文明间的高度交互而熠熠生辉并引人深思。公元前 4 世纪至公元 2 世纪的地中海世界便是如此。在这一时空下，各个古代族群犹太观念的史料突然变得丰富而突出，这种现象本身也正是犹太文明与其他文明，尤其是古典文明冲撞融合的缩影。不过，意欲将把握历史整体与深描各文明阶段性特性相结合，并以此为基础探究不同族群犹太观念的生发、特征和演变，框定相关的历史时段与地域范围十分必要。就本书探究的内容而言，"希腊化时期"与"第二圣殿时代"构成最为基本的时空框架。

首先来看"希腊化时期"。学界一般认为"希腊化"（Hellenization）的概念由德意志史学家约翰·古斯塔夫·德罗伊森于 19 世纪首先提出，用来指涉亚历山大及其后继者所创立的时代及其时代精神，这种时代精神被德罗伊森概括为"希腊主义"（Hellenism）在东方的扩张渗透及其与东方世界在政治、经济、社会、文化、宗教等维度深层次的碰撞与交融。① 学界之后对"希腊化时期"文明间碰撞交融的时代精神十分认可，但在把握"希腊化时期"的政治、社会、宗教等不同维度以及"希腊主义"与诸东方文化之间的相互关系等问题上，却涌现出不同意见。相关分歧直观体现于"希腊化时期"的起讫时间。

---

① J. G. Droysen, *Geschichte des Hellenismus*, Tübingen, 1952–1953. 关于德罗伊森著作及其观点的情况，参见 M. Hengel, *Judaism and Hellenism*, J. Bowden, trans., 2 vols, London: SCM Press Ltd., 1974, pp. 2–5；杨巨平：《碰撞与交融——希腊化时代的历史与文化》，中国社会科学出版社，2018，绪论部分。学界对于"Hellenism"与"Hellenization"的内涵争论颇多，陈恒曾汇总各派学者的观点，并主张根据不同语境将"Hellenism"译为"希腊主义"或"希腊化"；同时他还分析了"Hellenism"的内容、时空以及希腊时代与希腊化时期的异同，参见陈恒《希腊化研究》，商务印书馆，2006，第一章。不过，在研究古代希腊文明与犹太文明交互的学术圈内，一般认为"希腊主义"与"希腊化"是同一历史现象的两个方面。"希腊主义"通常是指希腊化–罗马时期的脱胎于古典希腊的文化传统，而"希腊化"则是对这种文化传统的接纳、吸收和改造。参见 L. L. Levine, *Judaism and Hellenism in Antiquity: Conflict or Confluence?* Seattle: University of Washington Press, 1998, chap. 1, esp. pp. 16–19。

　　就"希腊化时期"的起点而言，公元前 334 年亚历山大东侵被普遍接受。对"希腊化时期"止于何时的问题，学界却观点不一：较为流行的观点是公元前 31 年；某些犹太学者主张公元前 63 年。① 这些时间的选择主要出于政治维度的考量。前者是亚克兴之战与托勒密王国的灭亡，后者是庞培征服耶路撒冷与哈斯蒙尼王国的灭亡。然而，文明间深度交互的时代精神显然没有随着托勒密王国或哈斯蒙尼王国的灭亡而终止，许多从社会和文化维度出发的学者对"希腊化时期"讫点的划定要比公元前 1 世纪晚得多。德罗伊森便认为不同文明在"希腊化时期"交汇融合的高潮是基督教的诞生，而基督教至少在公元 1 世纪才真正出现。马丁·亨格尔则以具有侵略性特征的"希腊主义"与古代犹太教博弈的视角考量"希腊化时期"，认为叙利亚和巴勒斯坦地区是在罗马的统治下才彻底实现"希腊化"，因而"希腊主义的时代"（Age of Hellenism）绝非止于亚克兴之战。②

　　事实上，一方面，罗马强权对东西方文明互动最直观的影响在于地缘空间格局的变化。环地中海世界因罗马帝国而获得了政治上的统一性，此前近东地区与中东地区的政治联结被打破。由此，巴比伦、波斯与希腊、罗马的文明互动日益边缘化和隐性化。曾有学者指出，在希腊化开启的东西方文明互动

---

① 学界以公元前 31 年为界的讨论，参见陈恒《希腊化研究》，第 38～42 页；杨巨平《碰撞与交融——希腊化时代的历史与文化》，第 3 页。主张以公元前 63 年为"希腊化时期"讫点的学者代表是沙亚·科亨，参见 S. J. D. Cohen, *From the Maccabees to the Mishnah*, 3rd ed., Louisville: Westminster John Knox Press, 2014, chap. 1。

② M. Hengel, *Jews, Greeks and Barbarians*, trans., J. Bowden, London: SCM Press, 1980, pp. 52-54.

中，东方文明对古典文明影响最甚的精神力量是巴比伦的占星术、波斯的二元论和犹太的一神教。[①] 罗马帝国的确立显然削弱了巴比伦与波斯因素的影响。[②] 与此同时，犹太文明则在很大程度上与西方古典文明获得了共同的政治背景，它们之间的互动也因此得到强化和深化。事实上，在包括犹地亚在内的近东地区，希腊化的进程直至罗马时期才达到高潮。[③] 古典文明正是在这一时期展现出对犹太文明相对深入的认识和理解，涌现出兼具多样性和一致性的犹太观念，尽管文明间的偏见始终存在。

另一方面，"希腊化时期"思想与心态方面最显著的发展趋势，即时代精神的宗教化，在罗马帝国早期依然延续发展。威廉·文德尔班甚至以"世俗文化向宗教文化的转变"来界定"希腊化时期"，不少学者对这种观点表示赞同。[④] 尽管用"世俗"描述希腊文化不尽准确，但"希腊化时期"以来社会

---

① 汉斯·约纳斯：《诺斯替宗教：异乡神的信息与基督教的开端》，张新樟译，上海三联书店，2006，第12～14页；张新樟：《"诺斯"与拯救：古代诺斯替主义的神话、哲学与精神修炼》，三联书店，2005，第33页。

② 事实上，占星术渐化于希腊的天文学以及各种神秘宗教中，而流行于罗马世界的密特拉教虽然脱胎于波斯祆教，但二者关系却是晦暗不明。参见江晓原《历史上的占星学》，上海科技教育出版社，1995，第3章、第4章；龚方震、晏可佳《祆教史》，上海社会科学院出版社，1998，第10章。

③ M. Hengel, *The 'Hellenization' of Judaea in the First Century after Christ*, London: SCM Press, 1989, p. 1.

④ 文德尔班：《哲学史教程》上卷，罗达仁译，商务印书馆，1996，第282页；汉斯·约纳斯：《诺斯替宗教：异乡神的信息与基督教的开端》，第8页；L. Siedentop, *Inventing the Individual: The Origins of Western Liberalism*, Cambridge: The Belknap Press of Harvard University Press, 2014, chap. 3；吴晓群：《希腊思想与文化》，上海社会科学院出版社，2009，第316页；王晓朝：《罗马帝国文化转型论》，社会科学文献出版社，2002，第70～95页。

风貌的宗教转向是确定的，而且罗马帝国的确立并未使之发生逆转。古典文明的宗教转向既源于自身内部的发展变化，也深受东方文明的影响。广袤的希腊化王国以及罗马帝国使君主制和帝王崇拜成为主导性的统治机制，加速了古典城邦体系的崩坍，推动着政治和哲学的主题聚焦于个人及其内心世界。[1] 同时，东方文明与古典文明互动也在大力推动这种转向，犹太文明便是其中的代表。它们提供了迥异于古典文明却魅力十足的宇宙论和价值观，使得观念与观念的博弈日益激烈，直至整个罗马帝国的精神特质与社会景观彻底改变，进入所谓"晚期古代"。

　　作为现今史学研究的热点主题，"晚期古代"的时段大致在公元2~8世纪，地域上以古典文明辐射的地中海世界为核心。[2] 就概念而言，"晚期古代"（Late Antiquity）是与"古典古代"（Classical Antiquity）相对照的产物。这两个时代在文明的基本范式层面出现了根本性转变，地中海世界由以城邦－帝国、多神教等为特征的希腊－罗马样式最终转变为以团契－教会、一神教等为特征的犹太－基督教样式。[3] "晚期古代"的发端（约公元2世纪），实质上体现出公元前4世纪以降文明间碰撞交融的大潮在地中海世界激荡出某种阶段性的成果，古

---

[1]　弗格森：《古希腊－罗马文明：社会、思想与文化（上）》，李丽书译，华东师范大学出版社，2012，第185~186页；第194~198页。

[2]　P. Brown, *The World of Late Antiquity: AD 150 – 750*, London: Thames & Hudson, 1971；李隆国：《从"罗马帝国衰亡"到"罗马世界转型"——晚期罗马史研究范式的转变》，《世界历史》2012年第3期。

[3]　正是由于这种比对，笔者更倾向于将"Late Antiquity"译作"晚期古代"，而非"古代晚期"。参见 G. Clark, *Late Antiquity: An Short Introduction*, Oxford: Oxford University Press, 2011, chap. 1。

典文明的宗教转向至此初现轮廓。据此，这里将"希腊化时期"理解为"古典古代"转向"晚期古代"的过渡时期，时段上以公元前4世纪的希腊化王国为发端，以公元2世纪的罗马帝国为尾声，涉及的空间范围则集中于环地中海世界。为行文方便，亦将这段历史时期称为"希腊化-罗马时期"。

如果说"希腊化时期"构成文明深层互动的宏观背景，那么犹太文明便是其中最为活跃的主体之一，并在文明互动的过程中展现出惊人的开放度、创造性和爆发力。它不仅为文明博弈提供了核心的观念要素——一神论，而且在广泛而强烈的文明互动中推动着犹太的一神传统及其外化的生活方式在各个层面冲击外族的社会生活和精神世界。地中海周边各大文明正是在此背景下逐步认识、理解一神教，并开启文明范式的转型。事实上，犹太文明在应对"希腊主义"时代挑战的过程中也形成了相对应的、犹太视角的历史断限，这就是"第二圣殿时期"。犹太史上的这一时期与"希腊化时期"在时段上呈现出高度的重叠性。

一般而言，犹太历史上的第二圣殿时期起于公元前516年第二圣殿的复建，止于公元70年第二圣殿被毁。然而，就起讫时间而言，"第二圣殿时期"因其承载的犹太文明的阶段性文化特征而具有相当的弹性。第二圣殿时期犹太文明的许多特征在"巴比伦之囚"时期已经滥觞和发展，如接纳与改造外邦文化①，只是在随后的历史中演变得更为成熟，体现得更为突出。同样，虽

---

① 例如，犹太传统中的末世论和弥赛亚思想在一定程度上受到波斯拜火教传统的影响，而雅典样式的小额银币于公元前4世纪早期已经在犹地亚的地方经济中发挥重要作用。参见 W. W. Malandra, trans. & ed., *An Introduction to Ancient Iranian Religion*, Minneapolis: University of Minnesota Press, 1983, pp. 22-23; S. Schwartz, *Imperialism and Jewish Society*, Princeton: Princeton University Press, 2001, pp. 24-25。

然犹太人在第一次罗马-犹太战争中失去了自己的圣殿，并且进入探索自身文明出路的艰困时期，但犹太文明在第二圣殿时期呈现出的发展潮流依然在延续，如以开放性姿态调和自身与外族文化，特别是希腊文化。这些潮流的式微，在政治层面的标识是公元2世纪初的散居地大起义与巴尔·科赫巴起义；在社会和宗教层面的标识则是基督教和拉比犹太教的出现。这些情况折射出犹太文明与古典文明的碰撞交融已经在某种程度上孕育出了成熟的果实，地中海世界正是在这重背景下进入"晚期古代"。此后，犹太人开始转向内在，地中海世界犹太观念的发展也开始逐渐进入以基督教为大背景的新阶段。

二　犹太观念的塑造性因素与特点

在"希腊化-罗马时期"，影响不同族群犹太观念的因素主要体现在两大方面。一是犹太文明自身呈现的样貌，这是犹太观念形成发展的对象性主体；二是各族群自身的文化传统与时代境遇，这构成了犹太观念形成与发展的认知背景。这两方面的相互作用，共同塑造了这一时期地中海世界的犹太观念。

就犹太文明的自身发展而言，"大众化"与"希腊化"是犹太教在"希腊化-罗马时期"或"第二圣殿时期"发展变化的两条主线，它们在塑造犹太文明的同时也在很大程度上影响着非犹太族群的犹太观念。前者使得犹太文明的普适性大大提升，推动着不同族群的犹太观念呈现出一致性。后者一方面推动了犹太身份建构的变革，使犹太人从原先的"族群概念"变成"族群-宗教概念"，从而使"犹太主义"在很大程度上获得了与"希腊主义"相埒的地位；另一方面也促使不同族群的犹太观念走向多样化。

犹太文明的"大众化"是指曾经属于犹太精英的宗教责任和特权开始逐渐为所有成年犹太男性所分担和享有，犹太人的宗教观念和宗教参与意识逐步深入整个犹太社会的过程。这一进程强化了犹太认同，使得犹太生活在不同地域呈现出高度的一致性，推动着非犹太世界形塑统一性的犹太观念。犹太教大众化的内容丰富，其中对统一性犹太观念塑造影响较大的主要围绕圣书的普及以及对犹太习俗的丰富和强化展开。

希腊化-罗马时期，犹太文明涌现的各种推动宗教大众化的新元素，其落脚点几乎皆在圣书。圣书是规定犹太生活方式的终极权威，是犹太人承继自身传统的指南，这点适用于全体犹太人。在这一时期，不仅圣书被正典化，而且出现了关于圣书的大量评注以及翻译为希腊文的《七十子士本》，这些都表明圣书对于犹太社会的深入和普及。所有的犹太人多少都知晓一些圣书的内容，他们不仅通过圣书学习神圣性知识，更重要的是研习构建起日常生活的律法。事实上，包括守安息日和各类节日、遵守犹太饮食法、缴纳圣殿税以及行割礼等，均是犹太律法在日常生活中的具化。宗教大众化的展开提升了犹太人遵守各项律法的广度和强度，使犹太性获得了统一的表达，为犹太身份确立了边界。在外邦人的犹太观念中，无偶像崇拜以及各类犹太习俗既是他们了解犹太文明的直接来源，也是他们关注犹太性的公共主题，在此基础上形成的犹太观念往往呈现跨越族群和时空的一致性。

犹太教的"希腊化"主要是指希腊文化作为具有扩张性的强势霸权文化，或曰"希腊主义"，对犹太传统的渗透与影响。事实上，随着希腊化诸王国的创立，应对希腊文化的冲击便是犹太文明无法回避的问题。希腊化对犹太社会的影响是全方位的，马加比起义以最激烈的方式抵抗"希腊主义"，试图消解同化犹太传统的努力，但哈斯蒙尼的统治者依然采用"希腊主义"的方式，将宗教和生活方式变成建构犹太身份的决定因素，巩固了大众化过程中的具有普适性的犹太元素，从而使犹太文明与希腊文明的博弈进入了新的阶段。

此外，由于不同地区的统治情境迥异以及犹太社团自身的区域差异，不同地区犹太社团希腊化的维度和程度存在较大差异，这在犹地亚（以色列地）与散居地的对比中表现得尤其突出。犹太文明的核心区犹地亚与其他大规模的散居地社团，如亚历山大里亚的犹太社团，在希腊化时期逐步分属于不同的政权统治，这种情况推动犹太文明的发展呈现出多样化的特点。即便罗马确立了统一帝国的统治，犹太圣殿作为犹太核心地区不可取代的标识，依然使人无法忽视犹地亚地区与各散居地之间的差异。相比之下，散居地在接受希腊文化的维度和程度上更为多元和深入，而犹地亚地区的希腊化更多局限于政治领域和制度形式，希腊文化的核心观念则很难深入大众。上述差异在很大程度上影响着非犹太人对犹太人和犹太传统的认知。例如，对居于亚历山大里亚的希腊人而言，他们更加关注同城犹太人的身份认同与其权利义务的矛盾，故"双重效忠"的形象在其犹太观念中占据更重要的位置；而对公元前 2 世纪后半叶居于叙利亚地区的希腊人而言，哈斯蒙尼家族推行强制皈依犹太教的举措，则极大地推动着他们对于犹太教的妖魔化想象。

除却犹太文明本身的因素，各族群犹太观念的形成与发展既受限于其自身的文化传统和社会背景，又会随时势而变。宏观的统治架构、具体的历史事件、文明间的相切性和排斥性，这些都对各族群的犹太观念产生影响。事实上，犹太观念形成、发展的背后反映出的是不同文明之间的互动与博弈。一个文明越成熟、越具有精神方面的独立性和活力，其在文明互动的过程中便越强势。就此而言，希腊化-罗马时期的地中海，除却犹太文明，主要的成熟文明当数埃及文明、希腊文明和罗马文明①。在时序上，犹太文明依次与埃及文明、希腊文明和罗马文明进行了密切、深入的交往互动。这些族群的犹太观念也正是在这一顺序上展开，并且展现出族群性以及阶段性的特点。

就族群性而言，埃及、希腊以及罗马都形成了具有各自特色的犹太观念，而这与三者各自文明的特征密切相关。不同文明处于不同的时代，具有不同的地位，对其他文明的关注点自然有所不同。埃及文明在这些文明中最为古老，尽管在希腊化-罗马时期，埃及人已处于被统治的地位，但埃及文明却依然具有相当活力。独特的宗教是展现埃及文明自豪感最重要的载体，而对异族统治的抵触也彰显出埃及文明的自尊。因此，埃及的犹太观念反映出该文明独特而沉重的历史记忆和宗教情结。在埃及人看来，犹太人是来自亚洲的入侵者和渎神者，他们恣意践踏埃及的神庙，终将被赶出埃及。

希腊人最初把犹太人想象为具有高度智慧的"哲学民族"，并在很大程度上认为犹太人与希腊人具有同质性，但这些大多源于他们对东方的想象。进入希腊化时期，当二者真实接触之后，希腊人的犹太观念出现了巨大的变化，可以从两个

---

① 迦太基文明也是这一时期的重要文明，但布匿战争后，迦太基彻底衰落，而且未能留下涉及犹太的材料，故本书的探讨不包括迦太基文明。

层面加以把握。

首先是政治层面。希腊人曾是近东地区的统治者，他们将推行希腊化作为其统治方略，这不但造成犹太社会内部的分化和对立，而且引发了犹太人与希腊人的战争——马加比起义。在这场冲突中，希腊主义以霸权文化的姿态对犹太文明的内核发起了挑战。哈斯蒙尼王朝建立后大肆扩张，不仅对以土买人行割礼强制使其皈依，还占领并统治了许多希腊化城市，由此以正面姿态对希腊主义做出了反击。这场冲突极大地恶化了希腊人与犹太人的关系，使得希腊世界出现了某种针对整体犹太文明的敌对观念，犹太人被描述为全体希腊人的敌人。

其次是社会层面，这更多地体现在散居地的希腊化城市之中。尽管这一时期的希腊城市已经不再是传统意义上的"城邦"，但希腊人仍然在以城邦的范式认识和评断其他族群。在与犹太人共居的城市之中，如在埃及的亚历山大里亚，希腊公民无法接受的是，犹太人享受某些城市权利却免于承担城市的相关义务，不参与"城邦"的宗教活动，而犹太习俗营造的族群边界更加强化了希腊方面的不满，其固有的犹太人"仇外""仇视人类"的观念日益强烈，这与亚里士多德所述"城邦之外，非神即兽"的观念一脉相承。

希腊人的犹太观念一方面取决于希腊化时期独特的社会结构，另一方面也取决于希腊文明和犹太文明的特征。在希腊化城市中，希腊公民团体和犹太族政团作为相垺的政治实体，各自成为希腊文明和犹太文明的缩影，二者之间的冲突也一直延续到罗马时代。

罗马人的犹太观念可以概括为"恐犹症"，主要集中于罗马的保守精英阶层，这种"恐犹症"不是针对犹太人，而是针对作为宗教和生活方式的犹太教。事实上，罗马人总是设想自身过往曾拥有过道德至上、族群至纯的黄金时代，而外邦人的到来，杂混了纯净的血统，污染了高尚的道德，引发罗马的堕落，故而他们对于外邦人及其观念总是抱有敌视和恐惧之心。① 于是，罗马人将犹太生活方式斥为"迷信"，并且把犹太教视为罗马所珍视的正面价值观的对立物。在罗马精英眼中，犹太教排外而又成功，这两者混合的独特性质使他们对犹太教产生了一种矛盾情结：憎恶与尊敬相依，吸引与排斥并存。他们担心犹太教最终会摧毁罗马社会的文化和宗教价值，而当皈依问题逐渐为罗马人所认识，犹太问题就变得更加棘手。从第一次罗马-犹太战争之后罗马的犹太举措来看，罗马人是在以自身多神教的立场去消灭犹太教。尽管罗马人的目标未能实现，但这次博弈却以沉重的代价开启了多神教帝国与独一神宗教的对话，从而为罗马帝国转向基督教埋下了奠基石。

就阶段性而言，犹太人与埃及人、希腊人和罗马人的接触有先后顺序，因此，埃及人、希腊人以及罗马人各自犹太观念的形成有着时序上的阶段性。这是阶段性的第一层表现。在这种时序阶段性的基础上，各族群的犹太观念相互影响，出现观念的叠加、融合和深化，这是阶段性的第二层表现。具体说来，埃及人的犹太观念最早形成，随后是希腊人的犹太观念，但在希腊人犹太观念的发展过程中，埃及观念与之产生了融合。最后，当罗马成为地中海地区终结性霸权之时，其犹太观念也与希腊和埃及的犹太观念产生交汇，而且在程度上大大加深，形

---

① B. Isaac, *The Invention of Racism in Classical Antiquity*, Princeton: Princeton University Press, 2004, pp. 239-251.

成了对犹太教的整体性的新认识。这一过程实质上反映着犹太文明与三个高度发达的多神教文明所进行的博弈，而各族群犹太观念的演变，也是他们对一神教认识不断丰富、逐步提升的过程。

三　学术回顾与研究资料

学界关于古代世界犹太观念的研究，主要体现在两个领域：一是古代反犹问题的研究，一是犹太流散问题的研究。二者相辅相成，前者本身是古代世界犹太观念中的核心主题，而后者则展现出犹太人与非犹太人进行互动的历史语境。

从整体上看，希腊化-罗马时期地中海世界各族群的犹太观念相当负面。曼纳海姆·斯特恩曾把公元前 5 世纪起至公元 6 世纪的希腊与拉丁作家提及犹太人、犹太教的言论汇总整理为三卷本的巨著《希腊拉丁作家论犹太人与犹太教》。其中可以明确判定对犹太人与犹太教持负面态度的文献占到文献总数的 23%。[①] 考虑到作品收录的大量古典文献并非专门讨论犹太问题，多数情况只是顺带提及犹太元素而没有价值判断，这一比例可谓相当之高。除了古典作家的作品，这一时期最重要的犹太作家均有为犹太性进行辩护的作品：约瑟夫斯撰有两卷的《驳阿庇安》，亚历山大里亚的斐洛著有《为犹太人申辩》、《反弗拉库斯》以及《觐见盖乌斯》。此外，各类非文献史料虽然在一定程度上展现出古代犹太问题的复杂性，但许多关键史料依然昭示着古代世界犹太人所处

---

① M. Stern, ed., *Greek and Latin Authors on Jews and Judaism*（*GLAJJ*）, 3Vols, Jerusalem: The Israel Academy of Sciences and Humanities, 1974–1984.

的困境。① 事实上，研究古代世界的犹太观念，反犹始终是其中最重要的内容，无法回避。

一般认为，古代反犹问题的研究发端于特奥多尔·蒙森的《罗马史》。蒙森秉持强烈的西方中心倾向，确信罗马时代与19世纪时欧洲的反犹现象并无二致，认为应该在东西方对峙的宏大背景中理解反犹现象：彼时的希腊人和罗马人等同于西方人，是理所当然的统治者；而犹太人则被归为彼时的东方人。② 与蒙森同时代的纳粹学者，大都把古代反犹问题作为支持种族主义反犹的素材。例如，A. 施佩林把公元1世纪亚历山大里亚的族际冲突解释为文明的希腊人与野蛮的犹太人之间的斗争，古代反犹的希腊作家阿庇安被他视为西方式的英雄，其论述的主旨在于借古喻今，为当时德国的反犹主义提供支持。这类作品基本已被淘汰，用泽维·亚维茨的话说："纳粹时代出版的这些书籍仅仅对研究德国教授们在那个黑暗时代的心理状况具有价值。"③

尽管古代反犹问题研究诞生于某种不甚光彩甚至黑暗的时代氛围中，但是某些研究预设依然对后世产生了深远影响，其中最重要的一点便在于强调犹太文明自身的独特性，并以此作

---

① 例如著名的纸草材料《克劳狄书信》展示出罗马皇帝对于公元38年亚历山大里亚反犹族际冲突的处理状况，其中有大量不利于犹太人的内容，这与犹太史家约瑟夫斯的相关记述存在较大差异。后文还会提及这一问题。

② T. Mommsen, *The History of Rome*, Vol. 4, part 2, trans., W. P. Dickson, Cambridge: Cambridge University Press, 2009；另外参见乔治·皮博迪·古奇《十九世纪历史学与历史学家》下册，耿淡如译，商务印书馆，1997，第775~777页。

③ Z. Yavetz, "Judeophobia in Classical Antiquity: A Different Approach", *Journal of Jewish Studies*, Vol. 44, 1993, p. 3.

为解释反犹现象的前提。换言之，独特的犹太性造成了犹太人的独特命运。关于这种预设还有两点值得注意：其一，犹太性的表现具有多样化的特征，侧重各有不同；其二，对于犹太特殊性的强调并没有局限于非犹太学者，特别是持反犹立场的学者之中，不少的犹太学者也采用了这种预设，而这些人大都支持犹太复国主义。

蒙森强调犹太独特性的表现是流散。其在《罗马史》第五卷中指出："仇视和迫害犹太人与流散本身一样久远。"① 就解决犹太问题的方案而言，他主张犹太人应该放弃其犹太特性而融入主流社会。② 犹太史学家维克多·切利科夫也认为流散是古代反犹现象的根本原因。在他看来，"反犹主义的本质在任何地方总是相同，而它的表现则根据地点以及环境的不同而变化。反犹主义的本质在于犹太民族在列族中的异体性存在。犹太民族的异体性是反犹主义产生的核心因素，这种异体性表现为两个方面：对列族而言，犹太人是异族，因为他们是源自其他地方的异乡人；他们是异乡人还因为在当地居民的眼中，犹太人的异族习俗令他们感到既陌生又奇怪"③。犹太人的"隔离性"与犹太教也常被视为古代反犹的本质性特征。马塞尔·西蒙便指出："希腊罗马的反犹主义的根本原因在于犹太

---

① T. Mommsen, *The Provinces of the Roman Empire: From Caesar to Diocletian*, Vol. Ⅱ, trans., W. P. Dickson, London: Macmillian, p. 195.

② 有趣的是，便雅悯·以撒认为蒙森的这种观点实质上否认了任何少数族群或宗教团体得以存在的权利，是一种具有绝对性的社会不宽容，见 B. Isaac, *The Invention of Racism in Classical Antiquity,* Princeton: Princeton University Press, 2004, pp. 445-446。

③ V. Tcherikover, *Hellenistic Civilization and the Jews*, Philadelphia: Jewish Publication Society of America, 1959, p. 358.

的隔离主义。"① 扬·塞芬斯特研究古代反犹的结论则是：在古代世界中，异教的反犹基本以宗教为特征，其根本原因总是归于古代社会中犹太人的古怪性。犹太人从不与其他人相同，总是坚持隔离自己。②

就"独特的犹太性造就反犹主义"这一预设而言，它最常遭到的批评便是混淆古代反犹的原因和借口。③ 事实上，很多非犹太复国主义或反犹太复国主义的学者便以不同的方式来解释古代世界的反犹问题。他们不认为犹太人的流散导致反犹，与此相反，恰恰是犹太人建立哈斯蒙尼王朝才推动了古代反犹现象的出现。持此观点的代表性人物是伊莱亚斯·比克尔曼，他曾断言："在马加比起义之前，希腊文献中既没有反犹的篇章，也没有任何关于反犹行动的记载。"④ 马丁·亨格尔也持类似观点，认为塞琉古时期，希腊化改革派犹太人的失败以及正统派的胜利使得犹太人与非犹太人的疏离更加严重，"与非犹太人隔离的倾向因强制同化而增强，与之相伴的还有哈斯蒙尼王朝在巴勒斯坦的政治扩张以及犹太人在托勒密王国后期

---

① M. Simon, *Verus Israel: A Study of the Relations between Christians and Jews in the Roman Empire*, trans., H. McKeating, Oxford: Oxford University Press, 1986, p. 202.

② J. N. Sevenster, *The Roots of Pagan Anti-Semitism in the Ancient World*, Leiden: Brill, 1975, p. 89.

③ J. G. Gager, *The Origins of Anti-Semitism*, Oxford: Oxford University Press, 1985, pp. 31-34.

④ E. Bickerman, *From Ezra to the Last of the Maccabees*, New York: Schocken Books, 1962, p. 80; "Historical Foundations of Post Biblical Judaism", in L. Finkelstein, ed., *The Jews, Their History, Culture, and Religion*, Vol. 1, Philadelphia: Jewish Publication Society of America, 1949, pp. 70-104.

在军事领域取得支配性地位，这些引发了古代的‘反犹主义’"。① 概而言之，这派学者主张古代反犹现象出现的首要原因在于特定的政治冲突，其中最重要的便是希腊化时期爆发的马加比起义以及随后哈斯蒙尼王朝扩张所引发的族际冲突。

20 世纪中期前后的切利科夫和比克尔曼恰如第二圣殿时代的犹太圣贤山迈和希勒尔，作为观点相左的双子巨星闪耀于犹太古代史研究的星空之上。尽管双方的政治立场不同，但其开创的学术传统却极大地启迪了后学。就古代反犹问题而言，切利科夫一派认为古代反犹的主因在于犹太独特性对异族的影响，因此多偏重于以犹太视角研究散居地的状况，并主张古代的反犹现象起源于散居地。然而，该派除了会遭到"混淆原因与借口"的质疑外，常常忽视古代世界非犹太人的视角。因此，古代世界不同族群的犹太观念的多样性在其研究中便显得不足。比克尔曼一派的突出贡献在于能够准确把握犹太人与非犹太人之间的互动，但这派学者太过执着于巴勒斯坦的政治斗争以及犹太政权的影响，以致散居地的情况在一定程度上被忽视，有时甚至会造成严重的学术硬伤。② 因此 20 世纪 70 年代末期之后，古代反犹问题的研究大都综合上述两派的长处，平衡处理巴勒斯坦地区与散居地，并且在认识到犹太特殊性的

---

① M. Hengel, *Judaism and Hellenism: Studies in Their Encounter in Palestine during the Early Hellenistic Period*, trans., J. Bowden, Vol. 1, p. 306.

② 例如，该派的克里斯蒂安·哈比希特曾武断地认为马加比起义前历史上不存在反犹行为，但在埃及的象岛，早在公元前 5 世纪便出现过埃及本地人针对散居犹太人的暴乱，而目前学界基本认同这是古代世界最早的反犹暴动。关于象岛犹太社团的情况，参见袁指挥《论古埃及埃勒凡塔的犹太社区》，《古代文明》2011 年第 1 期；关于学界对 C. Habicht 的批评，参见 Z. Yavetz, "Judeophobia in Classical Antiquity: A Different Approach", pp. 8–11。

基础上，更加注重古代的非犹太人对犹太特性做出何种回应。彼得·舍费尔的研究便是其中的代表。[①]

在其最新的研究中，舍费尔在采用犹太特殊性的研究预设的同时，更加关注非犹太人对这种特殊性的回应。用他的话说："犹太人的'隔离性'和'古怪性'的确具有本质性特征，但是把它作为外族反犹主义的原因是混淆原因和借口，让犹太人为异族人对他们的所作所为负责。……犹太人的孤立到什么程度并不重要，事实上，他们必定在一定程度上有这种特征。关键的问题是希腊罗马人由于这点做了什么。"[②] 以此为出发点，舍费尔全面讨论了非犹太人对各种犹太特征的态度，包括民族起源、一神崇拜、饮食法、犹太节日、割礼等。这些成果无疑对本书的研究具有重要的借鉴意义。最后还要提及的学者是便雅悯·以撒。尽管没有专门探究古代的反犹问题，但其在《古典古代种族主义的发明》中，却对希腊人和罗马人给外族人定性的评价标准和价值取向进行了研究，这对研究其犹太观念具有指导意义。[③]

如果说古代反犹研究以研究的预设和解释体系见长，那么希腊化-罗马时期的犹太流散研究所强调的便是史料的丰富多样以及犹太人作为客居者的长时段发展全景。这里首先有必要对"流散"（Diaspora）的含义加以说明。国内学界常以公元

---

① P. Schäfer, *Judeophobia: Attitudes towards the Jews in the Ancient World*, London: Harvard University Press, 1997.

② P. Schäfer, *Judeophobia: Attitudes towards the Jews in the Ancient World*, pp. 209-210.

③ B. Isaac, *The Invention of Racism in Classical Antiquity*, 2004.

135 年巴尔-科赫巴起义的失败作为犹太"大流散时期"的开端。[①] 然而，犹太社会出现大规模的散居生活却并非公元 135 年之后的现象。事实上，所谓"流散"或"散居"，是指犹太人生活在其文化传统中的"应许之地"外。所谓"应许之地"大体与今天的巴勒斯坦地区相重；在希腊化-罗马时期，则主要是指以耶路撒冷圣殿为核心的犹地亚地区。学界对希腊化-罗马时期的犹太流散研究，其地理意涵基本是指地中海范围内犹地亚之外的地区。此外，尽管犹太人在这一时期已经散居各地，但资料丰富到能够建构出相对完整的散居史的地区却为数寥寥，大体只有埃及、昔兰尼、叙利亚、小亚细亚的某些地区以及罗马城，上述五地加犹地亚本土，基本构成学界研究这一时期地中海世界犹太史的地域背景。

古代地中海世界的流散研究始于 19 世纪 20 世纪之交，这一领域从其发端便以史料的发掘整理为特征。很多知名文献在这一时期被以历史学、语文学的方法重新编辑注释，为人们展现出散居犹太人的多彩世界。例如，雅各布·贝尔奈斯对伪弗西利迪斯的研究以及约翰内斯·盖弗肯校注的《西卜路巫语》。[②] 进入 20 世纪后，非文献史料的发掘整理取得了突破性进展。铭文方面，法国神父让-巴蒂斯特·弗赖于 1936 年出版了《犹太铭文集》第一卷，而后于 1952 年出版了第二卷。[③]

---

① 徐新:《犹太文化史》，北京大学出版社，2006，第 34 页；张倩红、艾仁贵:《犹太史研究入门》，北京大学出版社，2017，第 22 页。

② J. Bernays, "Über das phokylideische Gedicht", in *Gesammelte Abhandlungen*, Vol. 1, ed., H. Usener, Berlin: Wilhelm Hertz, 1885; J. Geffcken, *Die Oracula Sibyllina*, Leipzig: J. C. Hinrichs, 1902.

③ 关于古代犹太铭文的发掘整理情况，见宋立宏《古代的犹太铭文》，《历史研究》2005 年第 6 期。

纸草方面，维克多·切利科夫和亚历山大·富克斯编辑了三卷本的《犹太纸草集》。① 古物研究方面，欧文·古迪纳夫 13 卷本的《希腊罗马时代的犹太象征》至今仍为相关研究倚重。② 在经历二战后一段相对沉寂的时期后，各类散居地史料的整理再次进入快速发展的时期。卡尔·霍拉迪编辑了希腊化犹太作家的作品残篇。③ 摩西·哈达斯编译了《阿里斯蒂亚书信》。④ 霍华德·雅各布森编译了悲剧作家以西结的悲剧《领出去》。⑤ 詹姆斯·查尔斯沃斯编辑了《旧约伪经》。⑥ 威廉·霍伯瑞以及大卫·诺伊重新编辑了希腊化-罗马时期的埃及犹太铭文。⑦ 尤其值得一提的是曼纳海姆·斯特恩编辑的三卷本的《希腊拉丁作家论犹太人与犹太教》。⑧ 这部作品不仅汇集了古代文

---

① V. Tcherikover & A. Fuks, eds., *Corpus Papyrorum Judaicarum (CPJ)*, 3 Vols., Cambridge(Mass.): Harvard University Press, 1957-1964. 后两卷在切利科夫（Tcherikover）于 1958 年去世之后出版。

② E. Goodenough, *Jewish Symbols in the Graeco - Roman Period*, 13 Vols., New York: Pantheon, 1953-1968. 这部作品十分奇特，它致力于证明在散居地存在一个希腊化的、非拉比传统的、神秘主义的犹太教。

③ C. R. Holladay, ed., *Fragments from Hellenistic Jewish Authors Volume I: Hisrotians*, Chico: Scholars Press, 1983; *Fragments from Hellenistic Jewish Authors Volume Ⅱ : Poets*, Atlanta: Scholars Press, 1989; *Fragments from Hellenistic Jewish Authors Volume Ⅲ : Aristobulus*, Atlanta: Scholars Press, 1995; *Fragments from Hellenistic Jewish Authors Volume IV: Orphica*, Atlanta: Scholars Press, 1996.

④ M. Hadas, ed. & trans., *Aristeas to Philocrates(Letter of Aristeas)*, New York: Ktav Publishing House, Inc., 1973.

⑤ H. Jacobson, *The Exagoge of Ezekiel*, Cambridge: Cambridge University Press, 1983.

⑥ J. H. Charlesworth, ed., *The Old Testament Pseudepigrapha*, 2 Vols., London: Darton, Longman & Todd, 1983, 1985.

⑦ W. Horbury & D. Noy, eds., *Jewish Inscriptions of Graeco - Roman Egypt*, New York: Cambridge University Press, 1992.

⑧ M. Stern, ed., *Greek and Latin Authors on Jews and Judaism (GLAJJ)*, 3 Vols., Jerusalem: The Israel Academy of Sciences and Humanities, 1974-1984.

献中希腊罗马作家涉及犹太人的相关记述，更为重要的是，学界对于这些作品的分析、争论，他也都一丝不苟地安插在每篇的序言和注释之中，信息量巨大，对于研究希腊人和罗马人的犹太观念意义非凡。

除去对各类史料的发掘整理，流散研究的另一特点是书写以散居地为中心的专题史。事实上，切里科夫在《犹太纸草集》第一卷中以概括纸草史料为基础的引论已经与一部散居犹太通史无异。此后，希蒙·阿普勒鲍姆研究了犹太人在古代昔兰尼的散居状况。[①] 约瑟夫·莫杰夫斯基和阿里耶·卡舍尔研究了埃及犹太人的散居史。[②] 哈里·利昂和伊迪斯·斯莫尔伍德则探讨了罗马犹太人的散居状况。[③] 这些作品对散居地社会结构、文化特点、族群关系等做了历时性考察，为研究希腊化-罗马时期地中海世界各个亚文明圈的犹太观念提供了重要支持。

目前，散居研究最为重要的学者当数艾希·格林和约翰·巴克利，而这两人的学术观点却截然不同。格林对散居犹太人的状况充满自信，并认为非犹太世界的犹太观念相当正面。他

[①]　S. Applebaum, *Jews and Greeks in Ancient Cyrene*, Leiden: Brill, 1979.

[②]　J. M. Modrzejewski, *The Jews of Egypt: From Rameses II to Emperor Hadrian*, Edinburgh: T&T Clark, 1995; A. Kasher, *The Jews in Hellenistic and Roman Egypt: The Struggle for Equal Rights*, Tübingen: Mohr, 1985. 两人的观点多有不同。前者偏重对非文献材料的运用，得出的结论同切里科夫多有相似；而后者对于原始材料的解读异于前者，加之作者偏重于犹太视角，得出了很多值得进一步商榷的结论。

[③]　H. J. Leon, *The Jews of Ancient Rome*, Philadelphia: The Jewish Publication Society of America, 1960; E. M. Smallwood, *The Jews under Roman Rule: From Pompey to Diocletian*, Leiden: Brill Academic Publishers, Inc., 1981. 需要指出的是，斯莫尔伍德的著作是一部断代通史，不仅讨论了罗马犹太社团，而且囊括罗马帝国内的犹太人。

认为犹太人在散居环境中并不需要为维系族群认同而斗争，相关文献对犹太习俗、信仰进行辩护的目的在于争取非犹太人的皈依。[①] 在整个希腊化时期以及罗马帝国相当长的时期内，犹太人与非犹太人关系十分和谐，而在面对这一时期内针对犹太人的族际冲突时，他也更加偏好使用偶然性、个人因素等加以解释。[②] 希腊化-罗马时期，犹太人充满自信是事实，但就族际互动而言，犹太人的自信并不能证明他们与其他族群关系和谐。事实上，托勒密时期独特的政治结构的确有利于提升犹太人的自信，但这种自信却在很大程度上引发了希腊人，特别是亚历山大里亚的希腊公民的憎恶和嫉妒，双方在罗马时代的冲突与这种自信不无关系。

相对于格林，巴克利的历史建构则充分体现了希腊化社会散居环境的复杂性。巴克利深受后殖民理论的影响，对于多元社会中族群观念与认同的复杂性有着深刻的认识。他把希腊化分成了政治、社会、语言、教育、意识形态（价值观）、宗教以及物质现实等七个层面，并在此基础上建构了同化、文化移入与文化取向的三重模型来分析散居文献所体现的身份观念和族际互动。在此基础上，他指出，散居犹太人的希腊化和身份观念多样复杂，同时，犹太人与周围非犹太人的关系并不乐观。他们既需要为维持自身的认同而努力，也需要对非犹太人对他们的偏见和指控做出回应和反击。这些都证明了希腊化-罗马时期，反犹在非犹太人的犹太观念中占有重

---

① E. S. Gruen, *Heritage and Hellenism: The Reinvention of Jewish Tradition*, Los Angeles: University of California Press, 1998, pp. 292-293.

② E. S. Gruen, *Diaspora: Jews amidst Greeks and Romans*, Cambridge (Mass.): Harvard University Press, 2002, pp. 54-83.

要地位。①

　　国内系统的犹太研究大约始自 1980 年代。虽然这段历程还不足半个世纪，但众多的学术成果依然对本书的研究具有重要的启示意义。徐新先生不仅对犹太文化的特征和发展历程做出了总体性的论述，而且对反犹问题有着精深的研究。这些作品对本书具有总括性的指导意义。② 具体到希腊化－罗马时期，梁工先生等对希腊化时期犹太文献的论述对本书文献的收集和设计提供了极具价值的参考；宋立宏先生的系列论文不仅体现了国内相关领域研究的前沿水平，也启迪了本书的研究思路和方法。③ 在古代犹太研究领域外，刘文鹏、袁指挥等学者对埃及文明以及象岛犹太社团的研究，吴晓群先生对希腊文明的研究，杨巨平、陈恒等学者对希腊化时期的研究，王晓朝等学者对罗马帝国转型的研究均对本书具有

---

① J. M. G. Barclay, *Jews in the Mediterranean Diaspora: From Alexander to Trajan*, Los Angeles: University of California Press, 1996.

② 徐新：《犹太文化史》；《论犹太文化》，世界图书出版公司，2013；《反犹主义解析》，上海三联书店，1996；《反犹主义：历史与现状》，人民出版社，2015。徐新、凌继尧主编《犹太百科全书》，上海人民出版社，1993。

③ 黄天海：《希腊化时期的犹太思想》，上海人民出版社，1999。梁工、赵复兴：《凤凰的再生——希腊化时期犹太文学研究》，商务印书馆，2000。周平：《〈犹太古史〉所罗门传：希伯来传统与希腊化双重视野》，社会科学文献出版社，2011。宋立宏：《希腊罗马人对犹太教的误读》，《世界历史》2000 年第 3 期；《犹太战争与巴勒斯坦罗马化之两难》，《世界历史》2002 年第 1 期；《罗马的犹太政策》，《学海》2006 年第 1 期；《谁是"犹太人"——关于"Ioudaios"的札记》，《历史研究》2007 年第 2 期；《古代的犹太铭文》，《历史研究》2005 年第 6 期；《犹太集体记忆视域下的巴尔·科赫巴书信》，《历史研究》2011 年第 2 期；《希腊化与罗马时期犹太人的政治宗教特征——以古代犹太钱币为中心的考察》，《历史研究》2013 年第 3 期。

重要的参考意义。[1]

　　本书的研究借鉴了上述提及的中外学术作品，希望能够对希腊化-罗马时期文明互动的情况提出一些粗浅的认识。

　　最后，希腊化-罗马时期最重要的犹太作家是约瑟夫斯与斐洛。关于约瑟夫斯，本书使用了洛布古典丛书译本、惠斯顿译本以及梅森主编的 10 卷译注本。[2] 梅森本中的卷 10《驳阿庇安》为约翰·巴克利译注。约瑟夫斯的《驳阿庇安》由于涉及约瑟夫斯驳斥外族作家对犹太人的各种指责，突出反映各族群的犹太观念，因而对本书具有特殊的重要意义。本书出现《驳阿庇安》，皆以巴克利译注本为准。[3] 关于斐洛，本书使用了洛布古典丛书译本与荣格译本。[4] 关于次经和伪经，除了使用查尔斯沃斯的编注本，也参考了查尔斯的版本。[5] 关于各古典作家涉及犹太内容的部分，除使用斯特恩《希腊拉丁作家

① 刘文鹏：《古代埃及史》，商务印书馆，2000；袁指挥：《论古埃及埃勒凡塔的犹太社区》，《古代文明》2011 年第 1 期；吴晓群：《希腊思想与文化》；陈恒：《希腊化研究》；杨巨平：《碰撞与交融——希腊化时代的历史与文化》；王晓朝：《罗马帝国文化转型论》。

② H. Thackeray, R. Marcus, A. Wikgren, L. Feldman, *Josephus*, 13 Vols., Loeb Classical Library, Cambridge (Mass.): Harvard University Press, 1926 - 1965; W. Whiston, trans., *The Works of Josephus*, Peabody: Hendrickson Publishers, Inc., 1987; S. Mason ed., *Flavius Josephus: Translation and Commentary*, 10 Vols., Leiden: Brill, 2007.

③ J. M. G. Barclay, trans. & comm., *Against Apion*, in S. Mason ed., *Flavius Josephus: Translation and Commentary*, Vol. 10, Leiden: Brill, 2007.

④ F. H. Colson & G. H. Whitaker, *Philo*, 10 Vols., Loeb Classical Library, Cambridge(Mass.): Harvard University Press, 1929 - 1962; R. Marcus, *Philo Supplement*, 2 Vols., Loeb Classical Library, Cambridge(Mass.): Harvard University Press, 1953; C. D. Yonge, trans., *The Works of Philo*, Peabody: Hendrickson Publishers, Inc., 1993.

⑤ R. H. Charles, ed., *The Apocrypha and Pseudepigrapha of the Old Testament*, 2 Vols., Berkeley(CA): The Apocryphile Press, 2004.

论犹太人与犹太教》外，均参考洛布古典丛书以及相应的中译本。

四 研究思路

本书考察希腊化-罗马时期地中海时代的犹太观念，主要从两条思路展开。其一是犹太文明自身在希腊化-罗马时期的特点，其二是犹太文明与埃及文明、希腊文明以及罗马文明进行的博弈。就第一点而言，本书借重古代反犹研究中强调犹太文明特殊性的研究预设。这一研究预设的合理性在于，犹太文明在古代世界确实具有特殊性，这一文明建基于独一神论[①]，以摩西律法为行为准则，其认同观念着眼于圣殿和《托拉》经典。毫无疑问，在多神论盛行的希腊化-罗马时期，犹太文明的生活样式不仅与众不同，而且本质上不能够同其他建基于多神传统的文明相融合。职是之故，犹太文明与非犹太文明之间的互动才产生了强大的张力。

就第二点而言，本书主要选取埃及、亚历山大里亚、罗马城作为研究的重点地区。选取这几处进行研究的原因在于，第一，就非犹太人的犹太观念而言，这几处留下了最为丰富的史料。亚历山大里亚和罗马是希腊化-罗马时期最大的城市，文化最为发达。就犹太族群而言，亚历山大里亚的散居犹太文献有很多传世，在数量上远远超过其他的犹太社团。正因此，约翰·巴克利甚至认为"在夸张的程度上，这些文献的数量和质量几乎使亚历山大里亚犹太教成为'流散犹太教'的同义词"。[②]

---

① 关于犹太人的一神思想，参看徐新《论一神思想的精髓——以犹太思想为例》，《学海》2007年第1期。

② 参看 John M. G. Barclay, *Jews in the Mediterranean Diaspora: From Alexander to Trajan*, Berkeley & Los Angeles: University of California Press, 1996, p. 19。

同样，该城作为希腊化的中心，众多的希腊作家的作品也是在这里创作并被保留下来。罗马城则是拉丁文献重要的来源地。此外，这两处还有着比较丰富的非文献史料，包括纸草、碑铭等。第二，这几处体现着相应文明最典型的文化特征。在希腊化-罗马时期，亚历山大里亚可谓希腊文明的代表，而罗马城则可谓罗马文明的代表。由于这里是希腊文明、罗马文明的核心，因此，希腊人、罗马人在这些地区与犹太人互动所出现的各种观念，最能体现这些文明的特征。

在方法上，本书采用文本分析与历史分析相结合的方式展现犹太文明与埃及文明、希腊文明以及罗马文明之间的博弈。文明的交流与碰撞造成观念的生发，而这些犹太观念的表达，一是通过文本材料，二是通过历史事件，二者互为表里，相辅相成。沿着上述思路与方法，本书的章节安排如下。

第一章从整体上分析希腊化-罗马时期的犹太文明，勾勒出这一时期犹太性与犹太身份的特征与发展变化。只有首先了解犹太文明自身的特征，才能把握犹太文明与其他文明的博弈。

第二章研究埃及族群的犹太观念。从埃及祭司马涅托记述犹太民族起源的文本入手，分析埃及犹太观念的特点；并通过对埃及历史的回溯，探究埃及犹太观念形成的历史渊源；最后分析埃及犹太观念对希腊族群的影响。

第三章从文本层面分析希腊族群的犹太观念，以城邦范式对希腊犹太观念的塑造以及埃及犹太观念同希腊犹太观念的融合为线索，探究希腊族群犹太观念的特点和发展历程。

第四章以亚历山大里亚城为个案，从托勒密王权、亚历山大里亚希腊公民、亚历山大里亚犹太族政团以及该城埃及人这四者的互动关系出发，分析希腊族群犹太观念形成与发展的社会根源。亚历山大里亚的情况在很大程度上也代表了一般希腊城市中希腊族群和犹太族群之间的冲突模式。

第五章延续第四章的历史分析，探讨罗马入主埃及之后造成的社会结构变动，通过分析公元 38 年的族际冲突，剖析这一历史时期罗马、希腊、犹太等文明在互动过程中各自的行为逻辑。

第六章从"罗马和平"的意识形态出发，研究罗马族群的犹太观念，并通过分析罗马-犹太战争的影响探讨多神教帝国与独一神宗教的互动机制。

最后为结语。

第一章 希腊化-罗马时期的犹太文明

谁是犹太人，何谓犹太性，这是几乎所有犹太研究无法回避的问题。对于希腊化-罗马时期的犹太研究，特别是犹太观念研究，这些问题显得更为重要。原因在于，犹太身份认同方式在这一时期出现了本质性变化。"宗教-生活方式"首次成为建构犹太身份的决定性要素，不仅成为"地域-血缘"要素的重要补充，且重要性日益提升。这一变化使得犹太性更多以宗教或生活方式的维度呈现，成为犹太文明与其他文明互动的重要面相。本章将以犹太教的"大众化"以及"希腊化"对犹太文明的冲击为线索，勾勒出这一时期犹太性与犹太身份的特征与发展变化，而这些恰是非犹太人认知、理解犹太文明并建构其犹太观念的基础和关键。

一 "宗教大众化"与犹太文明的新变化

约瑟夫斯曾指出，"巴比伦之囚"后回归耶胡达省复建圣殿的人应该被叫作"Ioudaios"。[①] 在记述此后的犹太历史时，他基本不再使用"以色列人"或"希伯来人"的称谓。虽然

---

① Josephus, *AJ*, XI, 173. "Ioudaios" 根据不同时代语境可以译为"犹地亚人"或"犹太人"，前者强调地域元素，后者强调宗教元素，参见宋立宏《谁是"犹太人"——关于"Ioudaios"的札记》，《历史研究》2007年第2期。

约瑟夫斯只点到了族群名称的改变，但这一改变却透露出犹太文明特征以及犹太族群认同发生了重大变化。

　　希腊语"Ioudaios"与拉丁语"Iudaeus"背后更古老的词源是希伯来语"Yehudi"。"Yehudi"原指"犹大支派"的成员，后指南国犹大之民，波斯时期衍生出以耶路撒冷为核心的行政区"耶胡达"（Yehud），而后希腊、哈斯蒙尼以及罗马的统治者均在某种程度上继承了这一行政区划，于是有了近东地区的"犹地亚"。① 因此，自希腊化时期伊始，"Ioudaios"便具有族群与地域的双重意涵，即族属为南国犹大后裔、祖土在犹地亚的族群。今天将"Ioudaios"直接译为"犹太人"容易造成的最大误解在于其地域意涵的消失，而这层含义对希腊化-罗马时期的犹太身份认同以及非犹太人的犹太认知的影响不容忽视。

　　在公元前 200 年之前，犹地亚地域范围变化不大。其东，约旦河与死海构成了其天然边界；其西，南北走向的峡谷成为沿海平原与犹地亚山地的天然边界；其南方与以土买相接；其北与撒玛利亚毗邻。整个地区约 2800 平方千米。此后，犹地亚的地域范围曾随哈斯蒙尼王朝的扩张而不断扩大，又在罗马时期有所缩减。② 尽管有这些变化，它却一直是犹太文明的核心地域。因为就犹太人而言，犹地亚并非简单意义上的地理概念，它还承载着一神传统中的宗教价值，代表着与上帝约定的

---

①　S. J. D. Cohen, *The Beginning of Jewishness: Boundaries, Varieties, Uncertainties*, Los Angeles: University of California Press, 1999, pp. 69-70.

②　E. Bickerman, *The Jews in the Greek Age*, Cambridge (Mass.): Harvard University, 1988, pp. 26 - 27; S. Hornblower & A. Spawforth, eds., *OCD*, 3rd ed. rev., Oxford: Oxford University Press, 2003, p. 799.

"应许之地"，是犹太性最直接的表现。位于圣城耶路撒冷的圣殿是犹地亚的文化地标，它是犹太世界的中心和犹太社会统一的象征，犹太的献祭活动只能在这里由世袭的祭司团体举行。圣殿为维系犹太认同提供不竭动力，是犹太人构建其世界图景范式不可替代的核心要素，这不仅针对生活在犹地亚的犹太人，也包括散居犹太人。散居亚历山大里亚的犹太人斐洛深谙希腊文化，但在他的世界图景中，以圣殿为核心的耶路撒冷依然是自己的母邦，体现着最高的价值。[①] 各地的犹太社团朝觐圣殿、缴纳圣殿税的场面不仅凸显着犹太身份的地域元素，也同样冲击着外邦人对犹太人的认知——希腊史学家波利比乌斯便称犹太人为居于耶路撒冷圣殿周围的民族；罗马人在巴尔·科赫巴起义后将犹地亚行省的名称改为巴勒斯坦的举措也表明，为了将犹太性从这一地域剥离，他们无所不用其极。[②]

犹太一神传统中"应许之地"的特殊地位、圣殿与圣城不可替代的独一性，加之犹太人政权缺失以及生活于外族帝国统治之下[③]，这些特殊条件为一神教的突变性发展提供了历史机遇。在第二圣殿时期，外族帝国对于犹太中央机构、耶路撒冷圣殿以及托拉律法的支持不仅使三者最终成为犹太族群认同的主要标志[④]，同时也造就了犹太文明特殊的存在状态。约瑟

---

① 郑阳：《族群空间与散居犹太人——以斐洛思想为例》，载宋立宏主编《从西奈到中国》，三联书店，2012，第 91~103 页。

② Josephus, *AJ*, XII, 136; R. P. Scheindlin, *A Short History of the Jewish People*, New York: Macmillan, 1998, chap. 3.

③ 伊莱亚斯·比克尔曼曾经指出："如果整个东方，从印度到埃塞俄比亚，不处于遵奉波斯王谕令的统一世界之中，那么犹太人围绕耶路撒冷所确立的精神统一几乎无法实现。" E. Bickerman, *From Ezra to the Last of the Maccabees*, pp. 8-9.

④ S. Schwartz, *Imperialism and Jewish Society*, p. 14.

夫斯曾用"神权政体"来概括围绕这三者构建而成的"圣殿之邦":上帝独一造就了圣殿唯一和律法神圣,借由托拉律法、圣殿和祭司整合而成的犹太社会,其活动的最高目标在于敬拜独一的神,遵奉托拉律法的生活也使犹太人成为优于他族的"祭司民族"。[①] 需要指出的是,对于这一社会,世俗权威隐没,精神权威彰显,宗教领域的神圣性和超越性成为合法性的终极来源以及社会认同的上位价值,使犹太人在处理精神权威和世俗权威的问题上呈现双重性的民族气质:他们相对积极地看待精神追求,相对消极地看待世俗统治。犹太文明"宗教大众化"的进程在此背景下展开,而犹太性也借由"宗教大众化"的潮流获得了新的表达。

犹太文明的"宗教大众化",其核心意涵在于:曾经属于犹太祭司集团的宗教责任和特权逐步为所有成年犹太男性承担和分享,普通犹太人深度融入作为伦理价值体系和生活方式的犹太主义(Judaism)之中。许多学者认为这是犹太文明在第二圣殿时期最重要的变化。[②] 事实上,犹太教的大众化早在"巴比伦之囚"的时代便已发端,祈祷的勃兴便是其中最突出的表现,徐新先生所述犹太教出现心灵化和抽象化的倾向便意指于此。[③] 然而,这一进程的发展进入快车道却是在希腊化-罗马时期。

从观念上看,"巴比伦之囚"使先知运动为犹太教注入的

---

① Josephus, *CA*, *II*, 145–219. 对犹太"神权政体"的概括,见 G. Vermes, "A Summary of the Law by Flavius Josephus", *Novum Testmentum*, Vol. 24, Fasc. 4, 1982, pp. 289–303。

② S. J. D. Cohen, *From Maccabees to the Mishnah*, 3rd ed., pp. 100–101.

③ 徐新:《论犹太教崇拜手段——祈祷》,载《学海》2010 年第 2 期;《犹太文化史》,北京大学出版社,2006,第 19~23 页。

大量道德因素逐渐深入普通犹太人的心中，此后犹太教中神的普遍性和道德特征日益凸显，上帝变得日益抽象，其超越性与内在性之间形成强烈张力：上帝离尘世越来越远，却越来越近切地被个体的心灵所感知。这种心灵化与伦理道德因素的增加相伴，并且关系到每个人。由此，第二圣殿时期，犹太人在很大程度上抛弃了传统的集体责任观念，转而更加强调个体的宗教行为和责任。① 人们开始认为：没有人会为其他人的罪错而受罚。此外，从公元前 3 世纪起，开始出现这样的观念：上帝使义人复活且不朽，而恶人则要受到永罚。② 因此，第二圣殿时期更加强调罪、奖惩以及悔改等教义的个体化。在这一时期，赎罪日不再只是大祭司清洁祭坛的日子，而是每个犹太人悔改的日子，人们对末世的期待不仅包括以色列的复兴，更包括上帝对个体的救赎和奖惩。

与上述观念相应，犹太人开始以更加虔诚和严肃的态度来对待律法和人生。精英人士秉持着圣化生命、追寻上帝的信念精研《托拉》，而身受社会地位及教育水平限制的普通民众则更侧重遵守各种具体、可操作的诫命来实现自身的宗教责任。故而在希腊化-罗马时期，托拉律法的权威日益突出，犹太教

---

① 犹大王玛拿西在《列王纪》和《历代志》中的不同遭遇生动地体现了这种变化。《列王纪》的内容形成在第二圣殿时代之前，它把南国犹大灭亡的责任归于玛拿西王所犯的罪，而这位王并非南国的亡国之君，这里充分体现着古以色列时期父债子还、整体负责的旧观点；与之相比，完成于第二圣殿时代的《历代志》改变了这种观点，把南国灭亡的罪归于末代王西底家。《列王纪下》21：10-16；《历代志下》36：11-16。本文使用的《圣经》均为现代中文译本（修订本），中国基督教三自爱国运动委员会及中国基督教协会 2006 年出版。

② L. L. Grabbe, *An Introduction to Second Temple Judaism: History and Religion of the Jews in the Time of Nehemiah, the Maccabees, Hillel and Jesus*, London: T & T Clark International, 2010, pp. 92-96.

日益向书本宗教迈进成为犹太教大众化进程中最鲜明的特征。① 这一特征主要体现在三个方面，它们均对犹太性的呈现以及犹太认同产生了深远影响。

其一，圣书的法典化与正典化，文士团体兴起。

圣书承载上帝的启示和律法，它是犹太人认识上帝、践行圣约、规范人生行动和进行价值判断的依据。因此，在犹太社会中，圣书是指导所有宗教事务的最高依据。与此同时，圣书对犹太世俗生活也十分重要。无论波斯、希腊还是罗马统治者，均以允许犹太人"按照其祖先的律法生活"的方式赋予其自治权。由此，《托拉》不仅是宗教仪式规章，更是犹太社团进行日常民事所依赖的法典。② 宗教和世俗双方面对于行为准则的具化要求共同推动着固定圣书文本、使其封印成经的正典化进程。事实上，圣书正是在第二圣殿时期分批次完成了正典化：《托拉》于波斯时期成为封定的正典文献，《先知书》于公元前 2~前 1 世纪实现正典化，而《圣文集》的正典化则于公元 1 世纪前后完成。不仅如此，这一时期还出现了《托拉》的希腊文译本（《七十子士本》）以满足散居犹太社会的需要。③ 作为这时期犹太教三大核心权威要素之一，圣书承载和传布知识与理念，缔造信仰与认同，不受时间和空间的限制，具有最强的平等性和适应性。这些特点无疑使其能够涵盖更广泛的犹太人，从而使作为价值观念和生活方式的犹太教更

① 亚伦·奥本海默：《犹太教：从圣殿到文本》，载宋立宏主编《从西奈到中国》，第 217~228 页。
② J. M. Modrzejewski, *The Jews of Egypt: From Rameses II to Emperor Hadrian*, chap. 5.
③ S. J. D. Cohen, *From Maccabees to the Mishnah*, 3rd ed., chap. 6.

深、更广地在犹太社会中得到贯彻和渗透；同时，犹太人也得以通过学习知识而成为文士精英，从而获得言说和阐释犹太性的话语权。

文士是知识分子，是起草文书并对之进行解释的职业人士。圣书法典化的潮流为其崛起提供了条件。由于精通律法，擅长处理民事纠纷，因此文士往往成为沟通外邦统治者和犹太社会的联系人。希腊化时期以降，文士在外族帝国统治下担任中介官僚的现象更加突出。[①] 公元前 3 世纪前后的《便西拉智训》这样写道：

> 从事研究至高者律法的人就与众不同了。他要探索所有古典作家的全部智慧，专心致志地考究先知书。……大人物请他去服务，他在统治者面前崭露头角。他出国旅行，致力于考察人间善恶。他习惯早起，向造物主大声祷告，祈求至高者宽恕他的罪过。……他将与人分享知识，给人以良好的教诲，同时领悟主的奥秘。他将在教学中显露自己的才华，他将为主的律法和圣约而感到自豪。他将因为自己的智慧而受到广泛的赞扬，流芳百世，永远活在世代人民的记忆里。[②]

就推动犹太教大众化进程而言，虽然文士与祭司的身份并不互斥且二者可以在同一社会中并行发展，但文士阶层的崛起依然对祭司集团造成了强大冲击。能否成为祭司取决于出身血

[①]　E. Bickerman, *The Jews in the Greek Age*, pp. 161–163.

[②]　*Ben Sira*, 39: 1–11.

统的贵贱，能否成为文士却取决于学识的高低；祭司依托圣殿，深受圣殿局限性的影响，文士依托圣书，摆脱了地域空间的辖制，故文士吸纳犹太社会成员的范围明显更广。与此同时，《托拉》律法是文士与祭司共同的权威来源，即令文士偏重其中涉及日常民事的律法，他们也很难摆脱犹太律法浓厚的宗教特性，因此文士必然在一定程度上削弱祭司的权威。此外，文士集团使圣书成为犹太文化教育的基础，而教育学习的过程推动犹太教的观念、权利和责任向普通犹太人扩散，从而巩固以《托拉》律法为中心的社会体系。①

其二，出现新式大众宗教机构——会堂。

希腊化-罗马时期，犹太人已经散布地中海世界，但上帝独一、排他的观念使得只有耶路撒冷的圣殿具有公认权威，在圣城之外建造圣殿几乎无法获得合法性与犹太人的认同。这样，以圣殿为核心的宗教和政治活动便显示出巨大的局限和不便——犹太人参与圣殿献祭，其频次和范围显然十分有限，散居犹太人在这方面显然受限更多，而在应对外邦文化冲击、维系犹太认同的问题上，散居地却比犹地亚面临更大压力。上述因素促使祈祷、研习律法等成为散居地最主要的宗教活动，为了满足举行这些活动的场所需求，会堂应势而生。需要指出的是，会堂因圣书存放其中而获得神圣性，研习圣书不会造成与一神传统不符的偶像崇拜，因此，会堂与圣殿在神圣性方面非但没有产生矛盾，而且形成相互补充和支持的局面。会堂也由此发展为各地犹太社团最普遍、最重要的族群公共空

---

① M. Himmelfarb, " ' A Kingdom of Priests' : The Democratization of the Priesthood in the Literature of Second Temple Judaism", *The Journal of Jewish Thought and Philosophy*, Vol. 6, 1997, pp. 89-104.

间和文化符号。

关于会堂最早的确切证据来自公元前3世纪的埃及，是托勒密三世时期的一份题献铭文，其内容为："为了托勒密王和王后贝蕾妮斯，他的姐妹和妻子，以及他们的子女，犹太人献上这座祈祷房。"① 这份铭文虽短，却有力地展示了犹太人如何平衡外族统治者神化王权与自身非偶像崇拜的矛盾：通过在上帝之前为统治者祈祷来表明自身的忠诚。犹太文献史料中也不乏对会堂的描述。《耶路撒冷塔木德》便浓墨重彩地描绘了亚历山大里亚的犹太大会堂：

> 如果有人从未见过埃及亚历山大里亚那座双排柱廊的巴西利卡式会堂，那么他这一生便从未见识过以色列的荣光。……那是一座大型的巴西利卡，一排柱廊里边还有一排柱廊……现在，那里有71尊黄金宝座，每尊宝座都价值黄金25塔兰特。这些座位正好分配给71位长老。②

显然，由于会堂在犹太生活中的重要地位，它也成为犹太社团在客居环境中展示自身实力和地位的舞台。

尽管散居地与犹地亚地区的会堂存在差异，但主要功用却大致相似，包括举行祈祷仪式，《托拉》的诵读、研习与教育，召开涉及犹太公共事务的集会，为旅行的犹太人提供食

---

① W. Horbury & D. Noy, *Jewish Inscriptions of Graeco-Roman Egypt*, nos. 22.

② Jerusalem Talmud, *Sukkah* 5: 1; J. Neusner, *The Talmud of the Land of Israel: An Academic Commentary to the Second, Third and Fourth Divisions*, vol. 4, Yerushalmi Tractate Sukkah, South Florida Academic Commentary Ser ies; No. 108.

宿，以及为犹太弱势群体分配慈善捐赠、提供救济。① 这些功能充分表明，会堂是综合性的犹太政治和文化中心，在日常生活的方方面面传布和践行犹太主义。从宗教大众化的角度看，会堂的出现意味着圣殿不再是犹太人与上帝交流的唯一场所，而会堂作为传布知识的学校，显然有利于犹太文化在犹太社会中的均质化辐射。

其三，习俗、节日作为犹太标识的重要性日益增加。

犹太文明从托拉律法的维度出发，将宗教与习俗节日相融合，塑造出特定生活方式，这在同期的古代文明中异常突出。其他古代文明从未出现类似《塔纳赫》一样的启典深入普通民众。虽然这些文明的宗教中也有各类节日和赛会，但这些活动落脚点是神，在其中绝难看到犹太节日中借由伦理要素而结成的人神圣约关系。② 与此同时，"巴比伦之囚"以降的独特历史遭遇，使得犹太人需要在丧失政治独立的状态下维系族群认同，因而他们的注意力由政治转为宗教，这大大加速了犹太教的伦理化和律法化，而标识与上帝之约、最能维系犹太身份的各种习俗和节日也借由律法权威的巩固而得到空前强化。事实上，对于普通犹太人而言，践行与上帝之约最直接有效的方式就是遵守律法规定的各类诫命。拒绝外邦人的宗教和偶像崇拜，守安息日，守犹太饮食法，男性行割礼、缴纳圣殿税以及圣殿朝觐，这些日常生活中的习俗一方面赋予犹太人宗教和道

---

① V. Tcherikover, "Prolegomena" for *CPJ*, in V. Tcherikover & A. Fuks, eds., *CPJ*, Vol. 1, pp. 7-8; B. Isaac, *The Invention of Racism in Classical Antiquity*, pp. 464-465.

② M. Whittaker, *Jews and Christians: Graeco-Roman Views*, Cambridge: Cambridge University Press, 1984, p. 267.

德上的优越感，另一方面则在犹太人与外邦人之间竖起坚固的樊篱，由此成为彰显犹太性、巩固族群认同最可靠的保障。

从总体上看，即便受到外族文化的强烈冲击，犹太人依然小心谨慎地保持住自身的习俗与节日。举例而言，即令是斐洛这种高度接受希腊文化，通过寓意解经法阐释犹太饮食习俗的大知识分子，也并未忽视相关诫命的字面含义而食用禁物。[①]公元38年亚历山大里亚族际冲突时，希腊人以迫食猪肉的方式甄别犹太女子，这从反面表明该城的犹太人恪守着不食猪肉的习俗。又如，文献史料中多有犹太人于安息日停止战斗而遭遇失败的记载，而在公元前1世纪的近东，由于要守安息日，统治者甚至免除了犹太人为罗马军队服务的义务。[②] 这些均从不同方面表明，在希腊化-罗马时期，犹太人守安息日具有相当的普遍性。

事实上，这一时期的犹太人对自身习俗节日并不只是单纯地严守，他们更是在严守的基础上，根据时势对自身的习俗节日进行了开拓与创新。犹太祷文"示码"叮嘱犹太人要把上帝的话放在心上、手上、额头以及门框上。[③] 很明显，这是以比喻的方式要求人们遵守上帝的律法。然而在公元前2世纪，这些律法被按照字面意思理解，进而促生了佩戴经匣以及安装门柱圣卷的新习俗。[④] 节日文化的发展也出现了类似情况。犹

---

① 斐洛将犹太饮食法中关于分蹄反刍的相关规定解释为求取知识的方法——区分臧否、温故知新。然而他并未因此而放弃饮食禁忌，觐见罗马皇帝时，他便遭遇诘问为何不吃猪肉。见 Philo, *Spec. Leg.* Ⅳ, 105-109; *Legatio.*, 361。

② Josephus, *AJ*, ⅩⅣ, 226, 228, 232; Plutarch, *De Superstitione* 8.

③ 《申命记》6: 6-9。

④ S. J. D. Cohen, *From Maccabees to the Mishnah*, 3rd ed., p. 67.

太节日通常与犹太宗教历史传统中的重要事件相连，用以纪念这些事件中上帝与犹太人的特殊关系。① 第二圣殿时期新出现的节日也延续着这一特征。在犹地亚，哈努卡节于公元前 2 世纪出现，用以纪念马加比起义光复并洁净圣殿；在散居地，亚历山大里亚的犹太社团会在每年固定的日子跨水前往法罗斯岛的海岸野餐，以这一节日纪念托拉律法于此地被翻译为希腊文。②

　　毫无疑问，习俗与节日推动了犹太教的大众化。需要指出的是，虽然所有的习俗和节日都承载着犹太性，但并非所有的犹太习俗或节日均能成为外邦人眼中具有社会影响力的犹太标识。其中对外邦人犹太观念影响最大的犹太习俗和节日，当数拒绝外邦人的宗教和偶像崇拜、守安息日、守犹太饮食法、男性行割礼以及缴纳圣殿税。

　　犹太教大众化的意义何在？或者，这一进程对于犹太教或犹太认同造成了何种冲击，进而影响到非犹太人的犹太观念？从文明博弈的角度看，古典文明与犹太文明都具有文化原创性和高度文化活力。公元前 4 世纪以降，"希腊主义"（Hellenism）借由军事扩张与政治统治打破了地域、语言和族群的限制，成为具有普遍特征的霸权文化并对其他文明提出挑战。犹太文明在自身条件多有不利的背景下与之博弈，谋求存继和发展，必须提炼、完善、强化自身文明的核心要素，进而发展出与"希腊主义"对等、同样具有某种普遍性的"犹太主义"（Judaism）。对于犹太人而言，足以代表"犹太主义"

① 徐新：《犹太文化史》，第 209 页。
② Philo, *Mos.* Ⅱ, 41.

应对"希腊主义"的显然不是某个俗世政权，而只能是已经凝聚为社会共识、外化为生活方式的"犹太教"。宗教大众化的意义必须放置在这重背景下加以考量：这一进程在巩固自身文化价值体系和族群认同的同时，为犹太教增加了更多的普遍性元素，从而为犹太认同方式的转变以及犹太文明与外部文明进行深层互动奠定了坚实基础。

前文提及希腊化-罗马时期的"Ioudaios"（犹太人）含有"族群-地域"的双重意涵，这种意涵下的犹太身份强调纯正的血统与排他性的地域，与此相应的宗教形态是围绕圣殿和祭司集团展开的献祭宗教。这种宗教形态显然具有强烈的垄断性和不可通约性。各种宗教权力只为少数人掌握，即令是在犹太社会之内，大部分犹太人也无法获得某些特定的犹太性来建构自己的犹太身份，遑论将这些犹太性输出犹太社会之外。在宗教大众化进程的影响下，"宗教-生活方式"的意涵开始融入犹太身份的构建之中，与此相应的宗教形态是围绕托拉律法展开的书本宗教。这种宗教形态凸显伦理道德价值，强调学习与教育，重视知行之间的互动关系，具有强烈的普遍性。它不仅能将自身承载的犹太性赋予全体犹太社会的内部成员，还能将之输出犹太社会之外；不仅抵挡外族文化的挑战，而且予以回击，进而真正有效地推动文明间在精神内核层面的互动。非犹太人也正是在这样的互动中才逐渐认识、了解犹太文明，进而形成自身对犹太文明的态度与评价。

需要强调的是，第二圣殿时期犹太教内的书本宗教形态与献祭宗教形态并非简单的零和关系。从总体上看，一方面二者在很多方面相互补充和促进，另一方面二者之间的张力也使犹太文明焕发出更大的活力和魅力。献祭宗教形态承载了更多彰显性的犹太性，突出的是犹太文明的民族性和特殊性，如果缺少了围绕耶路撒冷所确立的精神统一，"应许之地"和"特选子民"便成了无根之木，而犹太人正是借此来展示自身文明的优越性和凝聚力。书本宗教形态则承载了更多分享性的犹太性，突出的是犹太文明的普遍性，它以一种开放的襟怀传布自身，不仅面向犹太社会，也面向非犹太社会。彰显性的犹太性可望，分享性的犹太性可及。处于自身文明本位的外邦人，正是在这种可望可即的变换组合中一面为这种文明所吸引，一面对这种文明强烈排斥。

二　"希腊化"与犹太身份建构的革命

虽然宗教大众化进程推动犹太教内书本宗教形态的勃兴，但"宗教-生活方式"真正成为建构犹太身份的决定性要素，是在希腊化的冲击和改造下才得以实现。希腊主义对犹太文明造成了巨大的挑战，同时也推动着犹太文明自身的转型。事实上，犹太教大众化进程中，人们相信通过教育即可获得上帝智慧，这种观念本身便表明希腊文化中关于"教化"的理念已经渗透到犹太文明之中。①

事实上，在希腊化时期，希腊文化对于犹太社会的冲击是全方位的，而希腊文化最重要的载体是希腊城市。这一时期，犹地亚周边涌现出大量的希腊化城市。东部海岸地区有亚实基伦、阿克、约帕以及阿波罗尼亚等城；北方有撒玛利亚、斯基奥波利斯和加大拉；外约旦地区有培拉、基拉萨、非拉铁非；

---

① 关于希腊"教化"观念的发展，见高莘《从雅典到耶路撒冷——古希腊教化（paideia）的演变及早期基督宗教对其的传承》，《宗教学研究》2012 年第 2 期。

马里萨和阿多拉位于犹地亚之南。这些城市获得了希腊式政治组织，建起了体育馆、剧院和运动场，竖起了希腊化君主的雕塑和祭坛，使得东方传统摇身一变转为希腊化的风貌。[①]

体育馆是这一时期支撑城市希腊文化的关键机构。体育馆不仅是休闲场地，还是锻炼身体、改变精神世界和提高社会地位的教育机构。它位于城市中心，准入资格十分严苛，获准入场者必须像希腊人那样裸体训练。在希腊化时期，进入体育馆受教是获得希腊人身份的重要标识之一，而在文化上获得希腊人的身份，也是非希腊人被希腊统治者所承认、进入统治集团的关键性条件。

君主崇拜是新的希腊化城市的又一明显特征。君主制是希腊化时期主导的统治方式，君主崇拜通过把国王合并进城市的主要符号系统，使统治者和城市紧密相连；而国王通常也致力于充当希腊文化的代表和化身，并在此基础上支持推行希腊化。由此，政治权力与宗教文化的紧密结合使希腊主义获得了更大的冲击力和穿透性。

公元前 3 世纪以降，以希腊城市、体育馆教育、君王崇拜为特征的希腊化潮流已经逐渐席卷近东，犹地亚地区亦无法避免。在物质文明领域和日常生活层面，希腊因素已经十分活跃。雅典式的钱币和陶罐、希腊式的建筑和艺术形式、希腊官员和商队，这些在犹地亚司空见惯。在经济领域，希腊商业的渗透甚至已经走出城市，进入犹地亚的乡村地区。这里最重要的是"柯因内"（Koine）希腊语作为商务和行政用语，开始流行并成为国际共通语。即便是在犹地亚乡村，也有人能够用

---

① V. Tcherikover, *Hellenistic Civilization and the Jews*, chap. 2.

希腊语起草各类官方文书或契约合同。另外，希腊姓名在犹太人中普及变化的情况也充分体现出犹地亚地区希腊化的程度：公元前3世纪时，犹太人还极少使用希腊名，即令是希腊化程度较高，对外邦文化不甚排斥的犹太贵族，如多比雅，给其子依然只取希伯来名；时至公元前200年前后，希腊名开始在社会各阶层中流行起来，即便是在大祭司家族，也出现了耶孙（Jason）这样的希腊名字。在哈斯蒙尼家族世系中，这种变化同样存在。马加比起义时，家族领袖玛他提亚及其众子，皆是希伯来语名，然而，到了玛他提亚的孙子辈，约翰·胡肯努便有了希腊名亚历山大，而他的儿子则皆有希腊名。亚历山大·雅尼斯的名字甚至在其铸造的硬币上以双语的方式加以呈现：硬币一面镌刻着希伯来文"约拿单王"，另一面则是希腊文"亚历山大王"。①

与此同时，在文化和观念层次，希腊因素的影响也有所显现。事实上，不少犹太知识分子已经感受到希腊文化对于犹太传统的侵蚀，并对此提出警示。文士便·西拉洞悉希腊主义对犹太教的威胁：自由探寻本性与道德，仅凭人的力量心智便回答这些问题，这种"人是万物尺度"的希腊观念与犹太传统完全相悖。因此，他指出，"不要试图（理解）对你而言过于神奇的事，不要探寻对你隐秘不显的事。考虑那些你必须谨守的事，不要知道那些尚未显现的事。不要做力所不及的事，因为向你显露的已经超出你所能理解的。人类子孙有许多狂念，而邪恶的幻想引人走向迷途"，并反复强调"所有的智慧就是

---

① E. Bickerman, *From Ezra to the Last of the Maccabees*, p. 59, pp. 153-154.

敬畏主，所有的智慧就是践行律法"①。《禧年书》的作者谴责不守诫命和安息日的人，警告结交外邦人并和他们共餐的人。出于矫枉过正之心，他甚至竭力证明犹太律法的前西奈起源，指出亚伯拉罕、以撒和雅各等族长已经开始遵守诫命，并反复强调律法永恒有效。②

在这种背景下，犹太人必须应对的关键性问题是：如何应对强势的希腊文化。犹太人保持自身特性和传统，继续屹立于近东地区；抑或，犹太人将丧失自身族群、宗教和文化上的独特性，被希腊化的浪潮淹没。面对强势文化的冲击，犹太社会出现了分裂。③ 一方面，城市中的很多犹太贵族被希腊文化吸引，不断调整自身的观念和生活方式，日益希腊化，并希望借此融入主流统治阶层。他们在耶路撒冷建起体育馆，为了像希腊人那样在其中活动，甚至不惜动用外科手术掩饰自己的割礼。④ 另一方面，沉重的经济剥削则使广大的乡村犹太人日益保守，抵制外族文化。这样，至迟在公元前 3 世纪，犹太社会中形成了把"贫穷"等价于"虔诚"，把"富有"等价于"希腊化"的观念。⑤ 这种分裂造成的社会矛盾在公元前 2 世纪 70 年代前后达到高潮。犹太贵族开始推行希腊化改革，继之，塞琉古君主开始推行强制希腊化政策并进行宗教迫害，马

---

① *Ben Sira*, 3: 21-24; 19: 20.

② *Jubilees*, 15: 33-34; 23: 19.

③ 郑阳：《犹太世俗贵族的兴起与犹太社会的首次希腊化》，载《学海》2009 年第 6 期。

④ *I Maccabees*, 1: 14.

⑤ P. Schäfer, *The History of the Jews in the Greco-Roman World: The Jews of Palestine from Alexander the Great to the Arab Conquest*, London: Routledge Taylor and Francis Group, 2003, p. 21.

加比起义爆发。最终，哈斯蒙尼王朝于公元前 2 世纪作为独立的犹太国家得以创立。

犹太人发动马加比起义以及随后创立哈斯蒙尼王朝，本是以最激烈的手段抵抗希腊霸权对自身文明内核的冲击。然而，新的犹太王国依然无法摆脱希腊文化潜移默化的影响。伊莱亚斯·比克尔曼的评论点中了要害："马加比起义把以色列从希腊危机中解救出来。但这种危机是双重的，马加比人清除了一种形式的希腊化不过是对另一种希腊化的推动。"① 正是在哈斯蒙尼时期，王朝的统治者采取了希腊化的手段推进犹太化的事业，从而革命性地改变了犹太身份建构的标准。

根据约瑟夫斯的记述，公元前 128 年前后，哈斯蒙尼统治者约翰·胡肯努向南扩张：

> 胡肯努还攻取了以土买人的城市阿多拉和马里萨，并征服了所有的以土买人，他允许他们留在故土，只要他们行割礼并遵奉犹太人的律法；而他们热望于生活在他们祖辈的土地，因此他们接受行割礼以及其他的犹太生活方式，此后他们就变成了犹太人。②

此后，胡肯努之子亚里斯多布鲁斯以同样的方法处理了以土利人：

> 在他以"希腊人之友"的头衔统治的第一年，他对

---

① E. Bickerman, *From Ezra to the Last of the Maccabees*, p. 178.

② Josephus, *AJ*, XIII, 257-258.

他的国家多有恩惠。他对以土利人开战并从他们那里为犹地亚取得了一大块领土，同时他迫使当地居民，如果他们希望继续留在他们的故土，就要行割礼并按照犹太人的律法生活。①

通过强制改变习俗而令外族人获得犹太性，这样的做法绝非源自犹太传统。《塔纳赫》中从未有过这样通过强行割礼令外族皈依的先例。② 这里，哈斯蒙尼统治者的做法完全是出于希腊化时期"politeia"观念的影响。

希腊语"politeia"意指"公民权"和"公民身份"。该词也指城邦全体公民共同行使权利时的社会状态，此时"politeia"的意思是"政制"或"宪制"。"politeia"在表示"政制"或"宪制"时，即有"某某之法"或"某某生活方式"之意。③ 伊莱亚斯·比克尔曼指出，希腊化时期，希腊的"'城邦'已经创造出归化的概念，也就是说，可以通过意愿和行为改变籍属"。④ 换言之，人们可以通过遵守特定希腊团体的法律或生活方式而获得该团体的成员资格。

犹太人显然有自己的"生活方式"，即立法者摩西与托拉

---

① Josephus, *AJ*, XIII , 318.

② 《塔纳赫》中唯一相关的例子是雅各之女底拿的故事。以色列族长雅各之女底拿被外族王子奸污，外族王子希望娶其为妻，雅各众子以诡计相欺，许诺王子及其族人行割礼后两族便可通婚融合。外族王子中计，其与族人在割礼后的休养期被雅各众子屠杀。割礼在这个故事中是明确的族际界限。见《创世记》34。

③ D. E. Hahm, "The Mixed Constitution in Greek Thought", in R. K. Balot, ed., *A Companion to Greek and Roman Political Thought*, Oxford: Willey - Blackwell, 2013, pp. 178-198.

④ E. Bickerman, *The Jews in the Greek Age*, p. 87.

律法。塞琉古王安条克三世在征服巴勒斯坦地区后，曾颁布谕令承诺犹太人得以"按其祖先的律法"生活。[①] 这是希腊世界第一份认定犹太人"politeia"为摩西律法的官方文书。犹太史家约瑟夫斯在上述关于胡肯努和亚里斯多布鲁斯征服以土买和以土利的记述中，特别指出了他们改变这些人的"生活方式"，并使其"按照犹太律法生活"，而完成这种转变的标志性仪式是割礼。这表明，此时犹太统治者已经以希腊"politeia"的概念理解犹太身份。不同于血统或地域等限制性因素，以"生活方式"界定的公民权具有普适性。在此基础上，个人或团体便可不再依据其出身，而是依据"生活方式"来获得犹太身份。哈斯蒙尼王朝的族群新政策的关键在于：通过接受希腊世界以生活方式界定公民身份的观念，将外邦人吸收到犹太共同体之中。不过，这里需要指出，以土买人与以土利人这类以群体方式取得的犹太身份，更多偏重于政治性的公民权。以土买人与以土利人可以通过割礼以及遵守托拉律法而获得犹太政治体的"成员资格"；但在文化传统方面，他们的血统、出身以及对犹太共同体的忠诚仍被许多先天犹太人质疑。之后犹太统治者大希律（Herod the Great）便因其以土买出身以及对希腊文化的推崇，而被讥讽为"半个犹太人"。

事实上，一方面，不仅希腊世界提供了"politeia"的观念，希腊化时期以来城邦联盟的发展很可能也为哈斯蒙尼王朝的统治者提供了现实的政治参照。希腊化时期，古典时期的城邦制已经形存实亡，但诸城对抗君主强权以自保，因此开始出现城邦联盟的潮流。以阿卡亚同盟为例，入盟城邦即可享有本

---

① Josephus, *AJ*, XII, 138–146.

城及盟内诸城的公民权。① 波利比乌斯在记述阿卡亚联盟时指出，联盟中的各城邦不仅使用相同的法律、度量衡和货币，而且有共同的神庙和圣地。② 由此，阿卡亚联盟与"犹地亚-以土买-以土利共同体"的相似性不得不让人高度关注：后者拥有共同的法律、生活方式以及共同的圣殿。很明显，"犹地亚-以土买-以土利共同体"具有希腊主义的特征。

另一方面，哈斯蒙尼王朝时期的犹太文献中还出现了个体因信仰转变而皈依犹太教、成为犹太人的记述。这个故事出自次经作品《犹滴传》："当亚吉奥看到了以色列上帝所做的一切，便完全信了上帝，他即时行了割礼，加入了以色列之家，直到今天。"③ 亚吉奥原本是亚扪将军，他的皈依与侠女犹滴的义举是整篇故事的两条主线。由于这是一部文学传奇作品，因此学界对于其内容的历史真实性持有争议。④ 然而，即便文学作品，它所反映的观念也是具有时代意义的，这点无法否认。在这段记述中，亚吉奥的皈依与强制皈依最大的差异在于他坚定地信仰上帝，即他的皈依存在信仰上的改变。割礼作为皈依的最后一步，代表他在思想方面对犹太一神教传统的终极认同。与之相比，强制皈依的割礼更多体现出政治层面的共同体成员身份。值得注意的是，虽然《希伯来圣经》的传统中的确存在一些模糊的内容暗示着信仰上帝与成为以色列人之间存在联系，但这一传统中绝没有提到皈依的观念，即可以通过

---

① 杨巨平：《碰撞与交融：希腊化时代的历史与文化》，第 126~129 页。
② Polybius, *Historiae*, Ⅱ, 37: 10-11, 39: 6.
③ *Judith*, 14: 10.
④ 宋立宏、孟振华主编《犹太教基本概念》，江苏人民出版社，2013，第 160~161 页。

信仰的转变而成为以色列人。改变信仰进而皈依的观念，同样来自希腊世界。

　　希腊人因自身灿烂的文明而有着强烈的文明中心主义倾向。希罗多德曾以共同的血缘、共同的语言、共同的宗教崇拜和生活方式来界定希腊人。① 希罗多德之后，伴着古典文明的辉煌，希腊人开始以希腊人和野蛮人的方式界分自我与他者，其中充斥着俯视外族人的自傲。然而，随着马其顿的崛起以及希腊化王国的创建，希腊人还是淡化了自身认同中不可改变的血缘因素，突出语言、宗教以及生活方式等可以改变的因素，使其成为建构希腊身份的决定性要素。于是，"希腊性"变成了一种可习得的文化。用伊索克拉底的话说："'希腊人'这名称不是指一个种族，而是一种思考方式，而'希腊人'一词则用来称呼受过我们教育的人，而不是用来称呼同种族的人。"② 这段话尤其符合希腊化时期的旨趣。希腊君主乐于把"希腊人"的身份赋予能够讲希腊语、接受他们文化的各地精英权贵。对于生活在托勒密王国的人来说，只要能讲希腊语，同时不是埃及人，他就被划归到希腊人的范畴。③ 除了军队，文化是统治和整合广袤的帝国最可行的选择。统治的需要催生了身份建构的改变，对自身文化的优越感和信心是这种变化的保障，而这一改变本身则激发了不可想象的巨大力量。

　　第二圣殿时期的犹太人同样展现出自身的文明中心主义，他们以"特选子民"的身份界分自我与外邦人，其文化的优

---

① Herodotus, *Historiae*, XⅢ, 144. 2.

② Isocrates, *Panegyricus*, 50.

③ J. M. Modrzejewski, *The Jews of Egypt: From Rameses Ⅱ to Emperor Hadrian*, pp. 73-83.

越性体现在借由摩西律法而展示的宗教伦理。① 共同的血缘、共同的宗教和生活方式同样是犹太身份构建的要素。然而，与希腊人不同，犹太人不强调共同的语言，却强烈地认同"以色列地"。时至哈斯蒙尼统治时期，尽管族群和地域依然是建构犹太身份的元素，但随着犹太教大众化如火如荼的发展，用"宗教-生活方式"来建构犹太身份的观念已经出现并逐渐变成现实。正是由于哈斯蒙尼时期出现的犹太身份建构的革命，犹太史家约瑟夫斯得以于 1 世纪末时说出下面的话：

> 我们的立法者在向外邦人展示善意方面的考量同样值得关注，因为他看起来已经做出了最佳的规定：我们既不应该败坏我们自己的习俗，也不应对那些选择分享我们习俗的人感到不快。对于那些愿意前来与我们生活在相同律法之下的人，他友好欢迎并认定族类关系不仅关乎出身，而且关乎生活方式的选择。②

与约瑟夫斯稍早一些的保罗更是指出：

> 其实，谁才算是真犹太人，真受割礼的人呢？并不是在外表上做犹太人，接受过身体上的割礼的。真犹太人是从内心开始的；换句话说，他心里受了割礼，是上帝的灵的工作，而不是藉着法律经典。③

---

① M. Whittaker, *Jews and Christians: Graeco-Roman Views*, p. 14.
② Josphus, *CA*, II, 209-210.
③ 《罗马书》2：28-29。

作为"外邦人的使徒",基督徒保罗在这里显然已经剔除了犹太性中所有的族群元素,使之全然由宗教信仰加以界定。不过,大部分犹太人并未跟随保罗急进的步伐,即令"宗教-生活方式"成为建构犹太身份的决定性要素,即令出现了皈依的观念和现象,犹太身份也从未完全丧失其族群性的特征,而这也就是犹太人与基督徒之间的差异。

从安条克四世的宗教迫害到哈斯蒙尼王朝扩张的这段历史表明:当希腊文化以侵略性的态势向犹太文明发起致命性冲击时,犹太文明以希腊主义的方式做出了关键性回应:如果犹太人可以因习得希腊文化而成为希腊人,那么外邦人为何不能因遵守犹太律法而加入犹太教?哈斯蒙尼王朝对于建构犹太身份而进行的革命性的创举,使"宗教-生活方式"成为至少与"族群-地域"同样重要的身份决定要素,也使犹太教大众化发展出的各种普遍性要素的重要性得到提升。犹太主义成为一种与希腊主义并立的文化,虽然二者的内核迥然不同,但在形式和结构上却高度相似。由此,二者之间的博弈进入了新的阶段。希腊主义与犹太主义的冲突,一方面更加凸显犹太的圣书、律法、会堂社团、习俗节日等作为族际界标的作用;另一方面,这些内容也以更为系统的方式整合为一体,成为文明和族际转化的标尺。从非犹太人的视角看,前者令其感到犹太主义的隔绝性,这种隔绝性使犹太人成为社会中难以化解的异质体,而后者则令其惊觉这种异质体的扩张。而建基于一神传统排他性的这种文化扩张,使得多神教文明感受到了空前的危机。这也是希腊人与罗马人形成其各自的犹太观念的重要背景。

三　希腊化-罗马时期的犹太人与犹太教

第二圣殿时期，犹太文明一方面经历着自身内部宗教大众化的发展，一方面承受着外部希腊化浪潮的侵袭，于是犹太教内部的普遍性因素在犹太主义与希腊主义的对抗中实现了本质性的突破，建构出了新型的犹太身份，使得传统上凭借"地域-血缘"建构的族群认同发生变化，"地域-血缘"与"宗教-生活方式"共同成为"犹太人"承载的含义。这一变化决定了希腊化-罗马时期犹太文明的结构范式，而这种"特殊族群"与"普遍性"形成张力的结构范式，加之犹太一神教包含的思想资源，共同组成了犹太文明的核心内容。这便是古典文明在希腊化-罗马时期遭遇的文明博弈对手的实质。埃及人、希腊人和罗马人正是在这一背景之下认识、理解和回应犹太人和犹太教。这一过程缓慢而曲折，既有因文明交融而引发的思想繁荣，也有因观念不合而造成的流血冲突。不过，在分析这一过程之前，有必要对犹太文明进行总体性的描述和概括。

犹太人对自我的确定通常体现在三重身份的认同之中：其一，他如何看待自己；其二，其他的犹太人如何看待他；其三，非犹太人如何看待他。前两项构成了犹太人的自我感知，第三项则是非犹太人的外部观察。如果从社会维度观察犹太文明，找出维系犹太社会认同的关键要素，便不难发现，在看待这些关键要素的问题上，犹太世界的自我感知与非犹太世界的外部观察呈现出高度的匹配性。非犹太人普遍关注、反复评说的犹太特征，也正是犹太人维持自身生活方式的关键所在。据此，这些关键要素也成为描述和概括犹太文明的指标。

概而言之，在希腊化-罗马时期，维系犹太认同的关键要素体现在三个方面：族群性、社会运行的形式和结构以及独特的社会习俗。

　　首先来看族群性。无论是非犹太世界，还是犹太人自身，二者均认同犹太人是由血缘要素与文化要素复合而成的特定族群。这一族群的成员，既包括生活在犹地亚地区（犹太文化传统中的"应许之地"）的犹太人，也包括散居各地的犹太人；既包括先天犹太人，也包括皈依者，他们都属于同一个族群。正是这个族群的存在，才有了非犹太人认知、了解犹太人进而形成犹太观念的可能，也才为非犹太人的犹太观察提供了主体对象。就犹太人的族群性而言，犹地亚人拥有犹太身份的事实基本无人质疑，但有两类人的犹太身份值得关注：其一，散居犹太人的犹太身份；其二，皈依者的犹太身份。

　　生活在外族文化环境之中，散居犹太人是否认同并维持自身的犹太身份？从现实来看，虽然存在放弃犹太出身、融入其他文明或生活样式的个案，① 但从总体上看，绝大部分的散居犹太人，即便是外族文化移入水平甚高，依然认同于自身的犹太身份，并对之竭力维持。从文献角度来看，几乎所有散居地犹太文献都将犹太人视作一个单独的族群，这充分表达了散居犹太人的身份认同。例如，在《马加比三书》中，埃及君主托勒密四世强迫埃及犹太人接受希腊文化，但大部分犹太人并未屈服，遭受迫害的犹太人在祈祷时经常出现将犹太人视为民

---

　　① 例如，哲学家斐洛的侄子提比略·尤利乌斯·亚历山大，虽出身亚历山大里亚的犹太望族，但放弃了犹太身份，融入罗马社会，官至埃及总督，镇压过埃及的犹太起义。

族以区分外族的情况。① 悲剧作家以西结在其戏剧作品中，不断称呼犹太人为"民族"。② 与此同时，非犹太世界承认散居犹太人属于犹太族群。希腊化君主以及罗马统治者通常会赋予散居地犹太人"按其祖先律法生活"的权利；第一次罗马-犹太战争结束后，弗拉维王朝征收作为惩罚的犹太税，其范围并没有局限于巴勒斯坦地区的犹太人，而是帝国境内的所有犹太人。在此基础上，犹太教也基本被视为一种族群的文化传统。事实上，散居地的犹太人也同样坚持以托拉律法为原则的生活方式，遵守犹太习俗和节日，并通过会堂教育将犹太认同传递给子孙后代。③

希腊化-罗马时期的犹太文明，出现了打破出身、以文化建构身份认同的变化，由此，打破族际界限的皈依者得以出现。这种变化显然对犹太人的族群性造成了挑战。然而，通过皈依方式成为犹太人的历史开放期比较短暂，只有 300 年左右。皈依的出现是在公元前 2 世纪。公元 2 世纪时，罗马皇帝安敦尼·庇乌斯发布命令允许犹太人为自己的儿子行割礼，但禁止对非犹太人行割礼。④ 这一举措基本通过控制犹太习俗阻断了皈依犹太教的可能。与此同时，在这段时期内，还有基督教兴起与犹太教竞争的因素。因此，皈依者的数量还不足以打破犹太人的族群框架。需要注意的是，即便犹太教皈依者的数

① J. M. G. Barclay, *Jews in the Mediterranean Diaspora: From Alexander to Trajan*, pp. 192-203. 大卫·A. 德席尔瓦：《次经导论》，梁工等译，商务印书馆，2010，第 357~378 页。

② Ezekiel the Tragedian, *Exagoge*, 12, 43, 见 H. Jacobson, *The Exagoge of Ezekiel*.

③ 郑阳：《试论斐洛的教育观》，《学海》2008 年第 3 期。

④ A. Linder, *The Jews in Roman Imperial Legislation*, Detroit: Wayne State University Press, 1987, p. 100.

量有限，但皈依现象本身对希腊、罗马等文明的影响是不容忽视的。正如莫利·惠特克所说："与基督徒飞速增长的数量相比，皈依犹太教者显然只是少部分人，但他们的存在不容忘记。"①

正如希腊人以希腊城市、体育馆和君主崇拜为基点构建出自身社会运行的形式和结构一样，犹太人在希腊化-罗马时期也形成了具有自身文明特色的社会运行模式和文化符号系统：犹太社团作为犹太文明的基本细胞，通过圣殿崇拜和摩西律法缔结成以圣殿为核心的社会网络体系。

社团组织为犹太生活方式顺利进行提供了最基本的保障。各地情况的差异使得社团的情况千差万别。有的社团可能拥有自己的公共会堂和管理机构，有的社团很可能只能在露天聚会。社团规模越大、组织能力越强，对于犹太身份的维系和犹太性的彰显便越有利。然而，无论条件如何，社团发挥的基本功能大致相同。在宗教方面，社团有责任组织其成员完成公共宗教活动，比如庆祝犹太节日，规范犹太历法。每周的安息日聚会对于犹太人来说意义尤其重大。犹太人把这一天献给上帝，主要从事祈祷和敬拜的活动，也在这一天通过公共生活学习律法。对此，斐洛曾自豪地指出：

　　因为律法命令我们腾出时间来学习哲学，并借此来提升我们的灵魂和精神。这样每到第七天，在每个城市中都会有无数的学校用以培养审慎、节制、勇敢、公正以及所有其他的美德。在这天，普通人出于他们对律法的渴求，

---

① M. Whittaker, *Jews and Christians: Graeco-Roman Views*, p. 15.

坐下来保持安静，竖起他们的耳朵，全神贯注地听讲。而其中的饱学之士则向他们解释最为重要和有用的课程，这些课程将使他们所有人的生命得到提升。①

　　这段话表明，周期性的学习对于贯彻律法、保持认同的重要意义。在经济和社会方面，犹太人会通过社团处理内部的各类民事活动。有的社团会拥有自己的法庭和档案馆。② 在财政方面，社团要负责每年向成员征收圣殿税并将之运输到耶路撒冷。事实上，征缴和运输圣殿税作为特殊的犹太习俗，在古代的非犹太世界引发了关注，有时甚至会引发犹太人与当地非犹太人之间的冲突。③ 因此，希腊化君主和罗马的统治者在赋予犹太人内部自治权时，允许犹太人收取和运输圣殿税是重要的内容。④ 斐洛认为圣殿税具有救赎灵魂之意，但这项制度也使社团成员凝聚起来。⑤ 公元 70 年圣殿被毁后，罗马当局征收惩罚性的犹太税，依然要靠各个社团完成。

　　公元 70 年圣殿被毁之前，各犹太社团结成的社会网络以圣殿为认同核心。圣殿是犹太人的核心公共机构，也是所有犹太人的精神之都。圣殿本身便是一神传统在现实世界的表达：这是上帝在人间唯一的居所。作为上帝的专有侍从，祭司集团成为犹太社会中的权力阶层。各类犹太文献都表现出对圣殿神

---

① Philo, *Spec. Leg.*, Ⅱ, 61–62.

② S. J. D. Cohen, *From Maccabees to the Mishnah*, 3rd ed., p. 108

③ Josephus, *AJ*, ⅩⅥ, 162–70.

④ D. Braund, *Augustus to Nero: A Source Book on Roman History, 31 BC–AD 68*, London: Routledge, 1985, p. 176. 宋立宏：《希腊罗马人对犹太教的误读》, 载《世界历史》2000 年第 3 期。

⑤ Philo, *Spec. Leg.*, Ⅰ, 77–88.

圣性的尊崇。① 对于普通犹太人来说，将之与圣殿联系在一起的除了圣殿税，还有节日朝觐。犹太教规定犹太人需要在逾越节、七七节与住棚节带上祭品前往圣殿朝觐。逾越节纪念上帝拯救犹太人摆脱奴役，获得自由；七七节纪念犹太人集体与上帝立约；住棚节与上帝引领犹太人逃离埃及相联系。三大节日将"犹太历史与宗教联系在一起"，是"犹太民众重温本民族教义，反思自己历史命运的文化教育活动"，有效地强化了犹太认同。②

摩西律法对于维持犹太认同的作用同样重要。在希腊化-罗马时期，犹太人坚信摩西律法源于上帝。③ 圣书在这一时期的权威得到不断强化，是犹太文明宗教大众化的重要内容。这些在前文已有所分析。此处还需强调两点。其一，人们可以通过学习上帝启示的言辞来敬拜上帝，这种观念使学习圣书成为重要的犹太习俗之一。学习摩西律法在此时已经成为犹太公共祈祷仪式的重要内容，《托拉》在每个安息日都被公开诵读，整部《托拉》则在固定周期内被循环诵读学习。④ 这一习俗在维系犹太认同、延续犹太传统方面发挥了重要作用。事实上，托拉律法之于犹太人的重要性也引发了非犹太世界的关注。第一次罗马-犹太战争结束后，从圣殿至圣所中起获的《托拉》经卷抄本成为罗马凯旋式展示的核心战利品。另外，罗马哲学家塞涅卡在批评安息日习俗对罗马人造成巨大影响时，感慨

① *Aristeas to Philocrates, 83-120*; Josephus, *AJ*, XIII, 242; Philo, *Legatio*., 157.
② 徐新：《犹太文化史》，第 215 页。
③ Josephus, *AJ*, III, 223, Philo, *Legatio*., 210.
④ S. J. D. Cohen, *From Maccabees to the Mishnah*, 3rd ed., pp. 66 - 67；徐新：《犹太文化史》，第 113~115 页。

"犹太人知道他们礼仪的起源和意义，而我们中间的大多数人都只是履行这些仪式，而不知道为何要这样做"。犹太人对自身传统的熟稔只能从数世纪以来不断通过学习圣书保持自身生活之道的经历中得到解释，而这也是塞涅卡不满、忧虑"被征服的人正在给他们的胜利者立法"①的深层原因。

其二，摩西成为犹太文明重要的文化符号。由于犹太传统将托拉律法归于摩西从上帝处所得，摩西成为建构犹太身份与认同的重要元素，同时在犹太世界和非犹太世界产生影响。非犹太人大多视摩西为犹太族与犹太教的创始人，摩西几乎是非犹太人关注的唯一的犹太人物。由于具有溯源性的意义，摩西常常成为很多非犹太作家表达其犹太观念时解释犹太人民族性格的关键要素，其形象也十分多样。有人将之视为伟大的立法者和哲学家，也有人将之视为渎神和仇视人类的恶棍。同一时期的犹太人则在各类作品中大力圣化和赞扬摩西，通过这种做法为犹太文明辩护。摩西也因此成为研究各个族群犹太观念的重要关注点。

就犹太社会运行的形式而言，不同犹太社团之间的联系也不容忽视。犹太社团并非孤立存在或仅仅同圣殿形成单线互动。社团间的互动与交流使得犹太人结成跨地域，有时是跨政权的整体社会网络，这是维系犹太身份、巩固犹太认同的重要内容，也影响到非犹太世界对犹太人的看法。例如，哈斯蒙尼王朝建立后，其统治者致力于以各种方式加强各地犹太人之间的认同，为此遣使埃及，邀请埃及的犹太人一起庆祝新创立的

---

① Seneca, *De Superstitione*, apud: Augustinus, *De Civitate Dei*, Ⅵ, 11. M. Stern, *GLAJJ*, Vol. 1, No. 186.

哈努卡节。① 此后，执政埃及的克利奥帕特拉三世曾计划兼并犹地亚，却因其手下的犹太将领警告此举将使埃及所有犹太人成为其仇敌而罢手。② 这表明犹太社团的内部纽带十分强韧，其族属认同甚至高于王国效忠。③ 又如，罗马皇帝克劳狄曾抱怨埃及乡村的犹太人卷入亚历山大里亚的族际冲突，这表明犹太人可以跨越对于其他文明有如铜墙铁壁一般的城乡之别。④

最后，独特的犹太习俗既是维系犹太认同，也是向外族人展示犹太性的重要内容。需要指出的是，摩西律法是各种犹太习俗的来源。犹太人对律法的遵行并非仅体现于信仰和思想，更体现于日常生活的行动之中。正因此，犹太教也被称为"因行称义"的宗教。⑤ 犹太习俗具有多样性，但最能标识犹太文明特性的习俗主要包括拒绝外邦的偶像崇拜、严守犹太饮食法、男性行割礼以及严守安息日。这些习俗的重要性不只体现在犹太人对它们的遵守，更为重要的是，这些习俗因其特殊性在非犹太人中产生影响，成为其建构犹太观念的基本素材。正因此，这些习俗一方面成为彰显犹太性的灯塔，另一方面也在不同程度上成为犹太人与非犹太人之间的族际界标。

①　*II Maccabees*, 1: 1-9.

②　Josephus, *AJ*, XIII, 3.

③　V. Tcherikover, *Hellenisitic Civilization and the Jews*, p. 283.

④　V. Tcherikover & A. Fuks, eds., *CPJ*, Vol. 2, No. 153.

⑤　傅有德：《论犹太教的信与行——兼与基督教比较》，载《基督宗教研究》第8辑，宗教文化出版社，2005。

第二章　埃及族群的犹太观念

埃及作为古代文明的发源地，有着灿烂悠久的文化，犹太民族的历史也与这片土地有着不解之缘。然而，古代世界针对犹太民族的偏见和仇视，最早也缘起于这片土地。约瑟夫斯坦言："埃及人开始了针对我们的诽谤。"[①] 然而，埃及人的族群偏见最初并非针对犹太人，这种仇外的观念在投射给数个入主埃及的异族后，才最终锁定在了犹太人身上。埃及族群的犹太观念源于埃及人对自身创伤性历史记忆的回应，具有复杂的形成背景和演变过程，在希腊化时期文明互动的过程中对其他族群的犹太观念产生了巨大影响。

一　埃及祭司马涅托的犹太观念

托勒密王朝前期最主要的政治特征有二。一是中央集权的君主专制，一是少数异族统治大多数的埃及原住民。[②] 这些特点决定了托勒密王室的统治方略，同时也决定了社会中各个族群的社会地位以及同其他族群之间的关系。由于托勒密王朝前期奉行联合少数族群统治埃及原住民的政策，因此，统治者对

---

① Josephus, *CA*, Ⅰ, 223.

② 关于托勒密埃及的政治、经济制度等，见 G. Hölbl, *A History of the Ptolemaic Empire*, trans., T. Saavedra, London: Routledge Taylor and Francis Group, 2001, pp. 58 – 67; F. W. Walbank, *The Hellenistic World*, Cambridge (Mass.): Harvard University Press, 1992, pp. 100 – 122; 陈恒：《希腊化研究》，第 78～80 页。

一个人的埃及出身最为关注，视之为最重要的族际与社会界限。[①] 这里的"埃及人"实体虽然是大多数的埃及原住民，但是它具有政治地位的含义。埃及人作为被统治者，经济上受到最严重的盘剥，政治上地位最低，而且统治者时时对之加以防备，阻止埃及人成为高级官员进而夺取权力。直到第四次叙利亚战争前，托勒密统治者都不用埃及本地人充当军事力量。[②] 在政治地位上，与"埃及人"相对的是"希腊人"。如前所述，"希腊人"并非族裔概念，而是文化政治概念。托勒密王朝最终通过使非埃及人希腊化，以文化为界限创建了统治集团的认同方式。换言之，只要一个人会讲希腊语、接受希腊文化并愿意忠心服务于王室，就被归入"希腊人"的范围，成为统治集团的一员，与本土固守埃及文化的原住民相对。

"希腊人"的大部分是来自埃及之外的外族人，犹太移民也包括其内。根据约瑟夫斯的记载，亚历山大大帝曾亲自邀请犹太人到亚历山大里亚定居，并且赋予他们与马其顿人相同的权利。[③] 学界大都认为这份记述是约瑟夫斯为犹太人辩护而做的宣传，但这无疑表明犹太人很早就在该城定居。《阿里斯蒂亚书信》曾提及托勒密一世从巴勒斯坦地区带 10 万犹太战俘回埃及，选取其中 3 万精壮编入军队，成为军事殖民者，其余男女老幼则被变为奴隶，但是托勒密二世颁布谕令解放了这些奴隶，甚至还向他们的主人支付了赎金。[④] 这份记述在某种程

---

① J. M. Modrzejewski, *The Jews of Egypt: From Rameses II to Emperor Hadrian*, p. 77.

② P. Schäfer, *The History of the Jews in the Greco-Roman World: The Jews of Palestine from Alexander the Great to the Arab Conquest*, pp. 21–22.

③ Josephus, *CA*, II, 35–36.

④ *Aristeas to Philocrates*, 12–27.

度上呈现了历史事实，犹太人很可能在数次叙利亚战争中作为战俘或是奴隶而进入埃及，而且犹太人也确实在托勒密王国充当享有特权的军事殖民者。[1] 流入埃及的犹太人遍布埃及各地并且渗透到社会的各个行业中。特别值得一提的是，在埃及乡村，犹太人担任征税员的情况特别多见。[2] 鉴于托勒密政府税收的严苛，这项工作必定使犹太人与纳税主体埃及人之间充满矛盾。

在文化层面，伴随着希腊化过程的展开，希腊人对东方民族的好奇心大增，出现了诸如赫卡泰乌斯（Hecataeus）、麦加斯梯尼（Megasthenes）等致力于记述东方民族历史的希腊作家。[3] 他们通常采用希腊式的民族志来书写东方民族的历史，这一传统可以回溯到希罗多德。而且，他们是按照希腊人对东方民族设定好的形象来书写他们的历史。[4] 在书写民族志的过程中，传说和真实事件常常杂糅在一起。除了满足自己的好奇心，希腊人还把探寻东方诸民族过去的历史作为理解他们当今特征的方法，并且相信某个民族的特性取决于其诞生的环境，发展的模式以及其创立者设定的制度等。[5] 此外，他们还要为支持统治者的意识形态而书写历史。比如，赫卡泰乌斯力图记

---

① J. J. Collins, *Between Athens and Jerusalem: Jewish Identity in the Hellenistic Diaspora*, Grand Rapids: Wm. B. Eerdmans Publishing Co., 2000, pp. 66-67.

② A. Kasher, *The Jews in Hellenistic and Roman Egypt: The Struggle for Equal Rights*, Tübingen: Mohr, 1985, pp. 63-74.

③ G. E. Sterling, *Historiography and Self-Definition: Josephos, Luke-Acks and Apologetic Historiography*, Leiden: Brill, 1992, pp. 55-102.

④ A. Momigliano, *Alien Wisdom: The Limits of Hellenization*, Cambridge: Cambridge University Press, 1975, pp. 82-87.

⑤ A. Kasher, *The Jews in Hellenistic and Roman Egypt: The Struggle for Equal Rights*, p. 329.

述古代埃及文化的优越性，很大程度上是为了巩固托勒密王国的权威。[1]

希腊人书写东方诸族的历史，反过来也推动了东方诸族向希腊世界阐释他们的文化和历史，并希望借此来提高本民族在希腊统治者心目中的地位。[2] 东方诸族的希腊化作家基本沿用了希腊民族志的方式来书写自身历史，但时常表现出抬高自身、压低他族的"斗争"。他们常常标榜自身历史的悠久，自己民族英雄的伟大，通过贬低其他民族来凸显自身民族的优越，形成的"叙史竞争"。埃及祭司马涅托关于犹太人的记述，就产生在这样的背景之中，并且体现出具有埃及特色的仇外偏见。

马涅托是赫利奥波利斯的祭司，大约活动在公元前 3 世纪。他的《埃及史》以民族志的形式记载了犹太人的起源，其间充满了埃及特色的反犹观念。马涅托的重要性体现在两点。首先，就阐述希腊-罗马时期埃及反犹倾向的文献而言，他的记述是现存最早的，并且成为之后希腊、罗马作家使用的原始材料。其次，他对当时流行的反犹主题进行了创新和普及。[3] 虽然他的《埃及史》现在已经散佚，但体现其反犹观念的两份记述都保留在了约瑟夫斯的《驳阿庇安》中。

马涅托关于犹太人起源第一份记载主要涉及希克索斯时期的埃及史，保存于《驳阿庇安》的 73～91 节。根据马涅托的

---

[1]　P. M. Fraser, *Ptolemaic Alexandria*, Vol. 1, Oxford: Clarendon Press, 1972, p. 504.

[2]　D. Mendels, "'Creative History' in the Hellenistic Near East in the Third and Second Centuries BCE: The Jewish Case", *Journal for the Study of the Pseudepigrapha*, Vol. 1, No. 2, 1988, pp. 13-20.

[3]　M. Stern, *GLAJJ*, Vol. 1, p. 62.

说法，游牧异族希克索斯人入侵并统治了埃及，埃及人奋力反抗，最终把希克索斯人赶出了埃及。这段记述中有两点十分重要，第一是异族入侵者的残暴和对埃及宗教的亵渎："他们无情地焚毁城市，夷平众神的寺庙，他们对待当地人充满残忍和敌视，他们屠杀了一些当地人并把另一些当地人的妻儿变成奴隶。"① 第二是希克索斯人被逐出埃及之后的下落："他们带领着他们所有的家眷和财产——总人数不少于 24 万——穿越沙漠前往叙利亚。由于害怕亚述人的权势，他们便在一个现在被称为犹地亚的地区建立了一座足以容纳众多人口的城市，并称之为耶路撒冷。"② 这段记载并没有明确提到犹太人，但耶路撒冷的城市名称却表明马涅托认为入侵埃及的希克索斯人是犹太人的祖先。

第二份记载更加复杂，也更加重要。③ 这份记载提到，法老阿蒙诺非斯渴望见到神灵，预言师告诉他，只有把埃及境内的所有麻风病人和其他不洁之人清除干净，才能实现这个愿望。于是阿蒙诺非斯把全国 8 万名麻风病人和不洁者集中到尼罗河东部的采石场做苦力。这些苦工中甚至包括饱学的祭司。此后，法老又把这些不祥之人安置在希克索斯人的旧都阿瓦瑞斯（Auaris）。依据宗教传统，这座城市最早源于堤丰（Ty-phonian）崇拜。这些人把阿瓦瑞斯作为叛乱的根据地，推举赫利奥波利斯的祭司奥萨塞弗为领袖并发誓听从他的命令。奥萨塞弗立法禁止众人崇拜埃及众神，并告诫他们不可崇拜被埃及人神化的动物，遇到这些动物时应该杀死并吃掉它们。接

---

① Josephus, *CA*, Ⅰ, 76.
② Josephus, *CA*, Ⅰ, 89-90.
③ Josephus, *CA*, Ⅰ, 228-252.

着，他又要求属下部众绝不可与外人交往。在确立这些与埃及风俗完全对立的律法后，众人出于报复之心开始修城备战，准备发动叛乱。为了获胜，奥萨塞弗派遣使节去联络被逐出埃及之后居住在耶路撒冷的希克索斯人。这样，这群不洁的叛乱者和希克索斯人联手攻下了埃及，并把法老赶到了埃塞俄比亚。此时，希克索斯人和这群"不洁之徒"以无比亵渎的方式破坏埃及神庙——"他们不仅在城镇和乡村纵火，夷平神庙并对众神的像不加区分地破坏，而且还一直把圣所当成厨房，用来烹杀那些受人崇拜的神圣动物。他们强迫祭司和先知屠宰并烹烧这些动物，之后又把这些祭司和先知裸身赶走。"相比这样的恶行，此前希克索斯人统治时期都能被称为黄金时代。对于这场叛乱的领袖，马涅托写道："据说那位给这群人立下律法和制度的是位赫利奥波利斯人，名叫奥萨塞弗（Osarsiph），这个名字源于赫利奥波利斯城崇拜的奥西里斯神；但当他加入这些人中之后，他改变了名字，被称为摩西（Moyses）。"① 最终法老在 13 年后打败了入侵者和叛乱军，并把他们赶回了叙利亚。

从上述内容可以看出，作为一名埃及祭司，马涅托犹太观念的特征之一在于认为犹太人不虔诚，亵渎埃及神灵，而这种不虔诚的根源在于他们与埃及文明完全对立的宗教。在文献中，他通过四个方面表达了这种观念。

首先，马涅托通过抨击犹太人的起源来证明他们不虔诚的特性。就犹太人的起源而言，马涅托的记述提供了两条线索。在第一段记述中，被逐希克索斯人的最终定居地是犹地亚的耶

---

① Josephus, *CA*, Ⅰ, 250.

路撒冷。这里虽然没有直接明确提及犹太人，但是在马涅托的时代，犹太人住在耶路撒冷是人所共知的事实。维克多·切里科夫认为，马涅托没有使用犹太人的概念是因为他设想在希克索斯时代，犹太人的概念还没有产生。[①] 这样，犹太人的祖先就变成了残暴的希克索斯人。与此同时，马涅托在第一段中着力突出的正是他们亵渎埃及神庙。因此，希克索斯人不虔诚的形象同犹太人建立了联系。[②] 在第二段记述中，麻风病人和不洁净者的形象被加到了犹太祖先身上，而这些麻风病人和不洁者正是神所厌弃的不虔诚者，是埃及神灵的弃民。他们的存在，妨碍了法老与神的交流。这些麻风病患和不洁之人被安置在希克索斯人的旧都，又一次明示他们同希克索斯人之间的联系。综合这两段记述，很容易看出马涅托认为现在居住在耶路撒冷的犹太人是希克索斯人和埃及麻风病叛乱军的后代。犹太人的祖先是残暴的入侵者，是身体遭神诅咒的麻风病人，是亵渎神明的恶棍，是埃及神灵的弃民。

其次，马涅托通过抨击犹太人的律法来证明他们不虔诚的特性。从马涅托的记述来看，奥萨塞弗为犹太人确立的律法主要包括两方面内容：第一是禁止部众崇拜埃及诸神。他尤其告诫部众不可尊重被埃及人神化的动物，而且遇到这些动物时应该杀死并吃掉它们。第二是只允许部众在社团内部进行交往。[③] 这样的立法无疑确立了一种与埃及宗教完全对立的宗教，它以极端的方式亵渎埃及的宗教，并且通过不与其他人交往的方

---

① V. Tcherikover, *Hellenistic Civilization and the Jews*, p. 362.
② J. Assmann, *Moses the Egyptian: The Memory of Egypt in Western Monotheism*, London: Harvard University Press, 1997, p. 30.
③ Josephus, *CA*, Ⅰ, 239.

式来维持自身宗教的纯洁。奥萨塞弗立法为自己的团体与埃及人划出了一条绝对的界线，界线的两边分属于完全对立的世界。

再次，马涅托通过暗示犹太人崇拜的神灵来表达自己的反犹观念。在这点上，马涅托描述得比较隐晦，需要详细说明。在第二份记述中，他提到了法老阿蒙诺非斯把麻风病人和不洁之人安置在希克索斯人的旧都阿瓦瑞斯城，而根据宗教传统，这座城市最早源于堤丰崇拜。而此前，在第一份记述中，马涅托已经明确指出希克索斯人建了耶路撒冷城，并暗示了他们与犹太人的关系。这样，堤丰崇拜极有可能已经成为犹太人的宗教崇拜。对此，彼得·舍费尔非常深刻地指出："马涅托的评注不仅把犹太人的起源同塞特-堤丰（Seth-Typhon）联系起来，而且指出早期犹太人对该神的崇拜。"[①]

所谓的"塞特-堤丰"传统是指犹太人崇拜邪神堤丰及其化身——驴。学术界大都认为这种观念产生于希腊化埃及的反犹气氛之中。[②] 塞特的名称是希腊人对埃及神灵苏太克（Sutekh）的翻译，意为"煽动混乱者""毁灭者"，象征着与"埃及肥沃土地相敌对的沙漠和小亚细亚神"。[③] 在埃及人的传统中，塞特为篡位杀死了俄赛里斯并同荷鲁斯争夺法老大位。而在希腊神话中，堤丰是地母该亚与塔耳塔罗斯的孩子，身强

---

① P. Schäfer, *Judeophobia: Attitudes towards the Jews in the Ancient World*, p. 58.

② M. Stern, *GLAJJ*, Vol. 1, pp. 97 – 98; V. Tcherikover, *Hellenistic Civilization and the Jews*, pp. 365–366; Bar-Kochva, "An Ass in the Jerusalem Temple: The Origins and Development of the Slander", in L. H. Feldman & J. R. Levison, eds., *Josephus' Contra Apionem: Studies in Its Character and Context*, Leiden: E. J. Brill, 1996, pp. 310–326.

③ 亨利·富兰克弗特：《王权与神祇：作为自然与社会结合体的古代近东宗教研究》，郭子林、李岩、李凤伟译，上海三联书店，2007，第 272 页。

力壮，形象恐怖，是宙斯的死敌。他妄图统治世界，最后被宙斯击败。[①] 希腊化时期以来，埃及文明与希腊文明开始交融，塞特与堤丰被联系在一起视为同一位神灵。[②] 现存最为完整的俄赛里斯神话，保存于普鲁塔克的《伊希斯与俄赛里斯》中，这部作品对"塞特-堤丰"传说的来龙去脉有着详细的记述。[③] 普鲁塔克明确指出，堤丰就是塞特。[④] 与智慧的女神相对，堤丰"被愚昧和错误的迷雾弄瞎了眼睛；他的所作所为无不令神圣的话语变得支离破碎而又黯淡无光"。[⑤] "堤丰的阴谋及其统治象征着干燥的力量，这股力量一旦占上风，就会蒸发掉赋予尼罗河生命并带给它丰沛雨量的水汽。"[⑥] 在埃及的动物崇拜中，代表堤丰的动物是驴，"因为堤丰长着红棕色的头发，而驴子正是这种颜色"；"埃及人认为驴子是一种不洁的动物，被坏的精灵所占据，因为它与堤丰相像"。[⑦]

这其中，和犹太人关系最密切的是《伊希斯与俄赛里斯》31 节："堤丰放弃战斗之后，骑在一头驴子上逃跑了七天，一

---

① W. Burkert, *Greek Religion*, trans., J. Raffan, Cambridge (Mass.) : Harvard University Press, 1985, pp. 127-128.

② M. Bunson, *The Encyclopedia of Ancient Egypt*, Oxford: Facts on File Inc., 1991, p. 243.

③ 关于 Plutarch, *De Iside et Osiride*, 曼纳海姆·斯特恩的著作中包含涉及犹太人的部分，见 M. Stern, *GLAJJ*, Vol. 1, p. 563; 整部作品，见于洛布丛书。另外，此书已有中译本，普鲁塔克：《论埃及神学与哲学——伊希斯与俄赛里斯》，段映虹译，华夏出版社，2009。本文涉及这部作品的内容，参考并引用上述作品。

④ Plutarch, *De Iside et Osiride*, 62.

⑤ Plutarch, *De Iside et Osiride*, 2.

⑥ Plutarch, *De Iside et Osiride*, 39.

⑦ Plutarch, *De Iside et Osiride*, 30. 另外，关于堤丰与驴子，还可参看 Plutarch, *De Iside et Osiride*, 31, 其中写道："驴子也因为与堤丰有着相似之处而遭殃，一方面由于它的愚蠢和淫乱，另一方面也由于它的毛发的颜色。"

旦到达安全的地方，他就生下两个儿子，希耶罗索律玛人和犹太人。"希耶罗索律玛人即耶路撒冷人，这段话清楚表明：犹太人是邪神堤丰的后代。在埃及人那里，由于堤丰的动物化身是驴，而他又是犹太人的始祖，因此犹太人崇拜堤丰以及他的动物化身——驴。另外，里卡尔指出："埃及人原本就憎恨犹太人，他们假装将这个民族的历史与堤丰的传说混为一谈。他们不仅说堤丰有普鲁塔克提到的这两个孩子，甚至还说，犹太人在每个星期的第七天庆祝的安息日，也是为纪念堤丰而设立的，因为堤丰走了七天才逃脱他的敌人。"① 这样，针对"驴崇拜"与安息日的指责都融入了"塞特-堤丰"传统。

马涅托的两段记述分别提到了希克索斯人和被逐出埃及的不洁病患，这两者正对应着希耶罗索律玛人和犹太人。埃及传统中的这种反犹观念反映出埃及文明与犹太文明之间的互动，身处多神传统中的埃及人，无法理解犹太教的独一神，只知道犹太神灵排斥一切其他的神灵，因此，他们认为自己文化传统中邪恶的化身塞特是犹太人的上帝，而且还根据动物崇拜的传统，认为犹太人崇拜塞特的动物化身——驴。另外，在公元前8世纪或前7世纪，埃及宗教传统中，塞特神越来越脱离埃及的神灵范畴，转而与亚洲异族宗教神灵的联系日益紧密，成为"他者"意义上的恶神。② 通过阿瓦瑞斯城与"塞特-堤丰"崇拜的暗示，马涅托很自然地把不虔诚的特征与犹太崇拜联系起来。

最后，马涅托还抨击了犹太英雄的渎神。通过马涅托的材

---

① 关于里卡尔（Ricard）的评注，参看中译本《论埃及神学与哲学——伊希斯与俄赛里斯》，第70页，注释2。

② J. M. G. Barclay trans. & comm., *Against Apion*, in S. Mason, ed., *Flavius Josephus: Translation and Commentary*, Vol. 10, pp. 344-345.

料可以看出，祭司奥萨塞弗就是犹太英雄摩西，其不虔诚和叛逆的形象十分突出。他是埃及的祭司，而他的立法却完全与埃及文明相对立：禁止部众崇拜埃及神，告诫他们不可尊重被埃及人神化的动物，遇到这些动物时应该杀死并吃掉它们。这种身份和行为的反差本身就体现出了他的不虔诚和叛逆。不仅如此，他还联络异族攻击埃及，并且在攻陷埃及之后，带领叛军夷平神庙，强迫神职人员屠宰并炙烤神圣动物，然后剥去他们的衣服令其赤身裸体，这是对埃及宗教和神灵最大的侮辱和亵渎。

事实上，马涅托的记载并不仅仅攻击了摩西，还攻击了另一位与埃及有关的犹太英雄约瑟。维克多·切里科夫就注意到了奥萨塞弗（Osarseph）这个名字与《圣经》中被卖至埃及的约瑟（Joseph）之间的相似性，并认为马涅托使用奥萨塞弗这个名字的目的是颠覆犹太传统中的约瑟形象。[1] 而阿里耶·卡舍尔则认为马涅托在这里是在同时攻击摩西和约瑟两位犹太英雄。[2] 这种观点十分合理，因为在古代诋毁犹太人的文献中，约瑟和摩西常常一起出现，这在之后的庞培·特罗古斯以及喀雷蒙的作品中都有所体现，而学术界通常认为他们的材料来源正是马涅托。

综合上述四点可以看出，马涅托的犹太观念中最突出的一点就是犹太人不虔诚。这种不虔诚是彻底的，它表现为一种与埃及文明完全对立的宗教。在奥萨塞弗制定的律法原则及其随后的实践中，犹太人的祖先通过亵渎埃及神明的方式对埃及文明进行了毁灭性的打击。通过书写民族志的方式，马涅托希望向他的读者表明，犹太人的祖先，那群麻风病人，已经公然表

---

① V. Tcherikover, *Hellenistic Civilization and the Jews*, p. 363.
② A. Kasher, *The Jews in Hellenistic and Roman Egypt: The Struggle for Equal Rights*, pp. 329-330, n. 11.

现出那些之后为他们子孙所继承的负面特性——残暴，仇视其他宗教的习俗，力图把他们自己同其他人隔绝开来，并且只在他们内部进行交往。而这些负面特性归结于他们的不虔诚和对神灵的亵渎，他们的不虔诚和亵渎神灵则根源于其与埃及文明完全对立的宗教。马涅托出于埃及的传统，把犹太人同邪恶的塞特划归到一起，并赋予犹太民族终极的恶性。

马涅托犹太观念的另一个重要特征在于，他极力把犹太人同入侵埃及的异族人联系在一起。埃及人痛恨异族入侵者。长久以来，将希克索斯人逐出埃及就是埃及人最引以为傲的历史业绩。卡摩斯铭文中一方面抨击了亚洲人残暴的统治，一方面高度赞颂了驱逐异族入侵者的法老卡摩斯：

> 底比斯强大国王卡摩斯，被赐予永恒生命，慈善的国王。拉神亲自让其成为国王并赋予其力量。……陛下在其王宫中对其随从中的贵族内侍说："……受亚洲人赋税的掠夺，没人可以安定。我要与他斗争，我要撕开他的肚皮！我的愿望是拯救埃及，痛击亚洲人！"[1]

异族入侵者在埃及人的眼中自古就是完全负面的形象。最重要的一点是，在埃及的传统中，入侵的异族总是与亵渎埃及宗教联系在一起。[2] 马涅托对犹太起源的记述也应该放置在这种埃及文化的背景之中。

在第一段材料中，入侵埃及的异族是之后定居于耶路撒冷

---

[1] 关于卡摩斯铭文，参看李晓东译注《埃及历史铭文举要》，商务印书馆，2007，第 121~124 页。

[2] P. Schäfer, *Judeophobia: Attitudes towards the Jews in the Ancient World*, p. 19.

的希克索斯人。但是在第二段材料中，奥萨塞弗和他领导的麻风病患却是埃及人。对此，马涅托着力把他们归入入侵埃及的异族人一方，变成与埃及人对立的"他者"。首先，奥萨塞弗的立法与埃及宗教完全对立，从而建立了新的宗教和认同观念，自绝于埃及。接着他串通埃及的宿敌希克索斯人对埃及发动叛乱，进而伙同希克索斯人亵渎埃及的宗教。最后，他们同希克索斯入侵者一同被赶出埃及。这样，在马涅托的笔下，这些人的形象近乎"异族内奸"。对此，阿里耶·卡舍尔认为，这是马涅托在攻击犹太人惯于叛变："在他的立场看来，犹太人是敌人、卖国贼和叛乱者，其民族从诞生之日起就以叛乱和宣誓密谋为特征，除此之外，他们的神是叛乱成性的塞特-堤丰。"而且，他认为这项指控针对的是托勒密二世让犹太人担任军职和行政职务的举措。他在提醒托勒密的统治者，不可以信任犹太人。①

从上面的分析已经可以看出，马涅托的犹太观念充满强烈的敌意，而这种观念的最大特征是犹太人极度不虔诚，是入侵埃及的亚洲异族，而且他们的宗教与埃及人完全对立。然而，马涅托为何会形成这样的犹太观念呢？这也是学术界历来十分关注的问题。

很多学者认为马涅托的记述是为了应对托勒密二世的亲犹政策。具体说来，随着《托拉》被翻译成为希腊文，其中《出埃及记》对埃及形象的诋毁迫使埃及人必须有所回应，以提升自身在希腊统治者眼中的形象。切里科夫指出托勒密二世

① A. Kasher, *The Jews in Hellenistic and Roman Egypt: The Struggle for Equal Rights*, p. 331.

时马涅托的《埃及史》第一次包含了反犹太版本的"出埃及记",是对《托拉》故事的回应和反驳。[①] 马克斯·雷丁也指出,马涅托认为希腊文版的《托拉》大大诋毁了埃及人,因而有必要反击。[②] 曼纳海姆·斯特恩认为犹太人出埃及的故事迫使埃及人迅速做出回应,这甚至在《托拉》翻译尚未完成时就已经发生,因为犹太版本中埃及人同犹太先祖之间的冲突或许会在非犹太人的圈子里赢得许多支持者。[③] 而卡舍尔则更加明确地指出:"在马涅托时代,随着《托拉》被译为希腊文,犹太教和犹太人的声望大大增强。另一方面,对像马涅托这样的埃及祭司和作家而言,埃及是文明的发源地,他们深刻地感到这一翻译会抹杀自己祖国的光辉,特别是由于《圣经》中希伯来人的救赎涉及埃及的失败和耻辱。托勒密二世不看重埃及知识分子阶层,而把皇室的兴趣集中于犹太人和犹太教,这极可能激起埃及人对犹太人的仇恨并激发他们维护埃及荣誉的热情。所有这些要素促使马涅托收集了各种诋毁犹太人的古代传说,并把它们记录下来。"[④]

不过,这种观点也遭到某些学者的反对。艾希·格林认为《托拉》在马涅托的时代还没有翻译完成,影响力有限,故马涅托的记述与《托拉》并没有直接关系。[⑤] 这一观点得

①　V. Tcherikover & A. Fuks, eds., *CPJ*, Vol. 1, pp. 24–25.

②　M. Radin, *The Jews among the Greeks and Romans*, Philadelphia: The Jewish Publication Society of America, 1915, pp. 101–103.

③　M. Stern, *GLAJJ*, Vol. 1, p. 64.

④　A. Kasher, *The Jews in Hellenistic and Roman Egypt: The Struggle for Equal Rights*, p. 328.

⑤　E. S. Gruen, *Heritage and Hellenism: The Reinvention of Jewish Tradition*, pp. 60–61.

到了约翰·柯林斯和彼得·舍费尔的赞同。① 尽管如此，这三位学者都不否认在马涅托的时代，《托拉》的翻译以某种形式存在，而且柯林斯和舍费尔也都不否认马涅托的犹太观念具有严重的负面性。柯林斯认为马涅托把犹太人等同于希克索斯人，同时，他指出在埃及传统中，建立并定居于耶路撒冷与希克索斯人被逐出埃及联系在一起，这是一种独立于《圣经》的记述，马涅托创造性地重塑了这些传统题材。② 舍费尔则指出，尽管《托拉》并不一定为埃及人所知，但埃及人，特别是埃及祭司，对犹太人根据摩西律法在现实生活中的宗教活动颇为熟悉，例如逾越节。③ 不过，这些观点均未能解释马涅托对犹太人的敌对观念根源于何处，而这才是解答马涅托在托勒密时期创作埃及版的"出埃及记"的关键所在。

就现有资料而言，马涅托为了回应《托拉》通过翻译进入希腊世界而写下不利于犹太民族的记述，这种可能无法被排除。因为就当时的环境而言，埃及人和犹太人本就存在矛盾，而且托勒密统治者在这一时期重犹抑埃的政策很可能使这一族际矛盾加剧。然而，历史材料表明，埃及人和犹太人的矛盾并不是在托勒密时代才形成的。④ 冰冻三尺，非一日之寒。马涅

---

① J. J. Collins, *Jewish Cult and Hellenistic Culture: Essays on the Jewish Encounter with Hellenism and Roman Rule*, Leiden: Brill Academic Publishers, Inc., 2005, p. 55; P. Schäfer, *Judeophobia: Attitudes towards the Jews in the Ancient World*, p. 164.

② J. J. Collins, *Jewish Cult and Hellenistic Culture: Essays on the Jewish Encounter with Hellenism and Roman Rule*, pp. 56-57.

③ P. Schäfer, *Judeophobia: Attitudes towards the Jews in the Ancient World*, p. 164.

④ 犹太人在"巴比伦之囚"的时代便已经散居埃及，而在公元前 5 世纪，埃及人和犹太人就爆发过族际冲突。Z. Yavetz, "Judeophobia in Classical Antiquity: A Different Approach", p. 21；袁指挥：《论古埃及埃勒凡塔的犹太社区》，《古代文明》2011 年第 1 期。

托的犹太民族志反映出他对犹太人的强烈敌意，而且这种饱含敌意的民族志有相当的文献传统。这迫使我们在更深的历史背景中探寻埃及族群反犹观念的成因。马涅托之所以在托勒密初期写出这样的犹太民族志，只是因为现实的环境为他提供了合适的机会来表达埃及人的犹太观念。

二 创伤性历史记忆的投射与"象岛事件"

作为托勒密王朝前期埃及族群的代表人物，马涅托犹太观念的特征主要体现在两点：一是认为犹太人不虔诚，亵渎神灵，这种不虔诚的根源在于他们与埃及文明完全对立的宗教；二是把犹太人同入侵埃及的异族人联系在一起。这两点都表现出浓重的埃及特色，因为这其中体现着诸多埃及的历史片段，例如第二中间期希克索斯人入主埃及，新王国十八王朝的建立，埃赫那吞的宗教改革①，波斯帝国对埃及的统治，等等。事实上，学术界基本公认马涅托的记述并非其独创，他只是综合了已有的各种埃及传统。② 因此，马涅托的犹太观念的背后，隐伏着更加深远的历史积怨。

早在 20 世纪初，某些埃及学家便已经开始关注马涅托的记述，试图在埃及历史的背景中为其定位，并探寻其犹太观念

---

① 埃及新王国第十八王朝中后期，法老阿蒙霍特普四世发动宗教改革，专门崇拜太阳圆盘阿吞，废除了其他神祇崇拜，为此他改名为埃赫那吞并迁都至阿玛尔纳。此改革在埃赫那吞去世后不久即被废止，埃及再次迁都，阿玛尔纳城从此失去首都地位。有学者认为这是人类历史上的第一次一神教改革，但是这种说法有争议。后文的阿玛尔纳时代，大体指埃赫那吞进行宗教改革的时期。关于埃赫那吞宗教改革，参见刘文鹏《古代埃及史》，第 420~471 页。

② J. G. Gager, *Moses in Greco-Roman Paganism*, Nashville & New York: Abingdon Press, 1972, pp. 113-120; V. Tcherikover, *Hellenistic Civilization and the Jews*, pp. 362-363.

的根源。爱德华·迈尔便是其中的代表。迈尔认为马涅托所述的犹太民族起源体现出埃及历史对埃及人的影响。就具体的历史阶段而言,它反映出的历史内核是埃及新王国时期十八王朝埃赫那吞的宗教改革以及十九王朝末期的动乱。他指出,埃及以口传的方式保存下来某些关于埃赫那吞改革的记忆,这种传统在潜伏近千年之后以新的面貌浮现。马涅托《埃及史》中所载的关于麻风病和犹太人的传奇故事隐含的历史事件无疑是埃赫那吞的宗教改革。[①] 这种观点在随后的学术进程中被其他学者继承和发展,其中最突出的学者是唐纳德·雷德福。雷德福详细比对了马涅托的记述与埃赫那吞改革,发现两者之间有着密切的联系。比如马涅托记述中采石场的强制劳动与阿蒙霍特普三世和埃赫那吞时期的大兴土木存在着一定的联系;马涅托关于麻风病叛军统治埃及 13 年的记述与法老埃赫那吞在新首都度过了 13 年相一致;马涅托的记述中提到了麻风病,而在阿玛尔纳时代末期也确实爆发过肆虐近东地区 20 年左右的大瘟疫。通过这些比对,雷德福认为:"这则故事证明了阿玛尔纳时期的灾难,包括这一时期的特征和事件,并未从埃及的集体记忆中消失,而是以某种形式保存下来。"[②]

在前人研究的基础上,扬·阿斯曼细致地研究了埃及历史集体记忆与埃及民族偏见的关系,其研究对分析埃及人犹太观念的历史渊源有着重要的启示意义,代表着学界对这一问题研

---

① E. Meyer, *Aegyptische Chronologie*, Berlin: Abhandlungen der K. Preuss. Akad. der Wiss, 1904, pp. 89–95.

② D. B. Redford, "The Hyksos Invasion in History and Tradition", *Orientalia*, Vol. 39, 1970, pp. 1–51; *Pharaonic King-Lists, Annals and Day-Books: A Contribution to the Study of the Egyptian Sense of History*, Mississauga: Benben Publications, 1986, pp. 293–294.

究的前沿。

根据阿斯曼的研究，在法老埃赫那吞在位的前 6 年，其宗教改革使得整个埃及的宗教文化体系发生了断裂性的突变。在这一变革中，原先的神庙被关闭，神像被捣毁，神名被抹去，崇拜仪式也被废止。变革前埃及社会运行的整套机制失灵，致使整个社会陷入混乱，埃及人陷入个人认同缺失的恐慌之中。在社会失范的同时，还发生了其他灾变。阿玛尔纳时代末期，埃及同赫梯帝国之间爆发了军事冲突，埃及在战争中节节失利。赫梯袭击了埃及位于叙利亚地区的要塞，并抓获了大量的战俘，但这些战俘在安纳托利亚半岛散播了严重的瘟疫。这场瘟疫横扫近东并反卷埃及，肆虐达 20 年之久。宗教危机与瘟疫的叠加对埃及人的集体记忆造成了巨大的创伤，叛逆传统宗教招致诸神惩罚以及对"宗教敌人"的臆想开始出现在埃及人的集体观念中。埃赫那吞死后不久，旧的宗教势力便开始对他的改革发动了反攻清算，致使阿玛尔纳时期的历史记忆遭到系统性的压制。旧势力重新得势后，埃赫那吞宗教改革的证据大都被抹杀，埃赫那吞的王名被从所有的官方记录中删除，改革时期的纪念性建筑也被悉数捣毁或是隐没在新的建筑之中。虽然埃赫那吞及其宗教改革的"历史事实"完全被"除名毁忆"，但是阿玛尔纳时期造成的巨大创伤却在埃及人的历史记忆中留下了永恒的烙印。这种灾难性的集体记忆包括两个方面，一方面是异类宗教及其不宽容性，另一方面则是瘟疫造成的巨大痛苦。由于当时的瘟疫是来自亚洲，故埃及人称其为"亚洲病"。之后，"亚洲病"的记忆使阿玛尔纳时期的灾难性记忆同亚洲以及亚洲人的形象联系在了一起，这一联系在改革失败后旧势力"除名毁忆"的作用下发生了异变，亚洲异族入侵与宗教冲突这两方面逐渐叠加重合，成为一种记忆范式融入埃及的文化传统之中，造成了埃及人针对外族入侵者的偏见和敌意。这种观念曾先后被投射给不同的外族入侵者，先是希克索斯人，然后是亚述人，接着是波斯人，最后才固定在犹太人身上。① 从这里可以看出，埃及人犹太观念的根源在于其自身创伤性的历史记忆。

笔者十分赞同阿斯曼的分析。事实上，"塞特-堤丰"崇拜演变的过程在很大程度上印证了他的观点。埃及自身创伤性的历史记忆而导致的异族偏见，被先后赋予不同的入侵埃及的"亚洲异族"。希克索斯人是最早入主埃及的亚洲民族。他们建立的王朝要先于埃赫那吞改革数百年。希克索斯人的宗教不是一神教，他们并不反对偶像崇拜。他们崇拜的神是古代迦南地区的巴力神。因此，入主埃及后，希克索斯人十分推崇埃及宗教中与巴力具有相同神性的塞特神。然而，他们并未敌视甚至废止埃及的拉神崇拜，相反他们继承了这一埃及的传统崇拜。② 虽然在夺权过程中确实发生过毁坏埃及神庙的情况，但是同在多神教系统中的埃及人和希克索斯人，并没有发生真正意义上的宗教冲突，而且十八王朝早期，埃及人对希克索斯人的敌意似乎不如阿玛尔纳之后的时期那样强烈。③

然而，随着埃及人创伤性历史记忆发生异变，"宗教敌人"逐渐与"亚洲人"捆绑在一起，阿玛尔纳时期的历史记

---

① J. Assmann, *Moses the Egyptian: The Memory of Egypt in Western Monotheism*, pp. 23-54.

② 郭丹彤：《略论埃及希克索斯王朝》，《东北师大学报》（哲学社会科学版）1997年第3期。

③ T. Save-Soderbergh, "The Hyksos Rule in Egypt", *The Journal of Egyptian Archaeology*, Vol. 37, 1951, pp. 53-71.

忆便开始慢慢投射到希克索斯人与他们的"塞特-巴力神"。
在公元前 12 世纪拉美西斯时代的一篇文献中，希克索斯人的
法老阿波斐斯便被描述成为坚守异族宗教，敌视埃及宗教的侵
略者："法老选塞特神做他的主人。在整片大地上，他除了塞
特之外不崇拜任何其他的神。"[1] 此外，随着这一过程，源于
埃及的塞特神也慢慢被赋予了"宗教他者"的特征，逐渐被
剔出埃及宗教并被视为邪恶的亚洲神灵。

这一过程随后在波斯人主埃及时再次重演，埃及人的偏见
这一次被投射到波斯人身上。在《伊希斯与俄赛里斯》中，
普鲁塔克两次提及波斯王奥库斯[2]：

> 同样，波斯国王中最残酷和最令人生畏的奥库斯，杀
> 人无数，最后还宰了阿匹斯牛，在筵席上用它来款待朋
> 友，埃及人将这位国王称为利剑。时至今日，在国王的名
> 单中，他的称呼还是这样。埃及人称他为利剑，当然不是
> 想恰如其分地展现他的本质，而是用一件杀人武器来比喻
> 他的心狠手辣。[3]
>
> ……
>
> 因此，人们用驴子作为奥库斯的绰号，由于不敬神和
> 不纯洁，他是波斯国王中最令人痛恨的一个。当奥库斯得
> 知这一消息时，回答说"这头驴将吃掉你们的牛"，他命

---

[1] A. H. Gardiner, *Late-Egyptian Stories*, Brussels: Edition de la Fondation Egyptologique Reine Elisabeth, 1932, p. 85.

[2] 奥库斯即波斯王阿尔塔薛西斯三世。

[3] Plutarch, *De Iside et Osiride*, 11.

人杀死阿匹斯神牛……①

这段材料表明，这一次波斯人成了践踏埃及宗教的亚洲入侵者，而"驴"作为"塞特-堤丰"的象征被用在了波斯人的身上。"驴"吃掉"牛"则象征了亚洲异种宗教与埃及宗教的冲突。

最后，在马涅托的笔下，埃及人这种创伤性的历史仇怨观念被投射给犹太人，并在犹太人的身上定格：不仅在起源上将犹太人与野蛮而不虔诚的希克索斯人联系在一起，而且将瘟疫、"塞特-堤丰"崇拜等主题也一起叠加在犹太人的形象之上。

需要注意的是，阿斯曼的理论虽然解释了埃及人对异族人偏见的成因，却没能回答埃及人由历史创伤记忆而造成的仇怨观念为何最后会定格在犹太人身上。事实上，这一问题的答案应该在多神教与一神教的差异和对立中寻找。从埃及人的仇怨观念来看，它最突出的特点是对异体性宗教的恐惧排斥与对异族入侵统治埃及的敌视，并且异族统治者与异体性宗教紧密相连。异体性宗教与埃及宗教的对立性越强，埃及人对其回应就会越激烈。多神教传统中神灵身份可以互换，这种兼容性对埃及人观念投射影响很大。

入主埃及的异族并不只有希克索斯人和波斯人，托勒密王朝也是希腊人作为少数族群统治埃及人的王朝。然而，在埃及的记述中，很少有针对希腊人统治的谴责和中伤，埃及人的宗教偏见和历史仇怨观念也没有投射到希腊族群。这在很大的程

---

① Plutarch, *De Iside et Osiride*, 31.

度上是由于希腊与埃及的宗教同属多神教体系，双方神祇存在着神性相同、神名互换的兼容性。这两者的宗教容易调和，文明的冲突也随着宗教的调和大大减少。萨拉匹斯神的出现和变化过程便是极佳的例证。萨拉匹斯是由埃及的阿匹斯神牛与冥神俄赛里斯合并而成的神祇，但后来此神成为亚历山大里亚的庇护神并以希腊神的形象出现。[①] 伊希斯和荷鲁斯是俄赛里斯的妻儿。希腊人入主埃及之后，这些埃及神很快便同希腊神等同起来。萨拉匹斯被视为宙斯，伊希斯被视为希腊冥神哈得斯，而荷鲁斯则被视为希腊医神阿斯克拉匹斯。随着时间推移，希腊人与埃及人对萨拉匹斯神神性的认识逐渐趋同，使萨拉匹斯成为希腊与埃及宗教融合的范例。[②]

反观犹太人，虽然他们从未成为埃及的统治者，但埃及的异族偏见却以极端的方式投射并固定在了他们身上。这种现象无疑与犹太一神传统的排他性密切相关。犹太教彻底的一神思想与埃及的多神宗教有着不可调和的对立性。在犹太传统中，摩西十诫明文规定除了上帝，"不可敬拜别的神明"，"不可为自己造任何偶像；也不可仿造天上、地上或地底下水中的任何形象"，"不可向任何偶像跪拜"。[③] 犹太人坚信上帝是唯一真神，外邦人的神不过是人用木头石头造成的偶像，是世间邪恶的根源。因此，犹太人对待外邦偶像的态度应该是"要把原先住民拜神明的地方彻底摧毁；无论在高山小山，或在绿树下

---

① 莫赫塔尔主编《非洲通史》卷二，中国对外翻译出版公司，1984，第142页。

② 张春梅：《"希腊化"还是"埃及化"——托勒密埃及希腊移民的文化地位研究》，载《史学集刊》2007年第1期。

③ 《出埃及记》20：3-4.

的，都要除灭"，他们应该"拆毁他们的祭坛，击碎神柱，烧毁亚舍拉女神像，砍倒偶像，使人不能再在那里祭拜"。① 在所有外邦偶像崇拜中，埃及宗教中的动物崇拜通常被犹太人认为是最邪恶、最不可取的迷信。按照犹太教的观点，上帝创造万物，最后按照自己的形象造人，并要人来管理鱼类、鸟类以及所有的动物。② 人的地位高于其他的造物。但是埃及人的动物崇拜却本末倒置，而且到了极端的程度。他们不仅崇拜偶像，而且这些偶像还以动物的形象出现。希腊化时期散居犹太人的代表斐洛就不遗余力地抨击埃及人的动物崇拜：

> 除了制造偶像，他们（埃及人）还把本应归于神的荣耀给予毫无理性的动物，譬如牛、绵羊和山羊，……甚至走向极端，选出最凶猛的动物，譬如狮子、鳄鱼和毒蛇，为它们建造寺庙和圣所，奉献牺牲，并在它们的荣耀下集会游行……他们还把其他动物神化，譬如狗、獴、狼、鸟、朱鹭和鹰，甚至还有鱼。它们有时以全貌出现，有时只出现一部分，还有比这种行为更可笑的吗？因此，初到埃及的外国人在他们还没有受到当地人影响之前，一定会蔑视埃及的迷信，并认为它们无比可笑。而那些接受过正确教育的人，一定会为他们本末倒置的崇拜方式感到无比惊愕，并且很自然地为那些陷入其中的人感到可悲，他们甚至比他们崇拜的对象还要悲惨，因为他们不过只是具有

---

① 《申命记》12：2-3.
② 《创世记》1：26-28.

人的形体，而他们的灵魂却堕落到那些动物的程度。[①]

　　这些材料表明，从犹太人的立场出发，埃及宗教无论在思想本质还是在崇拜形式，都与犹太教水火不容。从埃及的立场看，如果说埃赫那吞宗教改革中不彻底的"一神"特性已经对埃及造成了巨大的冲击和伤害，那么犹太教彻底的一神思想无疑会在最大限度上刺激埃及人的历史记忆。对于埃及人来说，犹太人的宗教是所有邪恶宗教中最邪恶的。马涅托的记述清楚表明，犹太人的宗教律法与埃及文明完全对立，绝无共存的可能。凡是埃及人崇拜的，犹太人一律亵渎。奥萨塞弗要求部众屠杀并吃掉被埃及人神化的动物，并不是由于这些动物的味道鲜美，而是因为他们代表的是与自身宗教对立的埃及宗教。正是犹太人的宗教使得他们以无比放肆的方式践踏埃及的宗教，虐待埃及的祭司，摧毁埃及的神庙。犹太人的宗教是他们不虔诚的根源。两种宗教的对立无疑是埃及针对异族的历史仇怨观念最终定格于犹太人的主要原因。

　　此外，犹太人在埃及社会结构中的位置以及他们的族群博弈策略也是埃及的仇外观念最终锁定在他们身上的重要原因。犹太人散居埃及的历史可以回溯到公元前 8 世纪。[②] 尽管犹太人散居时间久远，但是犹太人立基于摩西律法的生活方式使他们始终保持着自己独特的族群认同。换言之，他们始终是以"亚洲异民族"的身份生活在埃及。这样的身份和他们的宗教

①　Philo, *Decal.* 76-80. 关于斐洛论埃及人的宗教崇拜，亦可见 Philo, *Vit. Cont.* 8-9。

②　B. Porten, *Archives from Elephantine: The Life of an Ancient Jewish Military Colony*, Berkeley: University of California Press, 1968, p. 13.

显然都与埃及创伤性的历史记忆高度耦合。一旦外部环境的变化使犹太人"亚洲异族"的身份变得突出时，埃及仇外观念投射到他们身上的可能性就增加。事实上，外部环境变化最突出的表现便是埃及人丧失政治独立，沦为异族统治的状态。在埃及的传统中，埃及的独立是世界秩序正常的体现，而丧失独立则是恶势力在善恶之争中取得优势的体现。随着埃及于公元前6世纪进入异族统治的时代，散居犹太人的"亚洲异族"的身份、"宗教他者"的形象便被放大和叠加，犹太人与埃及人之间的矛盾也日益尖锐。

早在埃及还没有进入异族统治时代之前，犹太人在埃及的一个重要的社会角色就是充当军事殖民者。公元前7世纪犹太人定居在埃及的象岛防卫南部边境的努比亚人，服务于埃及法老。① 与此同时，散居犹太人作为埃及的少数族裔，一直坚定地奉行同握有实权的最高统治者合作的生存策略。犹太人为统治者服务，反过来从统治者那里获得"按照其祖先律法生活"的权利。这对统治者和犹太人无疑是一种双赢模式。② 然而，就埃及的状况看，问题的关键在于谁是"握有实权的最高统治者"。当埃及人独立的时候，犹太人作为臣属对之效忠，两个族群的矛盾尚不突出；但当埃及人沦为外族统治的时候，犹太人同这些人合作，便很容易激起埃及人的仇视。一方面，公元前6世纪之后，波斯、希腊以及罗马人先后统治埃及，都有

---

① J. M. Modrzejewski, *The Jews of Egypt: From Rameses Ⅱ to Emperor Hadrian*, pp. 21-26.

② L. H. Feldman, "Anti-Semitism in the Ancient World", in D. Berger ed., *History and Hate: The Dimensions of Anti-Semitism*, Jerusalem: The Jewish Publication Society, 1986, pp. 15-42.

联合少数族群统治当地人的需求，这无疑促使埃及人把犹太人视为统治者的帮凶和埃及人的压迫者；另一方面，统治者的这种策略彰显了犹太人的"异族性"，而犹太人要求维护其宗教自治权利，也是在突出自身的"异族性"。两者叠加的效果必定使犹太人在埃及人眼中"亚洲异族"的形象更加突出。

最后，埃及人与犹太人在现实中族群矛盾的激化，甚至爆发族群冲突，无疑也是埃及仇外观念锁定犹太人的重要原因。"象岛事件"最为贴切地展示了以上讨论的历史波动。

公元前 7 世纪定居埃及象岛的犹太军事殖民者，在该地建有一座犹太神庙。不同于用于聚会和祈祷的会堂，这座神庙有自己的祭司，当地的犹太社团需要向这座神庙交什一税，而且这里完全按照摩西律法的献祭规定来组织崇拜犹太上帝：亚卫（YHWH）。[1] 与此同时，在这座神庙的附近便是埃及克努姆神的神庙。[2] 根据托拉律法规定，犹太人需要在逾越节期间向上帝献祭两头小公牛，一只公绵羊，七只一岁大的小山羊。[3] 这座犹太神庙也依此例而行，但是对埃及人而言，由于克努姆神的化身正是公羊，献祭公羊无异于弑神。[4] 更加值得注意的是，逾越节本身就是犹太人纪念自身摆脱埃及奴役的节日。[5] 因此，埃犹双

---

[1]　J. M. Modrzejewski, *The Jews of Egypt: From Rameses II to Emperor Hadrian*, pp. 25-27; p. 36.

[2]　克努姆神（Khnum）是古代埃及的象岛之神，主管创造。他常以长着公羊头的男性的形式出现，头上戴着由弯曲的角、羽毛、太阳圆盘以及眼镜蛇构成的冠。见 M. Bunson, *The Encyclopedia of Ancient Egypt*, p. 137。

[3]　《民数记》28：16-19。

[4]　J. M. Modrzejewski, *The Jews of Egypt: From Rameses II to Emperor Hadrian*, p. 39; P. Schäfer, *Judeophobia: Attitudes towards the Jews in the Ancient World*, p. 128.

[5]　D. Nirenberg, *Anti - Judaism: The Western Tradition*, London: W. W. Norton, 2013, pp. 16-19.

方在象岛的宗教生活充满张力和危机。

波斯人成为埃及的统治者后，象岛犹太军事殖民者便效忠于波斯，并被编入波斯军队戍卫象岛。波斯对埃及的统治十分严酷，对埃及宗教的压迫尤其严厉。希罗多德曾记述波斯王冈比西斯入侵埃及时曾经屠杀了埃及人信奉的神牛阿匹斯，并由此发疯。[①] 然而，象岛犹太人却在纸草中说，冈比西斯征服了埃及，摧毁了所有埃及神庙，唯独没有危害象岛的犹太神庙。[②] 公元前 425 年，埃及人趁着波斯王去世，波斯总督离开埃及时发起暴动，而象岛犹太人在暴动中坚定地站在波斯统治者一边。由此，在埃及人那里，象岛犹太人已经成为不折不扣的异族压迫者。[③] 象岛的埃及人与犹太人围绕着神庙献祭的矛盾也随之激化。最终，象岛的埃及祭司于公元前 410 年，趁波斯总督阿撒美斯离开埃及之际，串通波斯低层的地方官员，率众一举捣毁了犹太神庙。相关的纸草材料细致地记录了这次冲突：

在大流士王第十四年的坦姆斯月，当阿撒美斯离开去觐见王的时候，身处象岛要塞的克努姆祭司与负责当地的维庄伽达成默契，说道："让他们毁了象岛要塞的亚卫神神庙。"然后，邪恶的维庄伽给他的儿子纳法尼亚去信……，说道："让他们毁了象岛要塞的亚卫神神庙。"于是，纳

---

① Herodotus, *Historiae*, Ⅲ, 27-30. 中译参考希罗多德《历史》上册，王以铸译，商务印书馆，1985，第 205~207 页。

② J. M. Modrzejewski, *The Jews of Egypt: From Rameses Ⅱ to Emperor Hadrian*, p. 41.

③ P. Schäfer, *Judeophobia: Attitudes towards the Jews in the Ancient World*, p. 128.

法尼亚带上了埃及人和其他部队。他们来到象岛要塞，带着武器闯入神庙，把它夷平，还捣毁那里的石柱。此外，他们还毁了神庙中由粗石建成的五座石门。……然而，神庙中的金银盆和其他东西都被他们带走并据为己有。①

"象岛事件"是目前学术界已知最早的针对犹太人的暴力冲突，它比公元38年亚历山大里亚的反犹暴动早数百年，而且是在埃及的腹地。埃及针对外族的仇怨观念在这次冲突中起着重要的作用。冲突的根源一方面是与埃及敌对的异族宗教，另一方面是压迫埃及人的亚洲异族。在这次冲突中，埃及创伤性的历史记忆转移到了犹太人身份，而冲突本身也对这些偏见锁定于犹太人造成了影响。随着波斯人统治的结束，埃及人针对波斯人的仇视逐渐淡化了，但犹太人在此后的数百年间依然散居于埃及各地，固守着他们的律法和生活方式，奉行着与外族统治者合作的原则。这些都促使埃及人最终把针对外族的仇视观念锁定在犹太人身上。

时至公元前3世纪，当马涅托记述犹太人的时候，埃及人对犹太人的敌视观念已经有了长时间的历史积淀。埃及人自身创伤性的历史记忆在投射给不同外族之后，最终锁定在了犹太人身上，马涅托的记述在很大程度上就是这种观念投射演变的结果。犹太人的宗教和他们的社会形象最大限度地符合了埃及人自身创伤性的历史记忆以及对敌对他者的想象。伴随着这一过程，埃及针对异族各种负面观念的表现题材也汇聚在了犹太

---

① J. M. Modrzejewski, *The Jews of Egypt: From Rameses II to Emperor Hadrian*, p. 39. 莫杰夫斯基在此处原文引用了这份纸草。

人的形象之上，这些题材包括：逐出埃及、麻风病、"塞特-堤丰"崇拜、摩西的叛乱者形象等。这些题材都指向一点，即犹太人的不虔诚，而这种不虔诚的特性源自他们的宗教。这也成为埃及族群犹太观念最突出的特征。

审视希腊化时期之前的埃及仇外传统，它表现出来的特点是同一种类观念在不同族群间的转移。这种观念投射到每个与其创伤性历史记忆相吻合的异族，并且最终在把自身锁定在宗教最不能与其调和、"异质性"最强的犹太人身上。这种"异质性"不仅表现为少数族群对埃及的统治，它更深刻的表现在于异族与埃及人共同生活的历史。尽管希克索斯人、亚述人和波斯人都曾经统治过埃及，但是他们与埃及人共同生活的历史都无法与犹太人相比，多神教传统会随着时间的流逝调和他们在宗教上的差异，而犹太人则不同。族际关系的演进与族群共居的时间显然有着密切的联系。从这个意义上看，埃及人的反犹观念在古代世界确实具有某种"源头"或是"起源地"的意味。

三　埃及族群犹太观念的发展与影响

埃及人对外族和异质宗教的敌视观念的形成有着复杂的历史背景。埃赫那吞宗教改革造成的社会失范以及同一时期的天灾人祸使得埃及形成了创伤性的历史记忆。这种记忆发生异变后，亚洲外族入侵统治埃及与宗教冲突逐渐重合，成为一种记忆范式融入埃及的观念传统中，成为埃及人理解其他族群的重要标尺。他们的历史仇怨观念曾经投射给不同的民族。最后才锁定在犹太民族的身上。然而，细致考察这一埃及人向各族群投射自己观念的过程，可以发现，以"塞特-堤丰"崇拜为主题的宗教元素异常突出。这一现象表明，埃及宗教中的特

定要素在埃及人涉及外族观念的集体记忆范式中扮演着关键
角色。

　　埃及独特的地理环境以及埃及悠久的历史，使得埃及人形
成了一种极具特色的宗教宇宙观。在这种观念中，埃及被视为
文明的中心，古埃及人称自己的国家为"Kmt"（库玛特），
意为"黑色的土地"，表示尼罗河冲击层的黑色肥沃土壤，与
之相对的是"红色土地"，这是他们对荒芜沙漠地的称呼，也
代表着对良好秩序进行破坏的各种因素。① 这种界分不只具有
地理意义，更体现着埃及人对文明与野蛮、秩序与混乱的界
分，二者代表着对立的两个世界。尼罗河的定期泛滥是宇宙秩
序正常运行的现实表征，也体现出埃及较其他文明的优越性和
特殊性。埃及诸神通过与混乱和邪恶进行永恒的斗争来维持宇
宙的正常秩序，并使它得以持续下去。作为诸神在人间的代
表，法老便是宇宙秩序的化身，他需要坚持不懈地同各种破坏
或是玷污埃及世界的邪恶斗争，这些邪恶的事物包括入侵的异
族敌人、叛乱的臣民以及任何玷污宇宙秩序的行为。祭司和神
庙在埃及传统中扮演着支持诸神、维持宇宙秩序的关键角色。
任何对祭司、神庙以及神圣动物的不敬或暴力，都是对整个埃
及世界、法老以及宇宙秩序的攻击。这种永恒的善恶之争在埃
及神学中也形成了固定的模式：伊希斯女神和她的儿子荷鲁斯
代表正义，而"塞特-堤丰"则代表着邪恶，双方进行着永恒
的斗争。②

---

①　刘文鹏：《古代埃及史》，第 10 页。

②　J. G. Griffiths, *The Conflict of Horus and Seth from Egyptian and Classical Sources: A Study in Ancient Mythology*, Liverpool: University of Liverpool Press, 1960.

　　这种善恶围绕宇宙秩序展开永恒斗争的神学模式与埃及创伤性的历史记忆结合在一起，共同构成了埃及人认知世界的范式，同时它也是埃及人形成特定对仇外观念的基础。当埃及人把这种认知方式投射到历史及现实中时，凡是与诸神和法老相敌对的人，特别是亚洲的异族入侵者，便都与邪恶角色的原型"塞特-堤丰"联系在一起，而"塞特-堤丰"的动物化身是驴。因此，威胁埃及秩序，对抗法老和埃及诸神的亚洲异族入侵者，便总是与"驴"产生联系。① 因为在埃及人看来，这些人是"塞特-堤丰"的崇拜者，是邪恶势力的臣民。

　　从这种认知范式出发可以看出，埃及族群针对外族的敌视观念是以其宗教世界观为基础的。正因此，当埃及人把自身的异族偏见锁定在犹太民族时，他们的第一反应便是从自身宗教神学的角度出发，认定犹太人具有"不虔诚""亵渎神明"的特征。这点也成为埃及犹太观念中最为突出的特征。作为埃及的宗教精英，马涅托在其作品中已经对此有充分的表达。此外，纸草材料也反映出类似的反犹观念，而这些观念大都来自埃及乡村中的平民大众。

　　这些纸草材料的年代在公元 2 世纪前期流散地起义之后。公元 116~117 年，昔兰尼犹太起义的首领逃亡到埃及，导致埃及爆发犹太人起义。这次起义席卷埃及各地，犹太人破坏道路，捣毁公共建筑，尤其是埃及的神庙和神像。埃及人对犹太起义的反抗尤其强烈。约翰·巴克利认为这场战争根植于埃及人对犹太人的宗教仇视，可被视为同渎神者的"圣战"；大卫·

---

① 　D. Frankfurter, "Lest Egypt's City be Deserted: Religion and Ideology in Egyptian Response to the Jewish Revolt (116 - 117 C. E.) ", *Journal of Jewish Studies*, Vol. 43, 1992, pp. 203-220.

法兰克福特则指出埃及祭司以宗教为旗帜，动员了埃及民众对抗不虔诚的犹太人。① 在与这次起义相关的纸草材料中，犹太人都被冠以"不虔诚""渎神"的称号；在公元3世纪的一份残缺纸草中，更是出现了"反对犹太人""因伊希斯的愤怒而被逐出埃及"的字眼。②

这些材料不仅反映出埃及各个阶层都认为犹太人有"不虔诚"的特征，更体现出埃及反犹观念影响力之广泛，历时之长久。就其影响力的广泛性而言，它上至埃及的祭司贵族，下至普通的埃及民众，成为一种社会共识。就历时的长久性而言，这种观念定格在犹太人的身上的具体时间无可考证，但马涅托的材料表明，它至少在公元前3世纪已经成形。而根据希腊作家赫卡泰乌斯关于犹太人的记述，埃及的这种反犹观念至少在公元前4世纪便已经出现。彼得·舍费尔甚至认为，在波斯统治埃及的时代，这种偏见就已经锁定在了犹太人身上。③ 从上述纸草材料看，直到公元3世纪罗马帝国时，埃及人的这种反犹观念依然具有巨大的影响力，尽管此时散居埃及的犹太社团已经在流散地起义之后衰落到几乎销声匿迹的地步。

事实上，在托勒密时代末期，也存在体现埃及人反犹观念的纸草材料。在一份公元前1世纪上半叶的书信中，一个名叫

① J. M. G. Barclay, *Jews in the Mediterranean Diaspora: From Alexander to Trajan*, p. 80; D. Frankfurter, "Lest Egypt's City be Deserted: Religion and Ideology in Egyptian Response to the Jewish Revolt(116–117 C. E.)", pp. 203–220.

② V. Tcherikover & A. Fuks, eds., *CPJ*, Vol. 2, No. 438, No. 443, No. 450; Vol. 3, No. 520.

③ P. Schäfer, *Judeophobia: Attitudes towards the Jews in the Ancient World*, pp. 165–167.

赫拉克勒斯的人写道：

> 赫拉克勒斯向托勒密……致意并祝安好。我已经向孟菲斯的希帕洛斯询问了那位泰布提尼斯的祭司。为了弄清事情的状况，我给他写了信。我向你请求，使他不被耽误，安排……他所需要的一切。你知道他们憎恨犹太人。致意……与伊皮麦涅与川丰纳……保重……①

　　学界对于这份材料的释读存在差异。亚历山大·富克斯认为，泰布提尼斯的祭司不是犹太人而是埃及人，他憎恨犹太人；而写信的赫拉克勒斯和收信的托勒密则是犹太人。这两人不知出于何种原因需要接待一名埃及祭司。在这一语境下，"你知道他们憎恨犹太人"的意思是：当你（托勒密）和那位祭司打交道的时候，要记得那些埃及祭司仇视犹太人。② 约瑟夫·莫杰夫斯基则认为，泰布提尼斯的祭司是犹太人，他来自法尤姆地的泰布提尼斯，需要在孟菲斯歇脚住宿。赫拉克勒斯和托勒密同样都是犹太人，他们需要为他们的犹太同胞安排住宿。在这种语境下，"你知道他们憎恨犹太人"是说，赫拉克勒斯提醒托勒密，孟菲斯的埃及人仇视犹太人，托勒密在为同胞安排住宿时要小心提防周围的埃及人。③ 然而，无论是哪种释读体现了原信的真实含义，有一点是确定无疑的，即"埃及人憎恨犹太人"。正是在这个意义上，"这封信为公元前 1

---

① V. Tcherikover & A. Fuks, eds., *CPJ*, Vol. 1, No. 141.

② V. Tcherikover & A. Fuks, eds., *CPJ*, Vol. 1, p. 256.

③ J. M. Modrzejewski, *The Jews of Egypt: From Rameses II to Emperor Hadrian*, pp. 154–157.

世纪盛行的反犹主义提供了可信的决定性证据。亚历山大里亚的希腊-埃及的反犹知识精英在乡村找到了他们的对应者——乡村居民也对犹太人充满了'轻蔑的仇视'"①。

至此，从托勒密时代早期至公元3世纪，埃及反犹观念的证据已经组成了完整的链条。这一证据链表明，埃及人针对犹太人的敌视，在数百年间都未曾消退。正是在这个意义上，彼得·舍费尔认为埃及是古代反犹主义的"母亲"②，而约瑟夫·莫杰夫斯基则曾称埃及是"异教反犹主义的源泉"。③在基督教兴起前，埃及已经积累了深厚的反犹底蕴，这种底蕴为埃及族群和犹太族群之间的冲突提供了背景。公元38年亚历山大里亚的反犹暴动、公元116~117年的散居地起义，只不过是双方矛盾冲突白热化的体现。

埃及的反犹观念不仅为埃及铺陈了反犹的社会底蕴，也影响了其他族群的犹太观念。在埃及人的犹太观念中，犹太人的祖先是入侵埃及的异族，他们的民族具有不虔诚和叛逆的性格。这种观念源自埃及人认知世界独特的范式，有着浓重的埃及色彩。然而时代的发展，希腊人和罗马人都在不同程度上继承了埃及人的这种犹太观念，并在各自不同的语境中把"不虔诚"以及"叛逆"的素材融入自身对于犹太文明的认知和想象之中。

就希腊人而言，公元前1世纪的阿波罗尼乌斯·莫伦便指

---

① J. M. Modrzejewski, *The Jews of Egypt: From Rameses II to Emperor Hadrian*, p. 155.

② P. Schäfer, *Judeophobia: Attitudes towards the Jews in the Ancient World*, p. 11.

③ J. M. Modrzejewski, *The Jews of Egypt: From Rameses II to Emperor Hadrian*, chap. 7.

责犹太人是"无神论者和仇视人类的人"。[1] 随后的狄奥多罗斯在他关于犹太人的记载中也指出"犹太人的祖先由于不虔诚而遭到众神唾弃并被逐出埃及",而且塞琉古王甚至不惜通过玷辱犹太圣殿、迫使犹太人违反自身宗教诫命的方式来"救赎"渎神的犹太人。[2] 吕西马库斯则指出犹太人在被逐出埃及后到犹地亚建城定居,而该城由于犹太人渎神的特征而得名"西耶罗塞拉"(Hierosyla,劫掠神庙之意)。[3] 不过,希腊人在论及犹太人"不虔诚"的时候,往往把这种性格与犹太人的"隔离性"和"仇外"结合在一起。希腊人抨击犹太人不虔诚,已经不再像埃及人那样认为犹太人会摧毁他们的神庙,推翻他们的偶像,他们的关注点在于犹太人不敬拜希腊诸神,不参与希腊人的宗教活动,不融入希腊人的城邦世界。这类指责大多出于希腊人以自身文明的城邦范式对犹太人做出的认知。

罗马人也承袭了埃及犹太观念中指控犹太人不虔诚的部分。佩特罗尼乌斯讥讽犹太人崇拜猪神(Pig-god)。[4] 尤维纳尔认为犹太人"除了云彩和天空的神性外,什么也不崇拜",并把"崇拜云彩和天空的神性"视为皈依犹太教的步骤之一

[1] Apollonius Molon, *De Iudaeis*, apud Josephus, *CA*, II, 148. 阿波罗尼乌斯·莫伦主要活动于公元前 1 世纪的罗得岛。他曾经被罗得岛人推举前往罗马在苏拉面前为他们的城市陈情,西塞罗和凯撒等罗马名流都曾是他的学生。因此他对于犹太人的观点很可能对罗马人产生影响。见 M. Stern, *GLAJJ*, Vol. 1, pp. 148-149。

[2] Diodorus, *Bibliotheca Historica*, XXXIV - XXXV, 1: 1-5. 见 M. Stern, *GLAJJ*, Vol. 1, No. 63。

[3] Josephus, *CA*, I, 311.

[4] Petronius, *Fragmenta*, No. 37. 见 M. Stern, *GLAJJ*, Vol. 1, No. 195。

而加以攻击。① 历史学家塔西佗对犹太人抨击最具罗马特征。他指出，"我们（罗马人）认为是神圣的一切，在犹太人看来都是渎神的；另一方面，我们憎恶的一切，在他们又都是允许的"，而且，皈依犹太教的人"接受的最早的教训就是蔑视诸神"。② 从这些罗马作家的记述可以看出，罗马人认为犹太人不虔诚的观念既不同于埃及人，也不同于希腊人，其落脚点在于担心自身文明的高贵道德受到犹太教的腐蚀。

最后，埃及人的犹太观念还为其后希腊人和罗马人提供了重要的反犹主题——"逐出埃及"的传说以及"驴崇拜"。

在埃及传统中，"逐出埃及"主要着眼于法老驱逐亵渎埃及神灵的外族入侵者。这里，埃及人与犹太人成为完全对立的两种人，后者是以外族入侵者的形象出现在埃及的叙事传统中，而法老把"亚洲异族"赶出埃及则是埃及宗教宇宙观的组成部分。然而，在此之后，虽然希腊和罗马人承袭了"逐出埃及"的主题，但他们处理这一主题侧重点却发生了根本性的变化。

希腊人在涉及"逐出埃及"的主题时，目的在于通过探究犹太的民族起源来概括犹太民族性格形成的原因。埃及人认为犹太人并不是埃及人的一部分，而是"亚洲异族"，两者水火不容。然而，"逐出埃及"的主题在希腊语境中的发展趋势却是：犹太人日益被视为缘起于埃及的民族，希腊人日益倾向于认为犹太人与埃及人同宗同源；与此同时，希腊人更加关注

---

① Juvenal, *Saturae*, XIV, 96-106. 见 M. Stern, *GLAJJ*, Vol. 2, No. 301。

② Tacitus, *Historiae*, V, 4: 1; 5: 2. 见 M. Stern, *GLAJJ*, Vol. 2, No. 281，中译本参看塔西佗《历史》，王以铸、崔妙因译，商务印书馆，1981，第333～336页。

犹太人被逐后的一系列行为，因为他们认为这些行动塑造了犹太人的民族性格。

作为最早记述犹太人被"逐出埃及"的希腊作家，公元前4世纪，赫卡泰乌斯就指出，犹太人和希腊人都是生活在埃及的异族，而他们之所以被赶出埃及，原因是埃及人认为他们的宗教仪式引发埃及神灵的不满并由此出现瘟疫。[①] 从这里不难看出，在希腊化初期，希腊人开始接受并继承埃及人对犹太人民族起源的相关记述，但从赫卡泰乌斯的记述看，埃及传统尚未完全被希腊叙事体系接受。

作为埃及祭司，马涅托的记述自然充满埃及特色，但他的记述也体现出特定时代背景下迎合希腊统治者的倾向。在埃及传统中，亚洲异族最突出的特征在于其对埃及神灵和宗教的亵渎，而不在于其宗教立法。马涅托不吝笔墨记述奥萨塞弗的立法活动，与希腊人对立法主题的偏爱有关。另外，马涅托的记述中，奥萨塞弗的立法除了勒令犹太人亵渎埃及的宗教和神灵之外，更要求其"属下众人只能与不洁之众之内的人交往"。对于这点，阿里耶·卡舍尔认为马涅托在此处实质上是在谴责犹太人"仇视人类"，而依据古代反犹观念，犹太人仇视人类正是通过其离群索居、与其他人隔离开来以及其与其他民族完全不同的律法和生活方式表现出来，这是具有典型希腊特征的犹太观念。[②]

---

① 在非犹太文献中，赫卡泰乌斯关于犹太人出埃及的记载，是现存相关记述中最早的，埃及材料是其主要的资料来源。关于赫卡泰乌斯的犹太观念，下章将详细分析。

② A. Kasher, *The Jews in Hellenistic and Roman Egypt: The Struggle for Equal Rights*, pp. 330-331.

到了公元前 1 世纪，希腊作家狄奥多罗斯也提到了"逐出埃及"的主题，但在他那里，这一主题的希腊色彩更加浓重，埃及特色则更加淡化。他认为犹太人是离开埃及的移民，致力于建立新的殖民地，而犹太人埃及起源的证据之一是他们与埃及人都行割礼。[①] 在另一份涉及犹太人被逐出埃及的记述中，虽然不虔诚的特征也是狄奥多罗斯记述的组成部分，但是他把这一特征置放在了犹太人"仇视人类"的语境中，而"仇视人类"是具有典型希腊特点的犹太观念。在此，狄奥多罗斯更加强调犹太人因被逐而引发的后果：由于被赶出埃及，犹太人"把仇视全人类融入其传统之中"，并且基于这点，"他们引入了全然怪异的法律：不可与其他民族一起进餐，不能向他们表示任何一点善意"。[②] 因此，在狄奥多罗斯的笔下，虽然埃及传统中不虔诚的犹太观念以及犹太人被"逐出埃及"的主题都被他继承，但是这些素材都已经被高度地希腊化，埃及与希腊的犹太观念在此产生了融合。

在狄奥多罗斯之后，亚历山大里亚的希腊作家阿庇安、喀雷蒙等人也承袭了"逐出埃及"这一素材，但是他们使用这一素材也都是为了追溯犹太民族的埃及起源，并且用犹太民族起源的经历来解释现实世界中犹太人那些不能为希腊人所接受的民族特性。

拉丁作家同样受到"逐出埃及"这一反犹主题的影响。拉丁作品中出现这一主题主要源于罗马人对希腊相关记述的继

---

① Diodorus, *Bibliotheca Historica*, I, 28: 1 - 3, 55: 5. 见 M. Stern, *GLAJJ*, Vol. 1, No. 55, No. 57.

② Diodorus, *Bibliotheca Historica*, XXXIV - XXXV, 1: 1 - 5. 见 M. Stern, *GLAJJ*, Vol. 1, No. 63。

承，但拉丁文献更多体现出罗马人的犹太观念。塔西佗是其中的代表。塔西佗在《历史》第五卷伊始讨论犹太民族起源时，罗列了6种不同的材料。其中，最后一种材料篇幅最长，内容最详细，而且塔西佗还专门指出这是多数作家公认的说法。学界大多认为第6种记述体现了塔西佗个人的观点，且塔西佗使用了亚历山大里亚希腊作家的材料。① 由此，埃及传统中的反犹主题透过希腊的媒介影响到了罗马人。

不过，塔西佗的相关记述凸显的是罗马视角，埃及传统在很大程度上被边缘化。在他的记述中，埃及传统中犹太人"异族入侵者"的形象完全消失，他们只是寄居在埃及，并且由于其不虔诚的特性而被法老驱逐。虽然塔西佗也描述了犹太人如何践踏埃及人的宗教——这点十分突出地体现了埃及传统的影响，但是"这种不虔诚并不仅仅与埃及宗教相联系"，更被视为是对"所有通行于人类的宗教实践的践踏"②，而且与外族人皈依犹太教的问题紧密相连。

另外，塔西佗笔下的摩西形象也不同于埃及传统。塔西佗不仅生动地描述了摩西在被逐跋涉的过程中发挥的领袖作用，而且详细地记述了摩西为了使自己对犹太民族的影响永久保持而制定的宗教律法。这些记述在很大程度上体现的是罗马人的犹太观念。汉斯·莱维对此的看法是：公元70年的犹太战争对罗马造成了巨大影响，罗马人对犹太民族的敌视也大大加深。塔西佗在此大费笔墨的目的在于告诉其读者，犹太人在政

① M. Stern, *GLAJJ*, Vol. 2, pp. 1-2; J. G. Gager, *Moses in Greco-Roman Paganism*, New York: Abingdon Press, 1972, p. 127. 有关塔西佗对犹太人的具体论述，后文会详细讨论，此处从略。

② P. Schäfer, *Judeophobia: Attitudes towards the Jews in the Ancient World*, p. 32.

治上惯于叛乱的特性植根于他们的宗教。摩西作为犹太民族的立法者，是犹太民族这种特性的代表。①

埃及反犹观念中对希腊、罗马人产生重要影响的另一个主题是"驴崇拜"。比撒列·巴尔-科赫瓦曾经把"驴诽谤"（ass libel）、"麻风病诽谤"（leper slander）以及"血祭诽谤"（blood libel）并列为希腊化-罗马时期最典型的三大反犹诽谤。② 这里的"麻风病诽谤"可以归于"逐出埃及"的传说，而"驴诽谤"则是指古典作家认为犹太人崇拜驴的观念。通过之前的分析，可以看出这一说法缘起于埃及，与"塞特-堤丰"传统有着密切的关系，是埃及人创伤性历史记忆以及宗教宇宙观的组成部分。

在埃及传统中，埃及人反对的主体目标是作为异族神灵的"塞特-堤丰"，"驴"只是作为"塞特-堤丰"的动物化身而遭到反对。换言之，在埃及的"塞特-堤丰"传统中，邪恶的神灵是连接"异族"与"驴"的桥梁。当埃及人把自身的异族观念锁定在犹太人身上时，他们认定犹太人不虔诚、亵渎埃及宗教的根源在于他们是恶神"塞特-堤丰"的子民。"驴"并没有太大的重要性。马涅托的记述中便没有出现"驴"的要素，他强调的是阿瓦瑞斯这座"亚洲异族"（希克索斯人）用以进行堤丰崇拜的城市，并通过该城把建立耶路撒冷的希克索斯人与麻风叛乱军联系起来。

随着这一埃及传统逐渐融入希腊人和罗马人的犹太观念，作

---

① H. Lewy, "Tacitus on the Origin and Manners of the Jews", *Zion* 8, 1943, pp. 1–26.

② B. Bar-Kochva, "An Ass in the Jerusalem Temple: The Origins and Development of the Slander", in L. H. Feldman & J. R. Levison, eds., *Josephus' Contra Apionem: Studies in Its Character and Context*, p. 310.

为邪恶神灵的"塞特－堤丰"逐渐淡化，而他的动物化身——
"驴"——则变得越来越突出，犹太教与"驴崇拜"的联系也
越来越紧密。在古典作家的文献中出现了三种涉及犹太民族与
"驴崇拜"的观念，分别认为犹太圣殿的至圣所里供奉着驴的
像、驴头以及摩西骑驴的雕像。约翰·巴克利为了厘清"塞
特－堤丰"传统与这三种观念的关联以及这三者之间的沿革关
系，曾经罗列了所有明确提及犹太人与"驴崇拜"的希腊、
拉丁文献。[1] 兹整理列表如表1。

表 1

作家	时代	"驴崇拜"主题的类型	文献出处
莫纳西斯	公元前 200 年前后	驴，驴头	《驳阿庇安》卷2，112-114
狄奥多罗斯	约公元前 1 世纪	摩西骑驴的塑像	《历史丛书》卷34/35，1：1-5
阿庇安	约公元 1 世纪	驴头	《驳阿庇安》卷2，80
普鲁塔克	约公元 45 年至公元 120 年	驴	《伊希斯与俄赛里斯》31
塔西佗	约公元 56 年至公元 120 年	驴	《历史》卷5，3：2；4：2
德谟克利特	公元 1 世纪	驴头	《苏达辞书》

巴克利本人坦言，由于材料有限，加之它们的年代相距较
远，试图建立"驴崇拜"这一主题沿革演变的系谱有很大难
度。建立这种系谱，一定要注意诸如莫纳西斯以及阿庇安这样

---

[1] J. M. G. Barclay trans. & comm., *Against Apion*, in Steve Mason ed., *Flavius Josephus: Translation and Commentary*, Vol. 10, pp. 350-351.

的作家，他们具有很强的"创造力"，很可能会为了自己的目的混合、改编各种材料，甚至对材料进行发挥性的创造。①

目前，比撒列·巴尔-科赫瓦建构的"驴崇拜"沿革系谱在学界影响力最大。② 他认为"驴崇拜"的三种观念的共同源头均为埃及的"塞特-堤丰"传统。埃及人的这一观念在波斯帝国统治埃及的时代锁定在了犹太民族的身上。"驴崇拜"的三种偏见中摩西骑驴的版本最为古老，它源于埃及人把摩西视为堤丰，其最初出现的年代可能是波斯时代。大约在公元前3世纪的某一时期，摩西被从"驮驴"（pack-ass）上"移走"，驮驴则被认同为犹太上帝。这一版本的偏见被散居埃及的以土买人接受，并借由莫纳西斯的记述，最初出现在关于以土买人的记述中。随着时间的演进，驮驴（pack-ass）演变成了驴（ass）。至于第三种认为犹太人崇拜驴头的观念，缘起于古典作家对莫纳西斯所述以土买-埃及故事的随意发挥。这种观念把驴头等同于犹太上帝。有关"驴崇拜"的三个版本的说法在公元前2世纪已经开始平行流传。塞琉古王国的政治宣传家，例如提摩察瑞斯（Timochares），编造了安条克四世进入犹太至圣所的故事用以美化塞琉古君主，采用了摩西骑驴的版本。塞琉古的相关材料被波塞冬尼乌斯以及阿波罗尼乌斯·莫伦所继承，而阿庇安又利用了这两位作家的作品。此外，阿庇安为了达到自己的写作目的，用"驴头崇拜"的说法取代了

---

① J. M. G. Barclay trans. & comm., *Against Apion*, in Steve Mason, ed., *Flavius Josephus: Translation and Commentary*, Vol. 10, p. 351.

② B. Bar-Kochva, "An Ass in the Jerusalem Temple: The Origins and Development of the Slander", in L. H. Feldman & J. R. Levison, eds., *Josephus' Contra Apionem: Studies in Its Character and Context*, pp. 310-326.

旧材料中摩西骑驴的说法，在这点上，他很可能熟悉莫纳西斯的作品。此后，阿庇安的作品为德谟克利特所继承。最后，普鲁塔克和塔西佗的记述中出现的偏见既不是摩西骑驴，也不是驴头，而是驴。他们依赖的材料主要是莫纳西斯之前流行于埃及认为犹太人崇拜驴的观念。

事实上，就"驴崇拜"这一主题演变的问题，由于材料本身的关系，学术界并没有形成定论。与这一问题相比，希腊族群和罗马族群如何在各自的文化语境中使用这一素材更加重要。

"驴崇拜"的偏见之所以会被希腊人所接受，原因可能有二。

其一，希腊人与埃及人的文化互动使埃及的反犹观念得以进入希腊世界。希腊化之前以及希腊化初期，犹太人一直以"哲学民族"的形象出现在希腊人的观念中。希腊人对犹太教有"理性探知"的兴趣，他们十分关心犹太宗教究竟崇拜什么，并且以自身多神教的文化背景对之进行解释。犹太人的圣殿素以无偶像而闻名，至圣所又严禁外人进入，这自然会激起希腊人的好奇心。当希腊人统治埃及之后，统治者又热衷于了解埃及的情况以利统治，由此希腊文明与埃及文明互动的程度大大加深。埃及知识分子极有可能借助这一时机将自己的反犹观念传输给希腊人，一方面满足希腊人的好奇之心，另一方面也为自身在与犹太人的博弈中取得舆论优势，毕竟埃及人与犹太人之间的不睦有着长时段的历史积淀。

其二，希腊化时期安条克四世的宗教改革以及随后马加比起义等政治事件无疑对这一反犹观念深入希腊世界产生了重要的影响。伊莱亚斯·比克尔曼等学者在解释"驴崇拜"的问题时，特别强调它与公元前 2 世纪该地区的政治事件有着密切关系。① 当安条克四世时期的宗教改革强迫犹太人进行偶像崇拜时，大部分犹太人拒绝服从。此时，"驴崇拜"的说法使塞琉古的政治宣传家找到合适的借口，宣称犹太人在至圣所中安放着摩西骑驴的像，因而犹太人以无偶像崇拜的传统拒绝服从是谎言和不忠的表现。② 随后，马加比起义以及哈斯蒙尼王朝的扩张，无疑在很大程度恶化了犹太族群与希腊族群的关系，这为这种观念深入希腊世界创造了机会。当公元前 1 世纪狄奥多罗斯的作品中出现犹太人"驴崇拜"的相关记述时，它在很大程度上体现的是公元前 2 世纪以来一系列政治运动的综合结果；而在希腊语境下，这种观念所要表达的目标依然是犹太人不属于希腊世界和城邦范式，他们的生活方式仇外，具有隔离性。

阿庇安笔下出现的"驴崇拜"主题体现了埃及、希腊以及罗马各个族群的文化特点，具有很强的"综合性"，对其后的罗马人影响甚深。这突出表现在两个方面。一方面，罗马皇帝盖乌斯即位后，罗马当局与犹太人的关系急剧恶化，散居地和犹地亚地区同时出现了"犹太危机"。③ 在帝王神化和帝王崇拜的风潮下，无论是散居地的犹太会堂还是耶路撒冷的圣殿，其中究竟供奉什么自然是所有非犹太人关注的焦点，同时也成为仇犹人士攻击的目标。另一方面，阿庇安具有埃及身

① E. Bickerman, *The Jews in the Greek Age*, pp. 223-224.

② B. Bar-Kochva, "An Ass in the Jerusalem Temple: The Origins and Development of the Slander", in L. H. Feldman & J. R. Levison, eds., *Josephus' Contra Apionem: Studies in Its Character and Context*, p. 313.

③ A. A. Barrett, *Caligula: The Corruption of Power*, London: Yale University Press, 1990, pp. 182-191.

份，生活在希腊文化的最发达的亚历山大里亚并且接受了希腊式的教育，而其生活的年代又是罗马埃及，熟悉当时的政治社会形势。

此外，阿庇安掌握各族文化的优势使他具有综合各种传统的可能性。他了解驴的形象在埃及的"塞特-堤丰"传统中代表不虔诚的恶神，在希腊语境中代表愚蠢，而在罗马传统中则是顽固、愚蠢、丑陋和淫荡的象征。因此，当出现合适的政治时机时，他便自然而然地使用"驴崇拜"的主题攻击犹太人。

最后，作为罗马知识精英，塔西佗笔下出现"驴崇拜"的主题依然与罗马人担心犹太教对其文明的腐蚀以及非犹太人，特别是罗马人，皈依犹太教有着密切的关系。塔西佗曾罗列所有犹太人与动物相关的内容，包括犹太人在圣殿中供奉驴的像并且向其献祭公羊和牛，分别是对阿蒙神和阿匹斯神牛的嘲弄，还提及犹太人不吃猪肉的原因。[1] 然而这些都是为了表明犹太人渎神的性格以及犹太教作为生活方式，与罗马的价值观念完全对立，进而谴责皈依犹太教的人。

---

① Tacitus, *Historiae*, V, 4. 见 M. Stern, *GLAJJ*, Vol. 2, No 281, 中译见塔西佗《历史》，第 334 页。

第三章 文献传统中希腊族群的犹太观念

公元前 4 世纪末，希腊化君主国成为地中海东部的政治主宰，希腊文化也成为这一地区的霸权文化。犹太文明与希腊文明的博弈由此展开。随着犹太人与希腊人交往的深入，双方的了解加深，与此同时，双方的矛盾也日益凸显。这些变化亦反映在希腊作家对犹太人和犹太教的记述之中。分析相关文献可以发现，随着时代的演进，希腊化早期，希腊人对犹太人的正面想象逐渐被日益负面的观念所取代。总体说来，理解希腊族群的犹太观念有两条重要线索：其一是希腊人的城邦范式，这是希腊人认知、评断其他文明的基本框架；其二是埃及族群的犹太观念以及现实中希腊-犹太的矛盾冲突的影响。二者均丰富并推动了希腊人犹太观念的发展，并形成了相应的文献系谱，而在这一过程中，不同文明的犹太观念也实现了累加和融合。

一 赫卡泰乌斯的犹太观念

毫不奇怪，犹太人最早出现在希腊文献之中是在希腊化时期。希腊人在这一时期打开了东方世界的大门并成为这里的统治者。与此同时，对于这些陌生之地的求知好奇之心以及统治这些地区的现实需要成为书写东方历史的重要推力，而希腊的知识分子们也正是借由这股潮流逐渐了解了犹太人。

公元前4世纪时的一批希腊作家，受限于材料和信息等，对于犹太人的阐述大多出于主观想象或流于表面。亚里士多德的弟子泰奥弗拉斯托斯（Theophrastus）和克里楚斯（Clearchus of Soli），一位称犹太民族为"哲学民族"，一位认为犹太哲人"不仅在辞令上是希腊人，而且拥有希腊人的灵魂"。历史作家麦加斯梯尼（Megasthenes）则把印度的婆罗门与叙利亚的犹太人称为"希腊之外的哲学家"。① 这些人对犹太人表现出的敬意一方面出于他们对犹太现实社会认知的有限，另一方面则出于希腊对于东方贤人的模式化想象。② 后面这点十分重要，它揭示出希腊人在最初就是从自身的文化背景和族群立场出发认识和评断包括犹太人在内的外族人。

就记述犹太问题而言，第一份有现实意义的希腊作品来自赫卡泰乌斯。③ 赫卡泰乌斯生活于公元前4世纪晚期到公元前3世纪早期。关于他的很多信息现在无从考证。可以确定的是，他与托勒密王室关系甚好，是王室重要的"伙友"之一，不仅有上书谏言之权，还参与王国政事的讨论。作为托勒密王国的宫廷史学家，他在托勒密一世的时代曾游历埃及，创作了《埃及史》。④ 尽管这部作品已经散佚，但狄奥多罗斯的《历史丛书》征引了这部著作，而狄奥多罗斯的相关作品则保存在

① M. Stern, *GLAJJ*, Vol. 1, No. 4, No. 14, No. 15.

② J. J. Collins, *Between Athens and Jerusalem: Jewish Identity in the Hellenistic Diaspora*, p. 6.

③ C. R. Holladay, ed., *Fragments from Hellenistic Jewish Authors Volume I: Hisrotians*, Chico: Scholars Press, 1983, p. 277.

④ 安德鲁·菲尔德、格拉特·哈代主编《牛津历史著作史》第一卷，陈恒等译，上海三联书店，2017，第282~284页；Jaeger, "Greeks and Jews: The First Greek Records of Jewish Religion and Civilization", *The Journal of Religion*, Vol. 18, 1938, pp. 127-143。

福丢斯《丛书》之中。① 赫卡泰乌斯关于犹太人的记述以民族志的形式出现在《埃及史》中，并借由狄奥多罗斯和福丢斯的双重传递保留至今。根据他的记述：

> 古时埃及发生瘟疫，一般人把他们的灾难归于神意；事实上，在他们之中生活着很多异族人，这些人举行不同的仪式和献祭，致使埃及荣耀自己诸神的传统仪式遭到废弃。据此，当地人认为只有赶走这些异乡人，他们的灾难才能得到化解。因此，这些异乡人立刻被赶出埃及。在这些被赶走的人中，最杰出、最活跃人都聚到了一起，有人说他们希腊和其他一些地方登岸；他们的领袖都是高贵之人，这些人中的佼佼者是达那俄斯（Danaus）和卡德摩斯（Cadmus）。然而，被赶走的大多数人来到一个现在被称为犹地亚（Judaea）的地方，该地距埃及不远而且在当时完全无人居住。这块殖民地的领袖叫摩西，他的智慧和勇气都出类拔萃。得到这片地方后，他建立了许多城市，其中一座叫作耶路撒冷的城市在今天最为出名。除此之外，他建造了圣殿供犹太人进行崇拜，创立了崇拜的形式和仪式，制定了律法和政治制度。他还把犹太人分成了

---

① 值得注意的是，由于赫卡泰乌斯具有显赫的宫廷地位和权威，其后多有犹太人托赫卡泰乌斯之名作伪，目的在于为犹太教辩护。现代学者对所有归于赫卡泰乌斯名下的作品进行了细致考证，对作者和可信度达成一致的只有保存在狄奥多罗斯作品中的相关部分，其余托名的伪作，被称为"伪赫卡泰乌斯文献"。见 M. E. Stone ed., *Jewish Writing of the Second Temple Period*：*Apocrypha*，*Pseudepigrapha*，*Qumran Sectarian Writings*，*Philo*，*Josephus*，Philadelphia：Fortress Press，1984，pp. 169-171；J. M. G. Barclay trans. & comm., *Against Apion*, in S. Mason ed., *Flavius Josephus*：*Translation and Commentary*, Vol. 10, pp. 338-340。

12个支派，因为12被视为最完美的数字并且与构成一年的12个月相符。他没有为犹太人立任何神像，因为他认为神不以人形存在，只有包围大地的上天才是唯一的神，统治着宇宙。就像他们的生活方式一样，他创建的献祭方式也与其他民族不同，作为他们自身被逐出埃及的后果，他引入了一种不合群的敌视外族人的生活方式。他选出最有教养、最有才干的人来领导整个民族，并把他们任命为祭司。他指派这些人负责圣殿的事务，同时也负责崇拜神和向神献祭。他还任命这些人为法官负责处理最重要的案件，并委托他们维护律法和习俗。由于这个原因，犹太人从来没有国王，治理众人的权力通常被赋予那位在智慧和美德方面优于同侪的祭司。他们称此人为大祭司，并相信他是向众人传达上帝诫命的使者。据说，正是大祭司在犹太人聚会和其他集聚时宣布各项规定。在这些事情上犹太人非常恭顺，当大祭司向他们阐释诫命时，他们都立刻匍匐于地，对大祭司表示敬拜。在他们律法的末尾，竟然附上了这样的话："这些就是摩西从神那里得到并传训给犹太人的话。"他们的立法者对战事的预备也小心翼翼，他要求青年人培养起男子气概和坚毅性格，笼统说来，要求他们能够经受各种困难。摩西领导了对周围部落的战事。在获得了大量的领土后，他划分土地，平均分给一般部众，同时把更大的份地分给祭司，使他们得到更多的收入。这样，祭司们就可以一直不受拘束地致力于敬拜神。普通人被禁止出卖他们的份地，以免有些人出于贪婪收购土地从而危害穷人并造成人口凋零。他严令所有居民都要抚养他们的孩子。因为照料小孩只要少量花销，犹太族从一开始就人口众多。至于结婚和丧葬，摩西也确保他们的习俗迥异于其他人。但是之后，当犹太人沦于波斯和马其顿统治的时候，他们不得不与列族混居，致使他们的很多传统习俗被打断了。这就是阿布德拉的赫卡泰乌斯关于犹太人的记述。[①]

就这篇犹太民族志而言，学界对赫卡泰乌斯的犹太观念是正面还是负面争论不一。有人认为他对犹太人十分亲善，文中对摩西及其立法多有称赞之词，就民族起源而言，犹太人甚至被放在与希腊人平等的位置。[②] 也有学者注意到文本中提及的"不合群的敌视外族人的生活方式"，认为他持反犹的立场。[③] 那么，应该如何理解赫卡泰乌斯的犹太观念呢？笔者认为，这里有两点十分关键。

首先需要注意的是赫卡泰乌斯作为王室"伙友"进行历史写作的立场和目的。多伦·门德尔斯指出，希腊化前期，以希腊人为首，近东和埃及的各个民族兴起了重塑本民族历史的潮流。重塑历史的目的是在新的历史环境下建构新的认同观念。[④] 这点对于理解赫卡泰乌斯的创作十分重要。作为托勒密王国的宫廷史学家，赫卡泰乌斯需要对王国统治提供情报和进

---

① Hecataeus of Abdera, *Aegypiaca*, 见 M. Stern, *GLAJJ*, Vol. 1, No. 11。

② V. Tcherikover, *Hellenistic Civilization and the Jews*, pp. 360-361; J. G. Gager, *Moses in Greco-Roman Paganism*, pp. 28-37.

③ J. N. Sevenster, *The Roots of Pagan Anti-Semitism in the Ancient World*, p. 90; P. Schäfer, *Judeophobia: Attitudes towards the Jews in the Ancient World*, pp. 16-17.

④ D. Mendels, " 'Creative History' in the Hellenistic Near East in the Third and Second Centuries BCE: The Jewish Case", pp. 13-20.

行意识形态方面的支持，这是他写史的立场和目标。赫卡泰乌斯在这里将希腊人与犹太人并立在一起，成为"被逐之民"，似乎有抬高犹太人之意，但这里需要考虑犹太人在托勒密王国中的位置和功能。根据《阿里斯蒂亚书信》中的说法，托勒密一世将不少于 10 万犹太战俘迁往埃及，其中有 3 万人作为士兵充戍各地。[①] 学界对这段记述中数字的真实性表示质疑，但有两点可以确定：其一，希腊化时期确有大量犹太人移入埃及；其二，确实有相当数量的犹太人在托勒密的军队中服役。因此，希腊人需要在此时联合作为少数族群的犹太人一起统治埃及。在这种立场上，赫卡泰乌斯对希腊人和犹太人共性的强调十分合理。即令如此，他依然指出，希腊人是"被逐之人"中的高贵者，而犹太人则是大多数的普通人。这里仍有高下之别。

其次，赫卡泰乌斯是从希腊本位出发，以希腊文明的传统范式分析评断犹太人及其制度习俗。这点更加重要，因为这种立场为所有讨论犹太问题的希腊人所共有。在分析赫卡泰乌斯的犹太记述时，约翰·巴克利曾十分中肯地指出："赫卡泰乌斯对犹太文化许多方面的赞扬，很明显是在希腊化的体系内进行的文化分析，这一分析的出发点建基于希腊文化的价值观及历史阐释方式。"[②] 具体而言，赫卡泰乌斯在记述犹太人及其制度习俗时，采用的文献形式是典型的希腊式民族志，在评断犹太人及其制度习俗时，立基于希腊城邦的文化范式。

就文献形式而言，希腊式民族志有其创作的固定模式。早

---

① *Aristeas to Philocrates*, 12–13.

② J. M. G. Barclay, trans. & comm., *Against Apion*, in S. Mason, ed., *Flavius Josephus: Translation and Commentary*, Vol. 10, p. 339.

期爱奥尼亚传统的民族志主要关注外族人的三个方面：其一，宗教律令，包括关于神的观念和各种献祭的形式；其二，婚姻习俗；其三，丧葬习俗。希腊化初期，在希腊哲学的影响下，民族志的关注点增加了三个元素：其一，政治制度；其二，不同民族的历史起源；其三，外族人与众不同的特性。① 民族志主要通过记述外族的这六大要素为希腊人以自身文化范式对外族进行利害评估和价值判断提供依据。

具体到赫卡泰乌斯关于犹太人的记述，从民族起源看，摩西是与希腊民族的奠基人达那俄斯和卡德摩斯并驾齐驱的英雄，是理性的希腊式建城者和立法者。从宗教律令看，犹太人否定人神同形同性论，并把上天认同为神，这与亚里士多德提出的"世上只有一个宇宙"的观点类似，与古典哲学相一致。从政治制度看，划分支派、分配管理份地、祭司治国、培养族人的勇武和男子气概，这些也和柏拉图在理想国中对城邦及公民的理想设定相符。赫卡泰乌斯对所有这些均以赞赏的态度加以肯定，在一定程度上表明他也受到当时将犹太人想象为"哲学民族"的潮流的影响。然而，需要注意的是，赫卡泰乌斯是在以自身城邦文化和希腊哲学、政治学的标准评断犹太人及其风俗，因此他所肯定的与其说是犹太人的相关风俗，不如说是将犹太人及其习俗向希腊公民与城邦进行附会，进而肯定潜伏在犹太形象背后的希腊价值。

希腊城邦式的文明范式才是赫卡泰乌斯进行价值判断的内核。城邦传统和观念作为希腊人认识世界、组织社会的基础，其影响根深蒂固，希腊知识分子更是如此。由此，当希腊传统

---

① J. G. Gager, *Moses in Greco-Roman Paganism*, pp. 36-37.

想象把犹太文明和城邦传统归于同一阵线时，就会对其中相合的内容大加赞赏，即便二者出现对立，也可以出现对犹太人善意的"误读"。与之相对，当社会现实撕裂这种将犹太传统与城邦文明相一致的想象之后，负面，甚至敌对的观念也将随之产生。与此同时，与当时大部分论及犹太问题的希腊作家不同，赫卡泰乌斯拥有在现实世界中与犹太人接触交流的经历，他对犹太民族的观念和习俗有亲身的体会认识。① 考虑到这些，便会发现赫卡泰乌斯的犹太观念有着很强的张力，体现出一种既欣赏又厌恶的矛盾。

首先，这种张力表现为对犹太制度的欣赏与对现实中犹太生活方式的反感。赫卡泰乌斯虽受同期希腊人将犹太人想象为"哲学民族"的影响，但他有现实经验，对犹太人的无偶像崇拜、祭司治国等有着相对切实的了解。因此，赫卡泰乌斯对犹太制度的赞同，在一定程度上表明他确实对犹太民族存有欣赏之情，尽管这种欣赏一方面立基于犹太元素与希腊传统的一致性，一方面出于联合犹太族群进行政治统治的需要。然而，综观赫卡泰乌斯的整篇叙述，犹太人被逐出埃及后最重要的后果却是促使他们形成"一种不合群的敌视外族人的生活方式"。正是这句话有力地反映出赫卡泰乌斯对现实世界中的犹太人产生了何种印象。因此，这一评论对理解赫卡泰乌斯的犹太观念意义非凡。就赫卡泰乌斯而言，犹太人与出埃及事件之间唯一的因果联系就是犹太人因被逐而形成了隔绝、仇外的民

---

① 赫卡泰乌斯的记述表明，他清楚犹太人不会弃婴，而弃婴在古典世界是普遍现象，这证明了他对犹太社会的现实有所了解。希腊罗马世界把弃婴作为一种控制人口的手段。见 W. V. Harris, "Child-Exposure in the Roman Empire", *The Journal of Roman Studies*, 1994, Vol. 84, pp. 1-8。

族性格。① 而"对于赫卡泰乌斯及其后继而言，在希腊化城市的多元世界中，犹太人拒绝同化的立场才是他们的核心论点"②。毫无疑问，这里已经显现出赫卡泰乌斯对现实中的犹太生活方式存在不满和反感，因为隔绝、仇外的特征不符合城邦传统的行为方式和价值观念。城邦传统强调公民生活的社会化以及公民之间的公共交往。亚里士多德便指出："凡隔离而自外于城邦的人——或是为世俗所鄙弃而无法获得人类社会组合的便利或因高傲自满而鄙弃世俗的组合的人——他如果不是一只野兽，那就是一位神祇。人类生来就有合群的性情……"③

其次，这种张力还表现在对古代犹太民族的赞赏与对当代犹太人的不满上。赫卡泰乌斯对于摩西的颂扬、对于犹太社会制度的称赞，全部存在于久远的过去。但是，对于当代犹太人，赫卡泰乌斯颇有微词。这体现于他在这段记述的最后的评述："当犹太人沦于波斯和马其顿统治的时候，他们不得不与列族混居，致使他们的很多传统习俗被打断了。"这句话表明，现在的犹太人与古代的犹太人不同。从具体的语境看，一方面，被打断的习俗更应该是赫卡泰乌斯所赞赏的、充满希腊韵味的习俗。另一方面，隔绝、仇外的负面特性在当代越来越凸显出来。因为赫卡泰乌斯所强调的犹太人的"不合群的敌视外族人的生活方式"具有现实性，而这种现实性无疑是透过当代犹太人来表现的。

---

① J. N. Sevenster, *The Roots of Pagan Anti-Semitism in the Ancient World*, p. 90.

② J. M. G. Barclay trans. & comm., *Against Apion*, in S. Mason ed., *Flavius Josephus: Translation and Commentary*, Vol. 10, p. 348.

③ Aristotle, *Politics*, I, 1253a, 25-30, 中译见亚里士多德《政治学》，吴寿彭译，商务印书馆，2008，第9页。

最后，分析赫卡泰乌斯关于犹太的记述，还有一点需要注意，即埃及传统对希腊族群的犹太观念的影响。作为托勒密意识形态的建构者，赫卡泰乌斯需要以一种和谐的样貌把希腊统治者与埃及紧密联系在一起。为了彰显托勒密王国的优越性，他有意突出埃及的悠久历史及其文明的优越性。[①] 由此，在这篇民族志中，埃及拥有了比希腊人和犹太人更为悠久的文明。也是因为将关注点聚焦于埃及，故埃及的各种文献和口传材料成为其历史创作的史料来源，由此，埃及族群的犹太观念，包括"不洁的异乡人"、"对埃及宗教的威胁"以及"逐出埃及"等主题也进入希腊世界的知识体系。虽然这些元素在赫卡泰乌斯的犹太观念中分量不重，但随着希腊文明、埃及文明以及犹太文明的互动加深，之后的希腊作家受到埃及传统的影响呈现出日益加深的趋势。

综合上述的分析，我们并不能将赫卡泰乌斯简单归为"亲犹"或是"反犹"的希腊人，他的犹太观念中蕴含着张力与矛盾，而这一矛盾的关键在于：现实中的犹太人与犹太习俗是否符合代表希腊文明传统的城邦范式。就此而言，"不合群的敌视外族人的生活方式"似乎更能体现他对犹太人的态度。因为这是现实生活中的犹太族群给他留下的刻板印象。

就希腊族群的犹太观念而言，赫卡泰乌斯具有开创性的意义。他首先将现实经验引入对犹太人的分析，打破了希腊世界对犹太人的空想设定。他以希腊传统的城邦范式对犹太人及其制度习俗进行评断的模式，被之后的希腊作家沿用，同时他对

[①]　P. M. Fraser, *Ptolemaic Alexandria*, Vol. 1, Oxford: Clarendon Press, 1972, p. 504.

于犹太人"隔绝""仇视外族人"的印象直接影响到之后的希腊人，成为希腊人犹太观念中的重要主题。赫卡泰乌斯之后的希腊人在评判犹太族群时，越来越注意现实中犹太习俗与希腊城邦传统的矛盾之处，而且，当他们认定犹太人并非城邦一员之时，他们需要更具本原性的证据对之进行证明和剖析。在这一过程中，一方面，犹太的民族起源、宗教思想、律法习俗都渐渐被赋予了负面的色彩；另一方面，埃及传统中关于犹太人的种种负面观念和主题也逐渐被希腊人接受，使得两个族群的犹太观念实现了融合与发展。

二　城邦范式与希腊族群的犹太观念

在希腊化时期，虽然现实中的希腊城市早已与古典城邦发生了实质性的变化，但是作为社会组织形式、政治制度、意识形态以及价值观，城邦传统对希腊人的影响却恒久不灭，它几乎成为希腊文明的缩影。"希腊人的政治思想，……从来没有超出过城邦的范围。"① 在柏拉图以及亚里士多德对古代希腊的政治、宗教、社会、伦理等方面进行总结性的思考后，城邦作为一种观念和价值体系，更是深入每个受过教育的希腊人心中：一方面成为希腊人认知自我世界的依据和文明自豪感的来源，另一方面也成为他们审视和评断外族人的标准。赫卡泰乌斯开了依据城邦范式评判犹太现实社会的先河。随着希腊族群与犹太族群交往的加强，希腊文明与犹太文明博弈的深入，希腊人逐渐抛弃了犹太人是"哲学民族"的想象，越来越多的

---

① C. Л. 乌特钦科：《城邦——帝国》，朱承思译，廖学盛、郭小凌校，载中国世界古代史学会编《古代世界城邦问题译文集》，时事出版社，1985，第 193 页。

希腊作家根据自身的城邦范式分析现实世界中犹太人与城邦体系之间的矛盾，形成了一定的文献系谱。在这一过程中，希腊族群对于犹太人的认识日益丰富，其犹太观念也日趋固定和模式化。根据现存的文献材料，本节从城邦传统的分析范式入手，讨论希腊作家阿加沙契德斯与斯特拉博的犹太观念。

阿加沙契德斯（约公元前 215 年~公元前 145 年?）是尼多斯人，但他作为历史和民族志作家以及地理学家声名鹊起是在埃及的亚历山大里亚。他在亚历山大里亚生活了很长一段时间，有充分的机会接触和了解生活在该城的犹太人，他们在公元前 2 世纪亚历山大里亚的社会政治生活中扮演着重要的角色。① 阿加沙契德斯在亚历山大里亚最重要的经历是托勒密六世与其弟（之后的托勒密八世）之间的王位争夺战。埃及社会的各个集团都在不同程度上卷入这场争斗，其中包括亚历山大里亚的希腊公民以及该城的犹太社团，这两个集团最初都没有选择支持托勒密八世。公元前 145 年，托勒密六世去世，托勒密八世与其兄的遗孀克娄巴特拉二世继续争位，并于是年入主埃及。托勒密八世掌权后，第一件事就是报复没有支持其争夺王位的团体。亚历山大里亚的希腊公民首当其冲，包括亚历山大里亚大图书馆馆长在内的大量希腊名流都被迫流亡。阿加沙契德斯正是在这年逃离了埃及②，因此，他极可能属于亚历山大里亚公民与希腊知识分子的集团。阿加沙契德斯主要有两

---

① J. M. G. Barclay, *Jews in the Mediterranean Diaspora: From Alexander to Trajan*, pp. 35-37.

② G. Hölbl, *A History of the Ptolemaic Empire*, pp. 194-195; S. M. Burstein, trans. & ed., *Agatharchides of Cnidus, On the Erythraean Sea*, London: Hakluyt Society, 1989, pp. 16-17.

部著作,《亚洲史》和《欧洲史》,他关于犹太人的记述源自这两部作品中的一部,保存于约瑟夫斯的《驳阿庇安》中。

阿加沙契德斯是最早在非犹太文献中提及犹太人因严守安息日而不保卫自身的希腊作家,他记述了公元前302年托勒密一世占领耶路撒冷的情形:

> 那个被称为犹太的民族定居于最坚固的城中,这个城被当地人称为耶路撒冷。犹太人有每逢第七天就休息的习俗;到了那一天他们不征战,不耕田,也不从事任何公共事务,只是从早到晚举起双手在神庙(temples)祈祷。于是,由于犹太人遵奉他们愚蠢的习俗却不保卫他们的城市,朗戈斯之子托勒密得以率军入城,致使他们的国家沦入暴君之手。他们的律法也因此被公认为包含着一项愚蠢的习俗。除了犹太人之外,这件事教育了全世界所有的人:当人们虑事因理性的脆弱而茫然无措时,求助于梦兆或是执迷于律法是不可取的。①

虽然这份记述涉及耶路撒冷,但这份记述本身的细节表明它反映着亚历山大里亚城市中的族际现实。阿加沙契德斯在指出犹太人在"神庙"中进行安息日祈祷时,"神庙"一词是复数形式。"在神庙中"的希腊文为"εν τοις ιεροις"。塞缪尔·克劳斯指出这段文字中"神庙"一词以复数形式出现,并非抄写错误,它所指的不是犹太圣殿,而是散居地的犹太会

---

① Josephus, *CA*, I, 209-211, M. Stern, *GLAJJ*, Vol. 1, No. 30a.

堂。① 希腊化-罗马时期，亚历山大里亚城中散布多座犹太会堂，犹太人在安息日会聚集在会堂中祈祷。② 如果克劳斯的分析正确，那么，可以肯定的是，阿加沙契德斯在很大程度上将犹太会堂混同于希腊神庙。这实际上彰显着阿加沙契德斯希腊本位的观察立场。

从这份记述的内容来看，阿加沙契德斯清楚在安息日犹太人具体不能从事哪些活动，同时，他也清楚犹太人在这天从事祈祷等宗教活动。这在很大程度上表明，阿加沙契德斯对犹太习俗有着比较直观的了解，他对犹太人的评价是建立在现实的基础上，在这点上他也与赫卡泰乌斯一脉相承。

具体到对安息日的批评，可以清楚地看出阿加沙契德斯的出发点和评判标准是希腊传统的城邦范式。他列举了三种在安息日被禁止的行为：作战、农耕以及从事"公共事务"。三者皆是城邦生活的主要内容。城邦的核心价值观之一在于维护其自由地位。外敌入侵之际，誓死捍卫城邦自由独立是公民义不容辞的义务。③ "公共事务"一词的希腊文为"λειτουργία"，在希腊语境中它特指城邦中富裕公民的义务，这是城邦生活重要的组成部分。④ 阿加沙契德斯突出"作战"以及"公共事务"，表明他以城邦"公民"的标准来评断犹太人，预设他们应该按照希腊人的行为方式行事，他们应该抵抗入侵，不应该

① S. Krauss, *Synagogle Altertümer*, Berlin: B. Harz, 1922, p. 58.

② Anne Fitzpatrick - McKinley, "Synagogue Community in the Graeco - Roman Cite"; In John R. Bartlett, ed., *Jews in the Hellenistic and Roman Cities*, London & New York: Routledge, 2002, p. 60.

③ B. H. Isaac, *The Invention of Racism in Classical Antiquity*, pp. 257-283.

④ J. M. G. Barclay trans. & comm., *Against Apion*, in S. Mason ed., *Flavius Josephus: Translation and Commentary*, Vol. 10, p. 119, n. 708.

中断履行公共义务。但是现实中犹太人在安息日禁止作战和履行公务，这与城邦对公民的要求完全不符，因此，他对安息日的习俗做出了极为负面的判断。

事实上，与赫卡泰乌斯相同，阿加沙契德斯在以城邦范式考察现实犹太社会时，也察觉到犹太教中存在异于希腊城邦范式的因素，而他对犹太习俗以及犹太民族的恶感同样产生于他依据城邦范式所做的预设与现实的反差之中。这种反差突出地表现为犹太民族隔绝于其他民族——特别是希腊民族——的异质性。在这点上，彼得·舍费尔非常深刻地指出："阿加沙契德斯真正的主题还是强调犹太人的隔绝和自我孤立，只是他把这些归于其迷信和愚昧。"在他看来，"犹太人反对人类理性，通过一项愚蠢和迷信的习俗坚持把自身与全世界隔绝开来"①。

值得注意的是，阿加沙契德斯对于犹太律法的认识不同于赫卡泰乌斯。赫卡泰乌斯认为摩西为耶路撒冷订立了完善的城邦政制；而阿加沙契德斯则明确指出犹太传统律法中至少包含着一项愚蠢的习俗，因为它与城邦通行的行为模式相抵触。同样是以城邦范式考察犹太人，相对于赫卡泰乌斯的"不合群的敌视外族人的生活方式"，阿加沙契德斯对于犹太人异质性的态度显然更进了一步。他不仅嘲讽了这种生活方式的具体表现——安息日，同时还把这种习俗同犹太人的律法联系在了一起。显然，阿加沙契德斯并不认可这种与城邦范式出现矛盾的律法。此外，他没有像赫卡泰乌斯那样把犹太生活方式的异质性归于犹太人被逐出埃及的历史创痛，而是直接把这种异质性归于犹太人的愚蠢、迷信和偏执，而这些特征与希腊文化中强

---

① P. Schäfer, *Judeophobia: Attitudes towards the Jews in the Ancient World*, p. 84.

调理性的传统再次冲突。于是，犹太人在对其律法偏执的固守中展现出与希腊价值相悖的特征：愚蠢与迷信。

从现存的文献材料看，阿加沙契德斯之后希腊作家分析犹太人的文献已经是公元前 1 世纪的作品。其中最能体现城邦范式对希腊人犹太观念影响的作家是斯特拉博。[①] 斯特拉博活动于公元前 64 年至公元前 1 世纪前期，游历过包括埃及在内的许多地方。他关于犹太人的记述，以民族志的方式保存在其《地理学》之中：

> 尽管他们［犹地亚的居民］的起源混杂，但是时下关于耶路撒冷圣殿的主流看法表明，现在被称为犹太的民族，他们的祖先是埃及人。
>
> 摩西是位埃及祭司，掌控着所谓的下埃及，但他离开那里去了犹地亚。因为他对下埃及的状况感到失望，很多敬拜真神的人陪他随行。摩西反复教导众人说，埃及人通过野兽和牲畜的形象来表现神的行为是错误的，利比亚人

---

① 这一时期还有一些重要作家，包括阿波罗尼乌斯·莫伦（Apollonius Molon）以及狄奥多罗斯（Diodorus Siculus）。就莫伦而言，他的观点保存在《驳阿庇安》中，但是约瑟夫斯没有引述其原文，只是笼统说道："阿波罗尼乌斯并没有像阿庇安那样把他的指责编排在一起，而是散落于各处；事实上，他先侮辱我们（犹太人）是无神论者和仇视人类的人，然后又指责我们胆小怯懦，然而，相反地，在另一些地方，他又说我们鲁莽躁动，不计后果。"因此，学界虽然知道莫伦在反犹观念发展的过程中占有重要的地位，但无法对之做出具体的分析。就狄奥多罗斯而言，他本人很可能没有在埃及的经历，然而，斯特恩指出，狄奥多罗斯是"所有已知的古代作家中最缺乏原创性的人"，其作品的价值主要在于他保存了前辈作家的内容和观点。他关于犹太人进行记述的材料主要源于赫卡泰乌斯，因此，对比他与赫卡泰乌斯的文献，更能发现埃及因素对于希腊文献的影响，故笔者把狄奥多罗斯放置在下节讨论。M. Stern, *GLAJJ*, Vol. 1, p. 167.

的行为同样也是错的，希腊人用人的形象表现众神同样也是错误的；因为在他看来，上帝是独一的，他包容一切人，也包容着大地和海洋，他是被我们称为天堂、宇宙以及万物本质的存在。那么，有哪个理智清醒的人可以胆大包天地用我们之中造物的形象去虚构神的形象？不仅如此，人们应该停止一切造像行为，划出神圣之地建立真正的圣所，应该崇拜没有形象的上帝。……

现在，摩西通过这种宣教，说服了为数不少的有识之士，并引导他们前往现在的耶路撒冷定居。他很容易就得到了那块地方，因为它看起来不招人羡慕，也不会有人为这块地方大动干戈。……与此同时，摩西不是使用武力，而是采用信仰和上帝作为防护。他决意寻找一处崇拜上帝的场所并允诺创建一种新的崇拜和一套新的仪式。在这套新的崇拜和仪式中，信徒不会再被花费金钱、宗教神迷以及其他愚蠢行为所困扰。这样，摩西建立了完美的政制，而周边的民族因为与他交往以及他所展现的前途而皈依。

他的后继者在一段时间内遵守他的路线，在上帝面前行公义并展现出真正的虔诚；但是此后，首先是迷信之徒，然后是像暴君一般的人被任命为祭司；迷信造成了戒肉食，直到今天，这种食物禁忌、男女割礼以及遵守其他一些诫命依然是他们的习俗。暴君导致了暴徒的出现。有些暴徒背叛自己或是邻人的国家，并且劫掠这些地方；另一些暴徒则与统治者合作，抢占他人的财产，并且制服了叙利亚和腓尼基。然而这些人依然敬畏他们的卫城，他们并不因为暴君在位而憎恶该地，反而把它作为圣地尊重和

崇拜。……①

从这段记述可以看出，斯特拉博的犹太观念与赫卡泰乌斯有着很强的延续性。他的记述与赫卡泰乌斯一样，都属于典型的"民族志"。斯特拉博也是用城邦范式来审视犹太民族。摩西领导众人建立了新"城邦"，并且为之立法。新"城邦"的神明观念，以及与此相应的宗教仪式等，都镶嵌在希腊城邦政制的框架下：摩西的立法直接表现为完美的城邦政制，而以这种政制为基础的结果，便是形成了以耶路撒冷城为中心的"城邦"。这点在斯特拉博使用"卫城"②的概念来描述耶路撒冷时，体现得更加充分。与赫卡泰乌斯相比，斯特拉博更关注犹太人的上帝观念，对此他着墨颇多。他既批判了埃及人和利比亚人的动物神崇拜，也批判了希腊人的人神同形同性论。然而，他理解的犹太上帝更多地体现的是斯多亚派的哲学观点。③ 在对摩西形象的塑造上，斯特拉博与赫卡泰乌斯同样存在着很强的延续性。在斯特拉博笔下，摩西是哲学家以及成功的布道者，更重要的是，他是成功的殖民队领袖以及城邦立法者。事实上，就摩西的形象而言，斯特拉博是把他与希腊著名的立法者和先知并列在一起的，这些人包括米诺斯、提瑞西阿

---

① Strabo, *Geographica*, XVI, 2: 34-38, M. Stern, *GLAJJ*, Vol. 1, No. 115, 中译本见斯特拉博《地理学》，李铁匠译，上海三联书店，2014，第 1102~1104 页。

② 卫城（acropolis）指城镇或城市的要塞，是城邦生活场所的组成部分。萨拉·B. 波默罗伊、斯坦利·M. 伯斯坦、沃尔特·唐兰、珍妮弗·托儿伯·特罗兹茨：《古希腊政治、社会和文化史》，傅洁莹、龚萍、周平译，上海三联书店，2010，第 529 页。

③ 章雪富：《斯多亚主义》第一卷，中国社会科学出版社，2007，第 64~72 页。

斯、俄耳浦斯等。① 这些都表明，希腊传统中犹太人是"哲学民族"的想象对斯特拉博的影响甚大。

然而，斯特拉博在使用城邦范式评断犹太民族时，也存在与赫卡泰乌斯相似的张力：在高度赞扬摩西时代犹太人的同时，对当代犹太人的评价甚差。斯特拉博对犹太人的批判依然集中于犹太人在现实生活中的习俗，即戒肉食、割礼以及安息日。② 然而，正如斯特恩所说："与赫卡泰乌斯相反，斯特拉博并没有把犹太教特性的改变归于外部原因，例如同化于异族的生活方式，而是把它归结为内部变化过程的结果。"③ 换言之，犹太人出现古怪的习俗，出现一种"不合群的敌视外族人的生活方式"，与外部因素无关，完全是犹太人自己的问题。

由此，同赫卡泰乌斯相比，斯特拉博对犹太人的负面印象更深，但与阿加沙契德斯相比，似乎又更加温和。尽管如此，对犹太习俗异质性的关注，三位作家是相同的，而且从时间进程上看，对"不合群的偏执的生活方式"的具体化也是希腊族群犹太观念的发展趋势，而这种负面印象的本质都是在城邦范型的基础上，批评犹太民族的隔绝性和异质性。至此，赫卡泰乌斯-阿加沙契德斯-斯特拉博的文献系谱已经能够比较清晰地体现出希腊族群犹太观念发展的一条发展进路。

---

① Strabo, *Geographica*, XVI, 2: 38-39, M. Stern, *GLAJJ*, Vol. 1, pp. 299-301.

② 斯特拉博的记述中也涉及犹太人的安息日。在描述了耶路撒冷城如何坚固之后，斯特拉博写到庞培在"斋戒日"(the day of fasting) 攻陷了该城，并指出犹太人在这天不从事任何工作。大多数学者都认为斯特拉博所说的"斋戒日"并不是指犹太人的赎罪日，而是对安息日的误读。这种误读在古代十分普遍，而且他沿袭了耶路撒冷在这一特殊日子被非犹太人攻陷的传统。M. Stern, *GLAJJ*, Vol. 1, No. 104.

③ M. Stern, *GLAJJ*, Vol. 1, p. 264.

最后，对于以城邦范式评断犹太文明这条发展进路，还有两点需要注意。

其一是希腊人曾认为犹太人是"哲学民族"的问题。早期希腊世界对现实犹太社会的不了解，犹太人在托勒密王国统治集团之内，犹太人的非偶像崇拜与当时希腊哲学思潮相符，等等，这些均是造成这种想象的原因。虽然随着希腊族群与犹太族群交往的深入以及希腊文明与犹太文明之间矛盾的加剧，这种想象被逐渐淡化和解构，但它对犹太人和希腊人都产生了巨大的影响。就犹太人而言，这一传统为犹太人对自身进行辩护提供了一条可行的路径。在托勒密时期乃至早期罗马的散居犹太文献中，希腊化犹太作家特别强调通过凸显犹太生活方式的"哲学性"和"道德性"来为自身辩护。对于希腊人而言，"哲学民族"的想象使得他们的犹太观念呈现出一定的矛盾性，而对这种矛盾性探究推动着其犹太观念的负面化。事实上，随着希腊人对犹太文明的了解，"哲学民族"这一想象中的正面因素往往落脚于犹太人的非偶像崇拜，因为这与当时希腊哲学对于世界本原问题的思考相一致。这使得犹太教在形而上的层面具有了合理性和一定的吸引力。与此同时，现实犹太人呈现出的"不合群的敌视外族人的生活方式"又使希腊人对犹太人在形而下的层面觉得反感和排斥。这种反差推动希腊人对犹太文明的特殊性进行剖析。希腊作家首先考虑的是犹太民族的外部经历。在赫卡泰乌斯那里，犹太人异质性的成因在于他们被逐出埃及的历史创痛。之后，希腊作家则渐渐从犹太民族内部来进行分析。阿加沙契德斯认为问题出现在犹太的律法，而斯特拉博则认为问题在于犹太内部政制的崩坏。伴随着这种剖析的深入，犹太文明的核心要素被逐渐贴上负面标签，犹太民族的性格特征也逐渐与迷信、愚蠢等负面价值联系起来。

其二，以城邦范式评断犹太文明得到负面观念，源于希腊城市中希腊族群与犹太族群的共同生活。塞芬斯特曾经指出，"异教人士仇犹的基本原因总是归于犹太人在古代社会中的异质性"。[①]就希腊族群而言，犹太异质性最突出的表现正是它与城邦体系的矛盾。希腊族群犹太观念的典型特征，比如认为犹太人隔绝、迷信等，都与城邦的价值观相对立。从赫卡泰乌斯-阿加沙契德斯-斯特拉博的文献系谱可以看出，他们对于犹太人的批评和偏见大都集中于犹太教与城邦生活及观念不能相容的之处，并且有逐渐细化、升级的趋势。而希腊犹太观念的发展过程也正是希腊人把犹太人从现实希腊城市生活中加以排异的过程。

三　埃及犹太观念与希腊犹太观念之融合

埃及的反犹观念在希腊化时期之前已经存在。一方面，希腊化初期，当希腊人征服埃及建立托勒密王国之时，他们对犹太人的认知便无法摆脱埃及因素的影响。这点在赫卡泰乌斯的记述中已经有所体现。另一方面，在希腊化时期开启的"叙史竞争"中，埃及人也在有意向希腊人传递自身对于犹太族群的传统偏见。马涅托作为埃及犹太观念的代表，其记述对之后的希腊作家产生了很大的影响，而他本身是希腊化的埃及祭司。这两方面结合在一起，共同构成了希腊犹太观念受到埃及传统影响的背景。事实上，在希腊化时期，希腊族群与埃及族群犹太观念的交融是双方互动的过程。

在这个过程中，希腊人占有主体地位。他们在政治上属于统治阶层，在文化上居于霸权地位。其犹太观念发展的过程体

---

① J. N. Sevenster, *The Roots of Pagan Anti-Semitism in the Ancient World*, p. 89.

现在将犹太人从城邦体系中排异出去。在这个过程中，希腊人最初笼统地批评了犹太人的生活方式，但是就希腊人而言，犹太民族的"隔绝性"作为其族群异质性的最大体现，已经被希腊人所关注。其后，希腊人对犹太人的生活方式的异质性认识日益深刻，对其批评也更加细化，开始关注各种具体的犹太习俗，包括安息日、食物禁忌以及割礼等。此时，希腊人已经逐步摆脱传统中把犹太人设定为"哲学民族"的想象，开始重新分析犹太民族更具内核性的要素，包括犹太律法以及其上帝观念等。在这一过程中，埃及传统中对于犹太民族不虔诚的指控，以及各种具有典型宗教色彩的反犹主题越来越被希腊人借重，并且与希腊犹太观念发生了交融。

埃及人在这一观念融合的过程中则扮演了积极迎合的角色。作为被统治者，埃及人在托勒密初期一直为希腊人所防备。希腊人统治埃及的政策就是联合其他少数族群一同统治埃及人。然而，托勒密王朝开启了希腊文明与埃及文明的融合过程。在这个过程中，一方面，埃及族群的上层精英就为了维护巩固自身的地位，开始与希腊人合作，接受希腊文化；另一方面，随着时间的推进，特别是到了希腊化中后期，埃及因素在托勒密王国的地位越来越重要。从文化上看，埃及本土希腊化的程度十分有限，主要集中于以亚历山大里亚为首的三座希腊城市，相反，希腊人在很大程度上被埃及化。① 希腊文化仅在城市中才是主流，而且在很大程度上也受到了埃及文化的影响。从社会地位上看，托勒密中后期，埃及人的社会地位呈上升趋势，

---

① 张春梅：《埃及文化"希腊化"辨析》，《内蒙古民族师院学报》（哲学社会科学·汉文版）2000 年第 1 期。

越来越为王室所倚重，一方面用以平衡希腊市民和其他社会集团，另一方面抵御外部强权。① 因此，埃及的观念和传统在托勒密中期之后以更快的速度融入希腊精英的知识圈。同时，在亚历山大里亚，很多希腊化的埃及贵族也在托勒密中期之后获得了较高的社会地位，并且获得了城市公民权。这批人在其作品中表达自身犹太时，自然会体现出希腊要素与埃及要素相融合的特征。

因此，埃及因素与希腊因素逐渐融合，可以被视为希腊族群犹太观念演进发展的另一条进路。从文献角度出发，以埃及因素的重要程度及其发挥的作用为参量，希腊作品形成了另一条系谱。在这条文献系谱中，赫卡泰乌斯和马理托居于源头，此后依照时间线索，以两大族群犹太观念交融为指标，希腊族群的犹太观念经历了赫卡泰乌斯—马涅托—狄奥多罗斯—吕西马库斯的发展变化。

值得注意的是，希腊人犹太观念发展变化的两条进路不是相互孤立的，二者高度交互。只有把两者融合在一起，才能比较全面地展示出希腊人犹太观念的特征。城邦范式依然是希腊人审视和评断犹太人的基础。希腊人对犹太人负面观念的产生和加剧，其核心仍是犹太生活方式与城邦体系之间的矛盾。当这种负面观念发展到一定程度，希腊人需要从宗教和本源的角度证明犹太人不属于城邦体系的时候，埃及传统提供了希腊人需要的观点和材料，于是被希腊人所接纳和吸收。不过，在这个过程中，埃及传统的犹太观念也经过希腊人的重新诠释，在希腊的语境下获得了新的意义。

埃及人的犹太观念最突出的特征在于认为犹太人在宗教上

---

① 　G. Hölbl, *A History of the Ptolemaic Empire*, pp. 198-199.

极度不虔诚，把这一特征诉诸文献，埃及传统中便产生了两个最典型的仇犹主题：一是"逐出埃及"，即犹太人作为不洁之人和被神厌弃之人被逐出埃及；一是"驴崇拜"，即认为犹太人崇拜驴，这种动物正是埃及宗教中恶神"塞特-堤丰"的化身。但是，在这两个主题中，犹太人都被埃及人描述为入侵埃及并恣意践踏埃及宗教的东方异族。换言之，在埃及人的反犹传统观念中，犹太人在宗教上不虔诚与他们东方异族的侵略者身份是联系在一起的，这是埃及人犹太观念的基础。"逐出埃及"的主题与"驴崇拜"的主题都产生在这个基础上，是这种观念的具体表达。

然而，当希腊人开始借鉴埃及传统来表达自身的犹太观念时，埃及偏见中的某些要素便变得更加重要，而另一些要素则变得无足轻重。埃及传统中犹太人东方异族入侵者的形象在埃及传统与希腊观念融合的过程中几乎失去了踪迹。除了埃及背景深厚的马涅托，其他希腊作家几乎没有涉及这一形象。另一方面，埃及传统中犹太人不虔诚以及随之衍生的两个主题，即"逐出埃及"和"驴崇拜"的主题，却被很多希腊作家继承下来，成为希腊人犹太观念中重要的部分。这点在狄奥多罗斯的记述中表现得十分突出。

狄奥多罗斯大约活动于公元前1世纪，他可能在公元前60年至公元前56年之间驻留于埃及研究历史，此后他前往罗马定居，并在那里完成了他的《历史丛书》。① 他的《历史丛书》中有数处记载了犹太人的情况。值得注意的是，有学者认为狄奥多罗斯是最缺乏原创性的古代作家，他最大的功绩就

① S. Hornblower & A. Spawforth, eds., *OCD*, 3rd ed. rev., p. 472.

在于保存了古代其他作家的作品。① 这个特点使得他十分适合成为本节文献系谱的过渡性人物。他的材料来源之一是赫卡泰乌斯，但是他关于犹太人的记述和看法，已经与赫卡泰乌斯有着很大的不同。正是在这些差异之中，埃及传统的影响以及希腊人自身对于犹太民族态度的变化得到了突出的体现。根据他的记述：

> 当国王安条克（安条克七世）围困耶路撒冷时，犹太人抵抗了一段时间，但是当他们的全部给养耗尽之时，他们发现自己被迫屈服，以终止敌意。现在，国王的大部分朋友都劝他夷平该城并杀光犹太人，因为列族中只有他们不与他族结交并视所有人为他们的敌人。他们还指出，犹太人的祖先由于不虔诚并遭到众神唾弃而被逐出埃及。因为为了纯净国家，所有身上有白斑或是麻风斑的人都被集中在一起并被赶出边界，因为他们被视为遭诅咒的。这些难民占领了耶路撒冷的周边地区，组成了犹太民族，并把仇视全人类融入其传统之中，基于这点，他们引入了全然怪异的法律：不可与其他民族一起进餐，不能向他们表示任何一点善意。他的朋友还提醒安条克，在遥远的过去，他的祖先便对这一民族抱持敌意。安条克（这位安条克指安条克四世）被称为伊皮法纽，在击败犹太人之后进入了圣殿中最里面的至圣所。依据律法，那里只有祭司才能进入。他发现那里有座大理石雕像，是位长着浓密胡须的骑驴者，手中还拿着本书。安条克认为这座像是摩

---

① M. Stern, *GLAJJ*, Vol. 1, pp. 167-168.

西——耶路撒冷的建城者和犹太民族的缔造人，此外，他还把那些仇视人类的、非法的习俗赋予了犹太人。由于伊皮法纽被这些针对全人类的恶意所震怒，他便亲自着手废除他们的传统。为此，他在这位建城者的像以及上帝的露天祭坛前献祭了一只母猪，并把猪血泼在这些地方。然后，在处理好猪肉后，他命令包含着仇外律法的犹太圣书都要被洒上猪汤；犹太人的长明灯，即圣殿中不灭的灯，要被熄灭；大祭司和其他的犹太人必须吃猪肉。历数了所有这些事件之后，他的朋友强烈建议安条克要么完全消灭这个民族，或者，如果无法这样做的话，便废除他们的律法，强迫他们改变其生活方式。然而，国王是宽宏大量，性情温和之人。他在得到所要的贡金并拆除耶路撒冷城墙之后，只是扣押了人质，并没有接受针对犹太人的指控。①

从这份记述的内容来看，在狄奥多罗斯的时代，埃及的反犹观念在希腊世界已经产生了相当的影响，并且已经成为希腊犹太观念的一部分。杰瑞·丹尼尔指出，"无论是否熟悉《圣经·旧约》，大部分非犹太作家推测犹太起源时，都把他们同埃及联系起来，而且通常采用贬损的方式"。② 这其中最具负面色彩的观点便是犹太人是被埃及人赶走的麻风病人。尽管赫卡泰乌斯在记述犹太人起源时，其重点并不在犹太人被逐出埃

---

① Diodorus, *Bibliotheca Historica*, XXXIV-XXXV, 1: 1-5, M. Stern, *GLAJJ*, Vol. 1, No. 63.

② J. L. Daniel, "Anti-Semitism in the Hellenistic-Roman Period", *Journal of Biblical Literature*, Vol. 98, No. 1, 1979, p. 50.

及，但是在狄奥多罗斯的笔下，"逐出埃及"这一主题的重要性已经大大增加。虽然马涅托的记述也指出了犹太人不洁，遭神厌弃，但是马涅托更多地代表了埃及人的观点。而就现存文献而言，狄奥多罗斯第一次在希腊语境中指出，犹太麻风病人是被作为不虔诚的、被神所厌弃的人而逐出埃及。在赫卡泰乌斯的记述中，犹太人是同希腊人一起被赶走，然而，虽然他提到了埃及出现瘟疫，但并未指出犹太人患病，毫无疑问，这些体现了希腊对犹太人负面印象的强化。考虑到希腊人和罗马人也认为身体缺欠是被神灵厌弃的表现，把犹太人描述成麻风病人本身成为十分严重的指控。[1] 另外，在这份记述中，虽然犹太圣殿中的雕像主要表现的是摩西，但是摩西的坐骑却是一头驴，埃及人认为犹太人崇拜驴的偏见在这里也得到了某种程度的体现。[2] 这样，埃及传统中典型的反犹主题在狄奥多罗斯的记述中都已出现，而且两者表达的主旨也大体相同：犹太人由于其不虔诚而为神灵厌弃，他们因此罹患恶疾并被驱逐。然而，在看到埃及传统的反犹观念延续性影响的同时，我们必须指出这些观念和主题已经在希腊语境中获得了新的意义。换言之，它们不再仅仅代表埃及人的观点，而是成为希腊人犹太观念的一部分。

在狄奥多罗斯看来，安条克七世的廷臣建议他消灭犹太人，不虔诚以及被神厌弃并不是最根本的理由。狄奥多罗斯把"逐出埃及"以及"驴崇拜"的主题糅合在一起，还融入了通过献祭母猪"净化"犹太圣殿、用猪汤玷污犹太圣书以及令犹太人

---

① 　M. Radin, *The Jews among the Greeks and Romans*, pp. 102-103.

② 　J. M. G. Barclay trans. & comm., *Against Apion*, in S. Mason ed., *Flavius Josephus: Translation and Commentary*, Vol. 10, p. 350.

违背犹太律法等情节，最终的目的在于证明犹太人的仇外并且仇视人类，即犹太人是所有民族中唯一"不与他族结交并视所有人为他们的敌人"的民族，并且他们"把仇视全人类融入其传统之中"。可以看出，在狄奥多罗斯的笔下希腊传统中犹太人是"哲学民族"的想象已经荡然无存，他对犹太人的负面看法已经发展到了新的阶段，而"仇外"与"仇视人类"也正是城邦范式评断标准下犹太民族"隔绝性"的新发展。

"仇外"以及"仇视人类"是希腊族群犹太观念中最突出的特征。就仇外的特性而言，彼得·舍费尔曾指出，在希腊的语境中，"'仇外'是与一个民族的民族性格相联系的"，而且，"值得注意的是，在希腊文献中，这个主题从未被用于犹太人之外的民族；它第一次出现于赫卡泰乌斯对犹太'不合群的敌视外族人的生活方式'的特别描述之中。自从仇外最初并在随后同犹太人联系在一起，它便再也没有与其他的民族发生联系"。[1] 换言之，在希腊人的语境中，只有犹太民族被认为具有这种性格。而在狄奥多罗斯的记述中，正是这种性格造成了犹太人对其他任何民族都不展现出丝毫的善意。与此同时，就仇视人类的特性而言，在希腊的传统中，仇视人类（misanthropia）在希腊哲学家、演说家的文献中均有出现，代表一种终极的邪恶性格。在柏拉图那里，它代表愚蠢、盲目、缺乏判断是非的能力。[2] 在伊索克拉底笔下，它代表野蛮、残暴，是社会中最为恶毒的诽谤者和煽动家的性格。[3] 在狄奥多罗斯的记述可以看出，他笔下犹太人的"仇视人类"的含义

---

[1]　P. Schäfer, *Judeophobia: Attitudes towards the Jews in the Ancient World*, p. 171.

[2]　Plato, *Phaedo*, 89d-e; 90b-e.

[3]　Isocrates, *Antidosis*, 313-315.

也具有终极性："它是纯粹地、绝对地仇视所有人。"① 从上述内容可以看出，以"仇外"和"仇视人类"的特征描述和评断犹太人，表明在希腊人中反犹观念已经发展到了相当严重的程度，因为这一指控把犹太人置放在文明世界的，特别是希腊世界的对立面。

另外，从狄奥多罗斯的记述来看，不难发现"仇外"和"仇视人类"是紧密相连的，它们共同的出发点都在于混居生活中犹太民族的隔绝性。恰如塞芬斯特所说，犹太民族的"异质性根源于他们的生活方式及习俗，并强制性地使犹太民族表现出某种程度的隔绝性。这种异质性使与犹太人一起生活的民族感到惊奇，很快这种惊奇便转变成冒犯。犹太人从不与其他人相同，他们总是倾向于隔离自己。他们不奉行周边民族的道德和习俗，也不对其他民族的道德习俗进行调和——而这通常意味着容忍。犹太人宗教总是有异常之处，这使他们在社会交往中十分困难，无法适应古代的社会样式"②。

事实上，在古代世界中，犹太人最突出的特征在于其独特的一神传统以及与之相伴的律法和习俗。由于这些特征，犹太民族在很大程度上隔绝于与他们混居的其他族群。犹太教不能容忍其他族群的多神宗教，而在共同生活中犹太习俗又显得十分排他。因此，在希腊人作为霸权族群的希腊化世界，犹太族群在宗教上的不宽容性以及在生活中的排他性，很容易导致希腊人形成犹太人仇视其他所有人的观念。③ 事实上，如果从希腊人自身统治地位以及理性传统来看，"仇外"和"仇视人

① P. Schäfer, *Judeophobia: Attitudes towards the Jews in the Ancient World*, p. 176.

② J. N. Sevenster, *The Roots of Pagan Anti-Semitism in the Ancient World*, p. 89.

③ J. L. Daniel, "Anti-Semitism in the Hellenistic-Roman Period", p. 61.

类"在很大程度上是之前"隔绝性"和"迷信"的发展,这种发展体现出现实社会中希腊人与犹太人之间的冲突与矛盾加剧以及犹太问题给希腊世界带来的挑战日益严重。

当以城邦体系为特征希腊生活方式与摩西律法为准则的犹太文明发生矛盾时,希腊人最先批评的自然是各种犹太习俗,只有矛盾逐渐激化,希腊人才会更加关注造成犹太异质性的根源,即犹太人的起源以及他们的律法和宗教。在这点上,扬·塞芬斯特的见解十分深刻:"在古代世界,尽管异教反犹通常都是直接攻击犹太人的日常生活方式,但是从根本上说,这种反犹都有一种宗教的特性。"① 古郎士曾经指出,在古希腊社会中,一个人"之所以成为公民,是因为参与了城中的宗教,且正是因为这种参与,使之拥有了所有的公民权和政治权";公民就是"拥有城市宗教的人"。② 城市宗教的主要部分正是由全体公民参与的公共会餐。传统中,人们相信城市的安宁与他们对这一仪式的参与及其完成有着重要的关系。人类的团体是一种宗教团体,其象征便是集体共食。虽然在希腊化时期,这些希腊传统有所衰减,但是它作为一种认同的纽带却根深蒂固。希腊人依然在用是否参与城市宗教,是否共享同一餐桌,吃同样的食物来判定某人是否属于该城邦的公民共同体。狄奥多罗斯特别强调犹太人禁食猪肉的特点,并且把埃及传统中关于犹太人不虔诚的偏见以及"逐出埃及"和"驴崇拜"的主题融汇到希腊语境中的"仇外"和"仇视人类"之中,其目的在于证明犹太人的异质性,证明城市中与希腊人共居的犹太人不属于他

---

① J. N. Sevenster, *The Roots of Pagan Anti-Semitism in the Ancient World*, p. 89.
② 菲斯泰尔·德·古郎士:《古代城市:希腊罗马宗教、法律及制度研究》,吴晓群译,上海人民出版社,2006,第222页。

们的公民共同体，因为在狄奥多罗斯那里，犹太人在起源上便与文明世界相对立。为此，希腊世界的君主甚至不惜采用极端手段，通过玷污圣殿和圣书消灭作为律法体系的犹太教，同时以强迫犹太人吃猪肉的方式"帮助"其重返文明的希腊世界。

最后，需要指出的是，虽然埃及的反犹观念，即犹太人罹患恶疾，是他们不虔诚并且被诸神唾弃的表现，已经融入狄奥多罗斯的记述中，但是他并未对此进行进一步发挥而批判犹太人的上帝和一神信仰。狄奥多罗斯借助安条克王侍从的口，批判的中心并不是犹太人的上帝，而是摩西律法与犹太习俗。与狄奥多罗斯相比，埃及传统在吕西马库斯（Lysimachus）的记述中显得更为突出。

学术界对吕西马库斯的生平年代至今没有形成定论。[①] 曼纳海姆·斯特恩认为，吕西马库斯与阿庇安相同，是兼有希腊身份和埃及身份的作家，活动于公元前 2 世纪到公元前 1 世纪的亚历山大里亚。彼得·舍费尔基本沿用了斯特恩的观点。[②] 吕西马库斯的年代的不确定性，无疑为这里建构文献系谱的尝试造成了困难。此处，将吕西马库斯放置在这条文献系谱的末尾，主要基于两重考虑。

其一，就希腊犹太观念受埃及传统影响的发展过程来看，托勒密末期至罗马初期的时代特征使他适合成为本节所述系谱的收尾性人物。从身份上看，学界大都认为他与罗马时代的阿庇安十分相似，即他在拥有亚历山大里亚公民权的同时，拥有

---

① J. M. G. Barclay, trans. & comm., *Against Apion*, in S. Mason, ed., *Flavius Josephus: Translation and Commentary*, Vol. 10, pp. 158–159, n. 1018.

② M. Stern, *GLAJJ*, Vol. 1, p. 382; P. Schäfer, *Judeophobia: Attitudes towards the Jews in the Ancient World*, p. 27.

埃及的血统。① 从时代背景来说，埃及人社会地位的上升正是在托勒密王朝后期，而这一时期也正是亚历山大里亚族际矛盾加剧的时期。② 正是在这一时期，埃及的仇犹传统开始加速融入希腊世界，成为希腊族群的犹太观念的重要部分。这样的身份和背景无疑使他十分适合成为托勒密末期至罗马初期，希腊犹太观念这条进路中的收尾性人物。

其二，从希腊族群的反犹观念的发展来看，吕西马库斯的记述表明这种观念已经发展到了新的阶段。彼得·舍费尔就指出，一方面，从吕西马库斯开始，"我们已经来到一群毫无掩饰地表达反犹倾向的作家之中"③；另一方面，约瑟夫斯在使用吕西马库斯的材料时，征引了他记述的很多细节，加之罗马历史学家塔西佗关于犹太人出埃及的记述与吕西马库斯存在很大的相似性，这些在很大程度上表明，在约瑟夫斯至塔西佗的时代，吕西马库斯的作品对罗马世界产生了较大的影响，从而体现了希腊-埃及人的犹太偏见与罗马犹太偏见的延续性。④

根据目前所知，吕西马库斯并没有讨论犹太人的专著，他关于犹太问题的论述大部分在其所著的《埃及史》中，虽然这部作品已经散佚，但约瑟夫斯的《驳阿庇安》中保留相关的内容：

> 波科里斯做法老时，犹太人罹患麻风、疥疮和某些其他恶疾，因此逃到神庙中乞食。很多人被传染上这些疾病

---

① M. Stern 与 P. Schäfer 都指出他是希腊-埃及作家。

② J. M. G. Barclay, *Jews in the Mediterranean Diaspora: From Alexander to Trajan*, pp. 35-47; V. Tcherikover & A. Fuks, eds., *CPJ*, Vol. 1, pp. 19-25.

③ P. Schäfer, *Judeophobia: Attitudes towards the Jews in the Ancient World*, p. 27.

④ J. M. G. Barclay trans. & comm., *Against Apion*, in S. Mason ed., *Flavius Josephus: Translation and Commentary*, Vol. 10, pp. 159-160, n. 1024.

之后，埃及发生了粮荒。波科里斯，埃及法老，就粮食歉收的事派人去求阿蒙神的神谕。神指示他清除神庙中那些不虔诚的邪恶之人：他应该把他们从神庙里赶到沙漠中，并把患疥疮和麻风的人淹死，因为太阳神对这些人的存在感到震怒；他应该洁净神庙，只有这样土地才能丰收。波科里斯收到这些神谕后召集了神庙的祭司和他们的助手，告诉他们找出不洁之人的名单并把这些人交到士兵手中。士兵将把不洁之人流放到沙漠，并用铅条缠裹那些麻风病人以便把他们溺死在海中。罹患麻风和疥疮的人被溺死之后，剩下的人被集中在一起流放到沙漠等死。然而，这些人聚在一起商讨他们应该如何应对。入夜后，他们生火点灯并设好守卫，次晚，这些人斋戒并向诸神献上赎罪祭请求他们的救助。次日，一位名叫摩西的人建议他们勇往直前直到有人居住的领土，并且告诫他们不要对任何人展示善意，只提供最坏的而不是最好的建议，同时捣毁他们发现的一切神庙和众神的祭坛。其他的人都同意了，之后他们把这些决定付诸实践，越过了沙漠。尽管困难重重，他们还是到达了有人居住的国家，他们虐待那里的民众，劫掠并焚烧当地的神庙，直到来到现在被称为犹地亚的地方，他们在那建城并定居。这座城市由这些人的渎神的性格而得名为希耶罗塞拉（Hierosyla，劫掠神庙之意），不过，在他们变得强大之后，为了避耻，他们及时改了名，称该城为希耶罗索律玛（Hierosolyma），并称自己为希耶罗索律玛人（Hierosolymites）。①

———————

① Josephus, *CA*, I, 305-311.

这段记述表明，埃及传统中认为犹太人不虔诚的看法已经深深融入吕西马库斯的犹太观念中，而且他的反犹观念远比此前讨论的希腊作家强烈。

首先，吕西马库斯在一开始便明确指出罹患了麻风、疥疮等恶疾的是犹太人，这明显体现出埃及传统中把犹太人视为不洁者的观念。然而，在赫卡泰乌斯以及狄奥多罗斯的记述中，犹太人都是埃及人的一部分，但在吕西马库斯的记述中，犹太人在埃及已经形成了自己的民族。这一方面与吕西马库斯自身的埃及身份相关，另一方面也是希腊-埃及反犹观念深化的表现——被神厌弃的恶疾患者的身份被锁定在了犹太人身上。

其次，较赫卡泰乌斯和狄奥多罗斯，吕西马库斯对犹太人被逐后的跋涉历程记述得十分详细。约翰·巴克利特别强调犹太人被放逐到沙漠这一细节，因为沙漠正是埃及传统中塞特的领地，而这在很大程度上反映了隐含的"塞特-堤丰"主题。[1] 在这点上，只有埃及人马涅托的记述可以与之相比。埃及传统的影响在此充分显露。吕西马库斯不仅细致地描述了犹太人在沙漠中的情况，而且明确指出了犹太人到达犹地亚之前沿途虐待民众、玷污神庙的残暴行为，这与赫卡泰乌斯以及斯特拉博都形成了鲜明的对比，赫卡泰乌斯指出犹地亚在犹太人定居前无人居住，而斯特拉博则认为耶路撒冷周边民族自愿归从。同时，在这两位作家的记述中，犹太人在行进的途中没有任何恶行。

最后，从摩西形象及其立法来看，吕西马库斯也继承了马

---

[1]　J. M. G. Barclay trans. & comm., *Against Apion*, in S. Mason ed., *Flavius Josephus: Translation and Commentary*, Vol. 10, p. 160, n. 1032.

涅托代表的埃及传统，同样与赫卡泰乌斯等希腊作家形成了鲜明的对比。在赫卡泰乌斯笔下，摩西是希腊式的哲学家和立法者，其立法体现了完美的城邦政制，斯特拉博同样对摩西及其立法持赞赏态度。但是在吕西马库斯的这里，摩西成为不虔诚的恶棍，他告诫部众不要对任何人展示善意，只提供最坏的而不是最好的建议，同时捣毁他们发现的一切神庙和众神的祭坛。这与马涅托笔下奥萨塞弗禁止部众崇拜众神，要求属下众人只能与不洁部众之内的人交往的立法高度相似性。① 此外，约瑟夫斯还指出，西马库斯为摩西贴上了"γóητα"和"ὰπατεῶνα"的标签。在希腊语境中，"γóητα"用来指代通过欺骗性主张获取权力，蒙骗大众的政治或宗教领袖；"ὰπατεῶνα"专指欺骗大众的宗教领袖。② 同时，摩西律法传播的也只有罪恶，没有美德。这些都反映出埃及传统对吕西马库斯的犹太观念产生了十分深刻的影响。

　　不过，与其他希腊作家一样，埃及传统在吕西马库斯那里也获得希腊背景下的新意义。就"逐出埃及"而言，吕西马库斯延续了自赫卡泰乌斯以来的传统，把犹太人在埃及的经历作为解释其民族特性的原因。在吕西马库斯的犹太观念中，犹太人最突出的特性在于其"仇视人类"以及与文明世界的对立，"不虔诚"的一面内含于"仇视人类"的主体思想之下。在这点上，他与狄奥多罗斯是基本一致的。然而，仔细比较吕西马库斯与狄奥多罗斯的记述，不难发现，埃及犹太偏见中不虔诚的主题在吕西马库

---

① J. G. Gager, *Moses in Greco-Roman Paganism*, pp. 118-120.

② Josephus, *CA*, Ⅱ, 145; J. M. G. Barclay trans. & comm., *Against Apion*, in S. Mason ed., *Flavius Josephus: Translation and Commentary*, Vol. 10, p. 248, n. 530.

斯的记述中更加被强调。摩西建议众人的时候，除了告诫他们不要对任何人展示善意之外，还特别强调要他们捣毁一切神庙和众神的祭坛。这点与马涅托关于犹太人不虔诚的记述更加一致。

然而，需要注意的是，吕西马库斯与马涅托的观念也存在本质上的差别，在马涅托那里，奥萨塞弗（摩西）的立法特别强调部众不可尊重被埃及人神化的动物，遇到这些动物时应该杀死并吃掉它们。换言之，他强调犹太人由于受到迫害而仇视埃及的诸神和宗教。吕西马库斯融合埃及传统中犹太人不虔诚的特征，目的不在于证明犹太人仅仅敌视埃及人和他们的宗教；他的目的在于表明犹太人与世界上所有的人都敌对，他们反对其他所有民族的神和宗教。因为他们要"捣毁他们发现的一切神庙和众神的祭坛"，而这种做法的实质是"仇视人类"。有学者认为，就犹太人被逐出埃及这一主题的叙述，吕西马库斯与马涅托之间存在差异表明他们使用了不同的材料。① 不过，在这个问题上，彼得·舍费尔的观点似乎更具说服力："他与马涅托（以及赫卡泰乌斯和狄奥多罗斯）之间的差别，并不一定证明吕西马库斯的历史建构基于与马涅托相异的关于犹太民族起源的说法之上。吕西马库斯使用的很可能是我们知道的材料（主要是赫卡泰乌斯以及马涅托），只是为了增强仇犹偏见，他故意改变了它们。"②

在希腊文化的语境下，吕西马库斯融汇并利用埃及传统中的反犹观念，其目的在于反映希腊世界的现实状况，表达希腊世界的声音，而他对犹太人不虔诚、敌视人类的指控，在很大

① M. Stern, *GLAJJ*, Vol. 1, p. 382.

② P. Schäfer, *Judeophobia: Attitudes towards the Jews in the Ancient World*, p. 28.

程度上，体现出亚历山大里亚城中，犹太人与希腊人在城市宗教问题上的冲突。在这点上，他与其后罗马埃及时代的阿庇安以及喀雷蒙有着极大的相似之处。阿庇安就曾质问："那么，为什么，如果他们是公民，他们不和亚历山大里亚人崇拜相同的神？"① 毫无疑问，这一质问表明身为亚历山大里亚公民需要参加该城的宗教仪式，这被视为公民身份认同的标准；而同城的犹太人并不参加这些仪式。宗教隔膜被视为犹太人不能完全参与城邦政治生活的主要障碍之一。从约瑟夫斯记载的关于吕西马库斯的相关内容来看，他依然是在使用传统的城邦视角来批驳犹太人的异质性，并且通过把犹太人置放在人类对立面的方式把犹太人从文明的希腊世界中排除出去。由于偏重的是城邦宗教角度，吕西马库斯借重并强调极具宗教特征的埃及反犹观念是十分自然的。

从赫卡泰乌斯开始直到吕西马库斯，希腊知识分子一直是以城邦范式作为认识和评判犹太人的宗教传统、习俗法律与社会现实。这是希腊人评判犹太问题的尺度。分析埃及观念与希腊观念的交融，必须以此为基础。在希腊化时期，希腊族群的犹太偏见从产生到发展是一个上升激化的过程。希腊人最先只是笼统地批评了犹太人"不合群的敌视外族人的生活方式"，但是对于摩西及其立法有着较高的评价；同时，对古代犹太人和当代犹太人有着比较明确的区分，犹太生活方式中不容于希腊城邦文明的各种具体习俗，大都被归为当代犹太人出于外部或内部的原因偏离犹太传统——摩西律法确立的城邦政制。随着族群交往的深入，希腊族群与犹太族

---

① Josephus, *CA*, Ⅱ, 65.

群对彼此的了解以及双方的矛盾都在增加。希腊人开始对具体的犹太习俗，比如安息日，进行批判，摩西的形象及其律法也开始遭到质疑和抨击。随之而来的是希腊人开始对犹太民族的性格进行概括，"仇外"，"仇视人类"的性格纷纷被锁定于犹太族群。正是伴着这个过程，埃及的反犹观念被逐渐融合进来，成为希腊人谴责犹太人不容于希腊城市政治宗教生活的素材。

就吕西马库斯对犹太人描述而言，还有一点值得注意：他十分擅长将现实世界中人们对犹太人的负面观感糅合进犹太人的历史形象之中，并以此方式强化犹太人的负面形象。在记述的开头，吕西马库斯提到了患病犹太人逃到神庙中乞食，这很可能反映了吕西马库斯所处时代的社会现实，吕西马库斯创造性地将这种现实用于犹太人历史形象的建构。切里科夫以及塞芬斯特都指出，在希腊化时期的亚历山大里亚，从总体上看，犹太人社会地位不高，穷人构成了犹太人的绝大部分。这种情况到罗马统治埃及的时期依然如此。[①] 很多希腊-罗马作家常常讥讽犹太人的贫穷，使得"贫穷"成为希腊化-罗马时期犹太的负面特征之一。吕西马库斯记述犹太乞食的主题，其背景极可能犹太人在埃及的现实经历。事实上，他很可能开了外族人批评嘲讽犹太人贫穷的先河，而这在其后的罗马作家那里表现得更加突出。[②]

---

① V. Tcherikover & A. Fuks, eds., *CPJ*, Vol. 1, pp. 10-19, 50-52; J. N. Sevenster, *The Roots of Pagan Anti-Semitism in the Ancient World*, pp. 57-88.

② Martial, *Epigrammata*, XII, 57: 1-14; Juvenal, *Saturae*, VI, 542-547, M. Stern, *GLAJJ*, Vol. 1, pp. 521-529; Vol. 2, pp. 99-101; J. L. Daniel, "Anti-Semitism in the Hellenistic-Roman Period", pp. 52-53.

又如，较其他希腊作家，吕西马库斯对犹太人在沙漠中活动的描述更加细致。他提及入夜后犹太人生火点灯以及所有犹太人斋戒。用约翰·巴克利的话说，"点灯"以及"斋戒"都是"溯源性说明的因素"。[①] 它们在很大程度上是在追溯犹太安息日的起源并赋予其负面色彩，但这些记述源于吕西马库斯自身的社会现实经验。犹太人守安息日时，有在日落前点燃安息日蜡烛的传统，其中一支蜡烛代表记住安息日，另一支代表守安息日。[②] 但在希腊化－罗马时期，安息日在通常都被非犹太人误会成"斋戒日"。[③] 在这段记述中，吕西马库斯对安息日的误读恰恰表明他是基于现实经验来建构这段历史的。不过，通过使用这种以现实经验建构历史形象的方法，吕西马库斯也把犹太人异质性的源头推到了"逐出埃及"之前。

综上所述，在希腊族群犹太观念的发展过程中，埃及反犹观念融入其中的程度不断加深。到了托勒密末期－罗马初期，希腊人不但已经接受了埃及传统中犹太人"不虔诚"的观念，而且在希腊文化的立场上，使之在"仇视人类""隔绝性"等主题下获得新的意义。另外，埃及人关于犹太起源的记述，也为希腊人追溯犹太传统的由来提供了诠释的历史场景。需要注意的是，与观念变化相伴的正是希腊城市中犹太族群与其他族群矛盾加剧的社会现实。换言之，希腊族群的犹太观念的发展植根于社会现实基础，而埃及因素自始至终都在其中发挥着巨大的影响力。

---

① J. M. G. Barclay trans. & comm., *Against Apion*, in S. Mason ed., *Flavius Josephus: Translation and Commentary*, Vol. 10, p. 161, n. 1036.

② 徐新：《犹太文化史》，第 211 页，第 239 页。

③ 宋立宏：《希腊罗马人对犹太教的误读》，《世界历史》2000 年第 3 期。

第四章 希腊族群犹太观念形成的社会根源

从文献来看，希腊人以自身城邦范式为评判犹太文明的标准，融合了埃及传统的反犹观念，形成了自身具有希腊特点的犹太观念。在这种观念中，犹太人的隔绝性成为希腊人关注的焦点，对于这种隔绝性的看法从"不合群的生活方式"一直升级到"仇视人类"。希腊世界是在何种社会机制下对犹太人产生如此强烈的负面观念？回答这一问题，适宜的研究地域并不在犹地亚，而是在散居地，特别是埃及的亚历山大里亚。在这里，希腊人为主，犹太人为客，有利于希腊人以主体地位对犹太人与犹太教进行接触与观察。事实上，在亚历山大里亚，既有希腊化王国独特的君主制政治结构，又有希腊城市的社会结构，这两重结构的交叠代表了犹太人在希腊化世界生存的现实境遇。托勒密王权、亚历山大里亚希腊公民、亚历山大里亚犹太族政团以及该城埃及人，这四者的互动关系生动地展示出希腊族群犹太观念形成与发展的社会根源。事实上，亚历山大里亚的情况在很大程度上也代表了一般希腊城市中希腊族群和犹太族群之间的冲突模式。

一 亚历山大里亚：希腊化君主治下的城市与"城邦"

亚历山大里亚城于公元前 332 年为亚历山大大帝创建。这座城市没有随着亚历山大的早逝而陨落，反而成为希腊化时期人类世界的文明之星，地中海东部的第一大城。然而，这座城市却见证了古代世界最激烈的反犹活动，以致彼得·舍费尔认为亚历山大里亚存在古代的"反犹主义"。[①] 约翰·盖杰在分析古代希腊文献中犹太人"逐出埃及"的主题时，也指出这些希腊作家的作品"以同一个出埃及故事不同变种的形式出现，都指向共同环境下的相似目标"，其中，"相似目标"是反犹，而"共同环境"则是亚历山大里亚。[②]

亚历山大里亚出现这种状况的原因何在？这与亚历山大里亚独特的社会结构密切相关。在托勒密时代，亚历山大里亚城承载着多重的"政治-族裔"势力。第一，它是托勒密王朝的王都；第二，城市中的公民组成的"城邦"政治体，公民绝大部分是希腊人；第三，非希腊的外来族裔组成的"族政团"——犹太人最为典型——在王权的庇护下，构成与城市公民团体相平行的政治体；第四，城市中也生活着大量的本土埃及人。在这四者之中，王室要维持中央集权的统治；希腊人致力于扩大自治权，排斥城市中的异质因素，将这座希腊化的城市转为理想中的"城邦"；犹太人在要求宗教自治的同时，要求市民权；埃及人则致力于提升自身在王国中的地位。希腊人与犹太人的矛盾以及希腊族群犹太观念的形成与变化，都取决于这四方之间以时势变化展开的复杂博弈。对于这场复杂的博弈，我们首先从托勒密君主与亚历山大里亚公民的关系入手。

与其他希腊化王国相比，托勒密王国最突出的特征在于其

---

① P. Schäfer, *Judeophobia: Attitudes towards the Jews in the Ancient World*, pp. 197 -211.

② J. G. Gager, *Moses in Greco-Roman Paganism*, p. 121.

强大有效的中央集权。在托勒密王国，君主处于所有权力的顶点，是整个国家的最高权威。托勒密君主以"救星"和"神显"的身份出现在他的臣民面前。整个国家和国家所有的产出都是他的个人财产。国家就是他的"家"，国家的领土就是他的"地产"。王权全面控制着包括政治、经济、法律等各个方面，是整个托勒密王国的权力基础。[①] 在四方的博弈中，君主的权力凌驾于其他三方之上。君权高高在上，联合、控制希腊族群和犹太族群，统治广大的埃及人。对希腊人、犹太人以及埃及人的各种政策，落脚点都是维护君权统治。

在维护君权统治的基础上，托勒密王朝对希腊族群奉行弘文治而控实权的统治策略，即一面弘扬、扶植希腊文化，一面控制、限缩希腊城市的"城邦"化。这种策略的核心是支持希腊传统中与权力无涉的部分，压制希腊传统中可能危害君权的部分。在此背景下，作为"城邦"意义而存在的亚历山大里亚，本身也只是上述统治策略的产物。就统治埃及而言，托勒密王室需要通过自身文化传统的高贵来彰显其统治的合理性。换言之，对托勒密君主而言，以"城邦"面相出现的希腊城市与埃及乡村，二者体现的是"文明"的希腊统治者与"野蛮"的埃及被统治者的差别。希腊统治的中心是希腊城市，但是托勒密君主深知传统希腊城邦体系中存在对王权统治的不利因素，比如城邦的自由自主。[②] 因此，托勒密王室也在

---

① P. Schäfer, *The History of the Jews in the Greco-Roman World: The Jews of Palestine from Alexander the Great to the Arab Conquest*, pp. 13 - 15; G. Hölbl, *A History of the Ptolemaic Empire*, pp. 58 - 63.

② A. H. M. Jones, *The Greek City from Alexander to Justinian*, Oxford: Clarendon Press, 1940, p. 95.

极力削弱亚历山大里亚城作为"城邦"而出现的不利君权的特性。[1] 他们需要希腊传统为其统治带来合法性，更需要绝对的统治，因此，王室对待城邦形象的亚历山大里亚存在矛盾性和两面性。他们在形式上维持亚历山大里亚的"城邦"形象，暗中却把关乎厉害的实权牢牢掌握在自己手中。他们需要的是希腊化的"城市"而不是古典希腊的"城邦"。[2]

有鉴于此，学术界对希腊人在托勒密时代亚历山大里亚城的政治组织形式和社会地位上存在很多看法，最具代表性的是维克多·切里科夫和威廉·塔恩。切里科夫认为，托勒密时代的亚历山大里亚虽然与古典时代希腊的"城邦"存在很大的不同，但是它毕竟在很大程度上继承了古典希腊的传统，因而它终究还算是座不完全的"城邦"。[3] 塔恩则指出，希腊化时期的城市并非建基于传统的希腊"城邦"，它建立的初衷就是造就一个由多个族群的政治实体复合而成的城市，只不过希腊人在该城中的地位最为重要。对亚历山大里亚而言，它由一系列以"族群"为基础的"族政团"构成，只不过希腊人的"族政团"在其中最为重要而已。[4] 事实上，塔恩更加注重现实状况，但他是站在全局，而不是站在"希腊公民"的立场之上，毕竟希腊化时期的主角是各希腊化王国的君主。相反，切里科夫出于讨论该城族群关系的目的，在讨论亚历山大里亚是不是"城邦"的问题上，更偏向于站在"希腊人"的视角。

---

① A. K. Bowman & D. Rathbone, "Cities and Administration in Roman Egypt", *The Journal of Roman Studies*, Vol. 82, 1992, pp. 107-127.

② 杨巨平：《碰撞与交融：希腊化时代的历史与文化》，第 123~126 页。

③ V. Tcherikover, *Hellenistic Civilization and the Jews*, pp. 21-33.

④ W. W. Tarn, *Hellenistic Civilisation*, London: E. Arnold, 1953, pp. 185-186.

因此，这两个看似矛盾的观点都十分准确地描述了托勒密时代的情况，它们都表明，希腊化时期的亚历山大里亚，并不是一座古典希腊时代意义上的"城邦"，该城的组织形式和结构体现了希腊化时期社会大格局的变化。就探讨希腊族群犹太观念形成的社会根源的问题而言，切利科夫的观点更加具有参考价值，原因在于希腊犹太观念的持有者是希腊人，他们视自己为亚历山大里亚"城邦"的公民。只有理解他们如何看待自身社会的组织方式和政治权利，才能理解希腊人的族群博弈策略。事实上，正是在追求"理想城邦"的过程中，亚历山大里亚公民形成并巩固了他们的自我认同，而在自我认同形成巩固的同时，犹太人作为"他者"的形象也越加突出。

对比托勒密时代的亚历山大里亚和古典希腊城邦，会发现后者的很多要素亚历山大里亚都不具备。[①] 亚历山大里亚最初拥有城市议会和公民大会，但是在托勒密时期，这两个最具希腊城邦特点的机构都消失了，只剩下一些管理日常社会-宗教生活的内政机构。虽然它有自己的法律，其基础是雅典阿提卡法，但是托勒密君主的法律具有最高权威。[②] 它没有自己的城

---

① 阿里耶·卡舍尔把古典希腊城邦的特征归结为十点。其一，特定的公民团体和集会；其二，有登记公民身份的氏族（tribes）和村社（demes）作为公民政治体制运转的基础；其三，具备由氏族选举产生的城市议会（boule）；其四，具备城邦政制、司法和治安体系；其五，拥有自主选举的行政官员；其六，拥有城邦领地；其七，拥有城市铸币权和自主经济（自主税收和预算）；其八，拥有城邦神祇和宗教；其九，内部自治，可以依据城邦法律和官僚机构自主处理城邦的内部事务；其十，外交自由，不屈服于任何其他外部的政治权威。参看 A. Kasher, *The Jews in Hellenistic and Roman Egypt: The Struggle for Equal Rights*, p. 168。

② A. K. Bowman & D. Rathbone, "Cities and Administration in Roman Egypt", pp. 107-127.

市领地，因为托勒密王国所有土地都属于国王①；它没有城市铸币权和自主经济，因为托勒密王国的经济是国家垄断。市民没有自己的军队，王室的军队驻扎其中。② 亚历山大城市官员的任命决定于中央政府，城邦的政制也由中央政府决定。③ 最后，亚历山大里亚希腊公民团体的构成，也受到中央政府的直接干预。托勒密君主拥有授予亚历山大里亚公民权的权力。④原则上，亚历山大里亚公民权的获得以希腊传统为基础。符合相应出身条件的人要进入体育馆接受希腊教育，成为埃弗比⑤，最后获得公民权成为正式公民。然而，这种正常流程常常被君主的权力打断。托勒密四世曾经在该城建立新的公民氏族⑥，而托勒密八世则赋予大量非希腊人，包括犹太人和埃及人，以亚历山大里亚公民权。⑦ 此外，排除君主因素，非希腊人，特别

①　P. Schäfer, *The History of the Jews in the Greco-Roman World: The Jews of Palestine from Alexander the Great to the Arab Conquest*, pp. 13–15.

②　A. Kasher, *The Jews in Hellenistic and Roman Egypt: The Struggle for Equal Rights*, pp. 170–171.

③　P. M. Fraser, *Ptolemaic Alexandria*, Vol. 1, pp. 106–107, 110–115.

④　M. A. H. El-Abbadi, "The Alexandria Citizenship", *The Journal of Egyptian Archaeology*, Vol. 48, 1962, pp. 106–123.

⑤　埃弗比（epheboi）：原指年满 18 的雅典男性青年要进行的两年期的军事训练和文化教育，完成后才能成为正式公民，借此，埃弗比衍生出特定年龄身份的青年集团之意。自公元前 3 世纪起，依托体育馆而进行的埃弗比教育成为城邦的普遍特征。在后古典时代，埃弗比教育成为传播希腊文化的重要途径，而进入埃弗比集团也成为获得社会地位和城市公民身份的标志。罗马统治埃及时，埃弗比教育被制度化，从体育馆中完成埃弗比教育的人可享有税收减免。同时，通过参与城市节庆和宗教仪式，埃弗比教育也传递着城市的传统与公民身份的认同。参见 S. Hornblower & A. Spawforth, eds., *OCD*, 3rd ed. rev., pp. 527–528。

⑥　A. Kasher, *The Jews in Hellenistic and Roman Egypt: The Struggle for Equal Rights*, p. 171, n. 11.

⑦　V. Tcherikover & A. Fuks, eds., *CPJ*, Vol. 1, p. 23, n. 58.

是犹太人，也存在通过体育馆教育而得到公民权的可能。

总而言之，这时作为"城邦"的亚历山大里亚具有一种"有形无实"的特征，它是托勒密君主彰显其希腊性的装饰物，被控制在王权之下。古典城邦的自主、自由已经荡然无存。"城邦"公民的来源不可靠。城邦公民所拥有的，只是一部分经济特权和有限的自治，以及在不妨碍王权的前提下，依照希腊"城邦"的生活样式组织起来的城市生活。然而，以亚历山大里亚公民为代表的希腊族群却一直致力于恢复理想意义上的"城邦"，清除亚历山大里亚城中不符合城邦体系的要素。毫无疑问，这一时期，亚历山大里亚作为弘扬和发展传统希腊思想的文化中心，极大地激励和影响了希腊人的这种执着追求的精神。[①] 然而，这一目标注定使得希腊公民团体与其他政治集团产生巨大的矛盾。亚历山大里亚的希腊公民为了实现这一目标而采用的博弈策略以及这些策略造成的不同集团之间的紧张关系，既是希腊人产生负面犹太观念的重要原因，也是促进这种观念不断强化的动力。

在托勒密时期，亚历山大里亚的希腊公民为了争取自身的"独立"地位，最重要的手段是在托勒密王位争夺战中进行投机。在这个过程中，他们的损失多于收获，并且与犹太人的矛盾大大加剧。这点在托勒密八世的身上体现得最为突出。公元

---

① 托勒密早期，王室为了团结希腊人并以自身文化优越性来为其统治寻求合法性，一个重要的手段是弘扬传统希腊文化，这突出地表现在托勒密二世、三世对亚历山大里亚大博物馆的建设。然而，对希腊文化的弘扬势必导致城邦传统中不利于君主统治的因素被放大。从托勒密时代起直至罗马时代，亚历山大里亚的公民团体利用各种时机，使用各种手段，不停地为恢复传统希腊"城邦"的权利而奋斗，在很大程度上与亚历山大里亚是希腊文化的中心相关。

前 164 年前后，托勒密八世就曾摆脱其兄托勒密六世、其姊克里奥帕特拉二世而成为托勒密王。但是由于其他的专制统治，亚历山大里亚的公民便与托勒密六世合作，把托勒密八世赶下台。① 公元前 145 年，托勒密六世死后，托勒密八世与克里奥帕特拉二世继续争位，亚历山大里亚的希腊人再次反对前者，终于在其即位后遭到严厉的报复，包括大博物馆馆长在内的大批希腊贵族被驱逐。阿加沙契德斯正是在这次灾变中从亚历山大里亚出逃。托勒密八世对希腊人的报复，主要手段正是削弱亚历山大里亚的"城邦"特性。他曾经包围并焚烧了有大批希腊埃弗比青年集会的体育馆，致使很多准希腊公民惨死。② 与此同时，最令该城希腊人对犹太人不满的一点在于，亚历山大里亚的犹太人转而支持托勒密八世，共同对付该城的希腊公民；而君主为了削弱"亚历山大里亚城邦"之中的希腊要素，竟使许多犹太人成为亚历山大里亚的公民。③

事实上，亚历山大里亚作为"城邦"的标志性机构，其城市议会以及公民大会也极可能是在托勒密八世时期消失。④ 亚历山大里亚公民一直致力于恢复这些代表"城邦"的权力机构，直至罗马时期都未曾放弃，这点已为纸草材料所证明。

所谓"议会纸草"（Boule Papyrus）⑤ 记述了公元前 20 年

---

① G. Hölbl, *A History of the Ptolemaic Empire*, p. 183.

② G. Hölbl, *A History of the Ptolemaic Empire*, p. 200.

③ V. Tcherikover & A. Fuks, eds., *CPJ*, Vol. 1, p. 23.

④ A. K. Bowman & D. Rathbone, "Cities and Administration in Roman Egypt", p. 114, n. 35.

⑤ 学术界对这份纸草的性质持有争议，但是迪莉娅的研究证明了它的可信性。参看 D. Delia, *Alexandrian Citizenship during the Roman Principate*, Atlanta: Scholars Press, 1991, pp. 117-120。

至前 19 年，亚历山大里亚的希腊公民向罗马元首奥古斯都请愿重建该城的城市议会：

> ……我们有必要对此细说一下。那么，我认为，议会将保证不会再出现注册在籍、有义务缴纳人头税的人，通过出现在每年埃弗比名单的公开记录上的手段来减低税收；议会将管理纯洁的亚历山大里亚公民集团，使之不受那些没有文化、没受教育的人的玷污。……如果有需要向您派遣使团，议会将选出胜任之人，这样，卑鄙不名之人不会踏上使途，同时有能力的人也无法逃避对自己城市的义务。
>
> 那么，我请求允许每年召开议会，并在每年年终提交其处理事务的报告……
>
> 凯撒说："我将会对这件事做出决定，但是要在（我视察）亚历山大里亚之后。"①

这份材料表明，亚历山大里亚的希腊人在改朝换代之后依然竭力恢复传统的"城邦"机构。纸草中所述"没有文化""没受教育"而混入希腊公民团体的人，以及通过混入公民名单避税的人，均是指犹太人。② 这表明到了罗马统治埃及初期，犹太人在亚历山大里亚希腊公民的眼中，已经成为绝对的"他者"，是玷污"城邦"的异质。虽然这与罗马治理埃及的政策有关，但这份纸草的年代是在公元前 20 年前后，此时罗马

---

① V. Tcherikover & A. Fuks, eds., *CPJ*, Vol. 2, No. 150.
② V. Tcherikover & A. Fuks, eds., *CPJ*, Vol. 2, pp. 25-27.

征服埃及时间并不长，希腊人对于"城邦"理想的执着以及对犹太人的憎恶，在很大程度上依然是托勒密时代的产物。

另外，亚历山大里亚的希腊公民，力图恢复传统"城邦"，最重要一点是要恢复其"自由自立"，因此他们反对所有能够真正威胁"城邦"特性的实质性权威。这种权威在前期是托勒密的君主，在后期是拥立托勒密傀儡君主的罗马人。① 犹太人在这点上恰恰与希腊人相反。犹太人没有希腊正统的理想和包袱。他们在亚历山大里亚的所有权利，均来自最高权威。因此，亚历山大里亚的犹太人对于最高权威的依赖和忠诚，大大超过了希腊人，他们一直坚持同最高实质性权威合作的原则。这样，在托勒密后期的混战之中，出现了希腊人支持名义上的权威——为罗马人所反对的托勒密君主——而伺机"自立"，犹太人与实质性权威——为罗马人所支持的托勒密君主及其背后的罗马主人——合作的局面。这一局面自然极大地加剧了希腊族群与犹太族群之间的矛盾，令希腊人觉得犹太人不仅不认同于自己的"城邦"，是"城邦"中的异质存在，有时甚至是"城邦"的"叛徒"。事实上，希腊人对犹太人的不满，在很大程度上是与对最高实质权威的不满相伴的，而这

① 公元前1世纪末，埃及局势混乱，托勒密王室衰微，亚历山大里亚的公民在很大程度上把自己视为埃及真正的领袖，并把维持自身独立的愿望与维持埃及独立的愿望联系在一起。为此他们越发贴近反对罗马的托勒密君主，而反对罗马人。这点在《亚历山大里亚战记》中记载的亚历山大里亚公民的政治宣传中得到了突出的体现："罗马人正在慢慢形成一种侵吞他们王国的习惯，不多几年以前，奥卢斯·伽比尼乌斯就曾带着军队来过埃及，庞培在逃亡中也跑到这里来，凯撒现在又带着军队来了，就连庞培的死亡也不能叫他不再在他们这里待下去。如果他们不能把他赶出去，他们的王国就将变成罗马的一个行省。"《亚历山大里亚战记》3，中译本参看凯撒《内战记》，任炳湘、王士俊译，商务印书馆，1996。

种不满的症结实际是"城邦"的独立自治。

凯撒于公元前 48 年来到亚历山大里亚对庞培的事务收尾，进而插手托勒密十三世与克里奥帕特拉七世的王位之争，导致战争爆发。① 这场战争的一方是托勒密十三世、亚历山大里亚市民与埃及军队的联盟，他们的政治目标包括维持埃及独立，争取亚历山大里亚自治权，反对罗马干涉，等等。作为战争另一方的凯撒，则得到了亚历山大里亚犹太人的帮助。王军与凯撒分别据守亚历山大里亚的西部和东部。凯撒所在的位置正是犹太人聚居的 δ 区。该城的犹太人帮助凯撒挖掘水渠，修建工事。② 埃及其他地区的犹太人也大都支持凯撒。虽然凯撒胜利后，犹太人在埃及和亚历山大里亚的族群特权被罗马权威再次确认；但是，犹太族群同希腊族群之间的关系却大大恶化了。许多反犹的观念也随之而出。③

事实上，就亚历山大里亚的希腊人而言，其反犹观念的形成，一方面在于他们为追求政治"独立"，恢复理想"城邦"而进行政治斗争时，与犹太人发生了矛盾。另一方面，犹太人在亚历山大里亚的社会组织、政治地位、认同观念、发展方式等也都与希腊人的"城邦"体系不相融合，而且犹太社团对亚历山大里亚公民的政治地位也造成了很大的挑

---

① 关于这场战争，见《内战记》卷三 106~112，《亚历山大里亚战记》1~33.

② 《亚历山大里亚战记》7 写道："而且在凯撒掌握的这部分地区，还有当地的大批市民，凯撒没让他们搬出房子，因为他们公开做出忠于我们的样子，和自己的同胞不相往来。"学术界大多认为这些人正是亚历山大里亚的犹太人，参看 A. Kasher, *The Jews in Hellenistic and Roman Egypt: The Struggle for Equal Rights*, pp. 13–17.

③ J. M. G. Barclay, *Jews in the Mediterranean Diaspora: From Alexander to Trajan*, pp. 38–41.

战。为了弄清这点，还需要对亚历山大里亚犹太社团的情况进行考察。

二　亚历山大里亚的犹太社团

埃及是犹太人传统的散居之地。希腊化时期，亚历山大里亚又是希腊化世界的第一大都市，因而吸引了大量犹太人来此定居。据学界估算，在希腊化时期，大约有 18 万犹太人居在亚历山大里亚。① 斐洛在论及公元 38 年的反犹暴动时，曾提及当时的犹太人已经散布全城，尤其集中于城市的两个大区之中。② 犹太人在亚历山大里亚有专门的聚居区，这种情况在托勒密时期已经发生。③《托拉》于公元前 3 世纪被译为希腊文，表明亚历山大里亚有相当一部分犹太人已经使用希腊语。事实上，在托勒密时期，统治者为了扩大自身统治基础，尽量淡化非埃及族群之间的界限，构建出以埃及身份和希腊身份为阶级分野的社会结构。这里的希腊身份并非族群概念，而是文化概念，即埃及出身之外的人，只要会讲希腊语并为王室效力，即可被划入"希腊人"的范围，进入统治集团，享受属于统治阶层的某些特定权利。④ 就此而言，亚历山大里亚的犹太人只要掌握希腊语，即有望与族属意义上的希腊人一起成为特权阶层。现实中的情况也大抵如此。

---

① J. M. Modrzejewski, *The Jews of Egypt: From Rameses II to Emperor Hadrian*, pp. 73-74.

② 亚历山大里亚城分为五个区，以希腊前五个字母 α、β、γ、δ、ε 命名，犹太人特别集中于该城五个区中的两个，其中 δ 区是可以确定的犹太聚居区。见 Philo, *Flacc*, 55。

③ S. Gambetti, *The Alexandria Riots of 38 C. E. and the Persecution of the Jews: A Historical Reconstruction*, Leiden: Brill, 2009, pp. 23-55.

④ J. M. Modrzejewski, *The Jews of Egypt: From Rameses II to Emperor Hadrian*, p. 81; E. Bickerman, *The Jews in the Greek Age*, pp. 84-86.

由于犹太人在亚历山大里亚城中的所有四个政治势力中实力最为弱小，因此这一族群对自身集团与最高权力维持良好的关系最为看重。事实上，在托勒密君主眼中，犹太人也是相对可靠、忠诚的"第三方势力"：一方面，犹太人没有亚历山大里亚公民所拥有希腊正统的"大旗"以及谋取"城邦独立"的野心；另一方面，作为外来移入的少数族群，他们也不具备埃及人的本土威胁性。和其他族群相比，犹太人更需要把自己同最高权力紧紧地绑在一辆战车上，因为他们在散居地的所有权利，都来源于最高权力。托勒密君主对此心知肚明，因此，托勒密君主倾向于使用犹太族群的力量，并在这一基础上表现出某种"亲犹"的态度。这在托勒密后期变得更加突出。在托勒密六世的时代，亚历山大里亚的希腊公民介入了托勒密六世与其弟的王位争夺战，埃及人依然被王室提防，而犹太人由于其"第三方"的特点被君主看重，并在这一时期受到重用。亚历山大里亚的犹太人极有可能在托勒密六世时期获得了进入防卫首都的"马其顿卫队"以及其他一些权利。[1] 虽然在托勒密六世死后，犹太人在托勒密八世以及克里奥帕特拉二世的王位争夺中"站错了队"，出现了很大危机，不过，在这两位王室成员以婚姻结束争斗后，犹太人并未遭受十分严重的打击。因为，归根结底，犹太族群和托勒密君主相互需要：王室需要犹太族群作为政治砝码平衡局势，巩固君主权力；犹太族群需要君主确保其"按照祖先的习惯"生活的权利，并把这视为尽忠的回报。犹太族群需要巩固其独特的生活方

---

① V. Tcherikover & A. Fuks, eds., *CPJ*, Vol. 1, p. 21; G. Hölbl, *A History of the Ptolemaic Empire*, p. 190.

式以维持自身的民族认同，而王室在某种意义上也需要加强犹太人的民族特殊性来确保犹太人不混同于其他政治势力。然而，这样的互动无疑会不断地突出和加强犹太人在整个托勒密王朝，特别是亚历山大里亚城中的族群异质性，而这不可避免地会扩大犹太族群与其他政治团体，特别是亚历山大里亚希腊公民与埃及人之间的矛盾。这正是希腊族群反犹观念产生的社会根源。

以犹太族群为考察主体，分析希腊人犹太观念的社会成因，有三个变量需要把握：其一，亚历山大里亚犹太社团的内部状况与其最高权力的关系；其二，亚历山大里亚的犹太人与同城希腊公民团体的关系；其三，亚历山大里亚犹太社团与耶路撒冷的关系。就第一点而言，犹太人在亚历山大里亚组成了族政团，而族政团本身在政治地位、机构设置以及政治权利等方面对亚历山大里亚城邦构成了挑战；就第二点而言，犹太人常有越出族政团，向城邦渗透取得公民权的现象，同时犹太人享有的许多权利与城邦的传统相悖；就第三点而言，亚历山大里亚的犹太人与耶路撒冷之间保持着高度的认同，这种认同的级别不仅超越亚历山大里亚城内"希腊人"的认同，有时甚至超越托勒密王国的政治认同，不仅招致希腊公民团体的憎恶，甚至引发托勒密君主的担忧。以下具体分析。

首先，在亚历山大里亚的犹太社团有"族政团"（politeuma）这一政治实体，与亚历山大里亚公民构成的"城邦"（polis）相平行。[①] 关于"族政团"这一概念，学术界争论甚多，但大多数学者都认定族政团是希腊化时期散居犹太人组织

---

① V. Tcherikover & A. Fuks, eds., *CPJ*, Vol. 1, p. 6.

社团的主要形式。① 其中，伊迪斯·斯莫尔伍德对之界定得最
为清晰："族政团是被承认的，正式成立的外族团体，他们在
异乡城市享有定居权，并且形成单独的、半自治的民事实体，
是城中之城；它拥有自己的宪制，作为族群单位，它通过异于
且独立于寄居城市的官员来处理其内部事务。"② 概而言之，
"族政团"是指在希腊化王国或希腊城市中，由外族构成的具
有一定自治权的政治实体。"族政团"在希腊化世界十分盛
行，并不为犹太人所专有，而且在埃及，犹太人也拥有不止一
个"族政团"，只是亚历山大里亚的族政团最具代表性。此

---

① 亚历山大里亚的犹太社团被称为"族政团"最早出现于《阿里斯蒂亚书
信》310，文中写道："当圣卷被宣读时，译者中的祭司和年长之人、族
政团的部分成员以及这个民族的诸位领袖都起身……"哈达斯在注解这
句时特别指出"Politeuma"一词是术语，指亚历山大里亚之内犹太人
的政治组织。吕德里茨曾撰专文来探讨"族政团"的概念，指出该词可
以指为庆祝节日而组成的妇女团体；一种信仰社会；由于某种目的而联
合在一起的一伙士兵；身居异地的同乡公民组成的团体；族群社团；等
等。出现于《阿里斯蒂亚书信》中的"族政团"一词，是指一个能代表
亚历山大里亚的社群实体，这很显然是指该城的犹太社团。切利科夫也
指出了族政团的多种含义，有时该词可以用来指代一般的希腊城市，有
时用以指代某地区或城市的所有居民。对于亚历山大里亚的散居犹太人
而言，希腊城市或是希腊化王国内部的外族社团。然而，并非所有的学
者都认同这个概念，莫杰夫斯基对"族政团"的存在便持否定态度，他
认为在托勒密时代，埃及犹太人享有某种程度的"公民身份"，并不是
由于他们组成了"公民社团"，决定性的因素在于他们被包含于"希腊
人"的团体内，"希腊人"才是"公民实体"，与之相对的是本土的埃及
人。参看 M. Hadas, ed. & trans., *Aristeas to Philocrates* 310, pp. 220 - 221;
G. Lüderitz, "What is the Politeuma?", in J. W. van Henten & P. W. van
Horst eds., *Studies in Early Jewish Epigraphy*, Leiden: Brill, 1994, pp. 183 -
225; V. Tcherikover, *Hellenistic Civilization and the Jews*, p. 299;
J. M. Modrzejewski, *The Jews of Egypt: From Rameses II to Emperor Hadrian*,
p. 82。

② E. M. Smallwood, *The Jews under Roman Rule: From Pompey to Diocletian*, Lei-
den: Brill Academic Publishers, Inc., 2001, p. 225.

外，并非所有居于亚历山大里亚的犹太人均在犹太"族政团"之内。

从权利角度看，亚历山大里亚的犹太族政团一方面与其他族群的族政团存在共性，另一方面也有其特殊之处。就共性而言，犹太族政团与其他的族政团一样，拥有在所居城市的永久居住权、在族政团内部的自治权，可以按照自身族群"祖先的习惯"生活。为此，他们可以拥有社团内部的法律和司法体系，可以兴建会堂，并在会堂中以《托拉》的精神对下一代进行教育，他们还有权选举族政团内部的官员。①

在享有一般族政团所拥有的权力的同时，犹太族政团还拥有一些特权，这些特权产生的根源在于犹太教独特的生活方式以及犹太律法的独特规定。事实上，"如果没有某些特权，犹太宗教在希腊-罗马社会中无法存在"②。因为宗教是希腊城市（城邦）生活中有机的组成部分，古希腊人没有政教分离的概念，两者是紧密联系在一起的整体。在多神信仰的希腊观念中，少数族群可以把他们的神灵带进移入的城市，但是忽视或怠慢城市本身的保护神是不被允许的。犹太人独一神的信仰与城邦的多神体系在这个问题上完全矛盾。因此，在族政团建立伊始，犹太人就需要最高权威赋予他们一些特权，用来维持他们独特的传统。犹太人在得到这些特权的同时，也注定会使同城的希腊人对之产生不同程度的质疑和憎恶，因为这些特权在本质上与城邦宗教相抵触。

总体而言，犹太人的宗教特权可以概括为三点。其一，犹

---

① V. Tcherikover, *Hellenistic Civilization and the Jews*, pp. 301-302.

② V. Tcherikover, *Hellenistic Civilization and the Jews*, p. 305.

太人有免于城邦宗教活动以及帝王崇拜的权利。这是犹太人能够按照"其祖先的习惯"生活的前提。因为犹太一神传统具有排他性，无法与其他多神教文明融通。其他民族的族政团没有这种特权，依然可以正常运转，但犹太人如果无法得到这一保证，就无法在该地立足。特别需要指出的是，任何希腊化君主或是罗马皇帝也没有公开对这一特权加以确认，特别是没有以文书的形式加以确认。因为这点无法明言，否则君主的权威便受到损害。这样，犹太人与希腊化君主之间达成的是一种事实上的默契。犹太人在这类事务上有其独特的处理方式。犹太人会把会堂题献给希腊化君主或罗马皇帝，并替君主在上帝面前祈祷，却不把他们视为神而向他们祈祷敬拜。

其二，犹太人有守安息日的权利。守安息日是犹太律法重要的组成部分，也是犹太人维系认同的重要方式。然而，在散居的环境中，族际交往不可避免，而且某些职业或事务，例如军役和法律纠纷等，必定会妨碍犹太人的这一习俗。因此，犹太人需要最高权威对其守安息日的权利加以保障，这样他们才可以在安息日当天，拒绝参与涉及希腊人的各项城邦日常事务，守住犹太律法。

其三，犹太人有收集并向耶路撒冷输送圣殿税的特权。无论身在何处，犹太人每年都要向圣殿缴纳定额的税金。在散居地，筹集、输送、护卫圣殿税，无疑需要托勒密君主或是罗马皇帝的特许。

从结构设置的角度看，亚历山大里亚犹太族政团的机构建制和运行都十分完备，甚至超过亚历山大里亚城邦的机构建制。族政团最重要的机构是长老会。该机构一直从托勒密时代延续至罗马时代，由71名长老组成，主持着族政团内部的日常生活，特别是宗教生活。① 长老会中的领袖人物被称为"雅康"（Archon），约有 38 人，由犹太贵族控制，斐洛和约瑟夫斯均有提及。② 除了长老会，犹太族政团尚有族长（ethnarch）、会堂首领（archisynagogos）等职位③，而犹太会堂则被托勒密君主授予"避难所"（asylia）的地位，其功能同埃及的神庙相当。④ 此外，亚历山大里亚犹太族政团有自己的法庭，用以处理内部诉讼。⑤

　　将犹太族政团的权力和机构建制与亚历山大里亚"城邦"相比，不难发现，无论哪一方面，犹太族政团都有令希腊城邦艳羡和忌恨的地方。

　　从权利的角度而言，依照托勒密王朝以希腊化判定社会地位的标准，亚历山大里亚的犹太人和希腊人都被算作"希腊人"。因此，他们相对于埃及人地位相同，都属于特权阶层。但是，犹太族政团和希腊城邦相比，其生活方式却有着极大的差异，特别是犹太族政团赖以存在的几大特权，无一不与城邦生活相矛盾。这自然容易使居于主流地位、拥有正统名

① E. M. Smallwood, *The Jews under Roman Rule: From Pompey to Diocletian*, pp. 226–227.

② 斐洛曾经指出，弗拉库斯抓捕了 38 名长老会的头目，见 Philo, *Flacc.* 74. 另见 Josephus, *AJ*, Ⅶ, 412。

③ 斯特拉博的记载中提到了犹太族长，并指出此人权力很大，是族政团内政机构、司法机构以及公证机构的主管，其管理社团就"如同独立国家的领袖"。Strabo, *Historica Hypomnemata*, apud: Josephus, *AJ*, ⅩⅣ, 117. 见 M. Stern, *GLAJJ*, Vol. 1, No. 105。然而，这一职位只存在于托勒密时代，奥古斯都时代族长已经被长老会取代，见 V. Tcherikover & A. Fuks, eds., *CPJ*, Vol. 1, p. 10; J. M. G. Barclay, *Jews in the Mediterranean Diaspora: From Alexander to Trajan*, p. 43。

④ V. Tcherikover, *Hellenistic Civilization and the Jews*, p. 303.

⑤ J. M. G. Barclay, *Jews in the Mediterranean Diaspora: From Alexander to Trajan*, p. 43.

分的希腊公民不满，并把犹太人视为城邦中的异质和对手加以排斥。

生活在亚历山大里亚，犹太人却有权不参与城邦的宗教活动和帝王崇拜仪式，这样的做法显然无法令亚历山大里亚的希腊公民接受。因为城邦宗教是公民认同的重要组成部分，认同城邦的保护神是被城邦接纳的前提条件，即令客居城邦之中的外邦人也是如此。亚历山大里亚的希腊人虽然失去了传统城邦的自由独立，却以城邦自居，并极力标榜希腊城邦理想。这样的境况使得该城的公民更加敏感，更加重视现实中维持城邦认同的各种仪式。犹太人在拥有居住权以及其他种种权利的同时，却拒绝城邦的宗教，这对该城的公民无疑是一种挑衅。对此，公元1世纪的阿庇安便提出了十分尖锐的质问："那么，为什么，如果他们是公民，他们不和亚历山大里亚人崇拜相同的神？"[1] 不同的宗教信仰易使希腊人产生不满，把犹太人视为城邦中的异质并且加以排除。埃及传统中犹太人不虔诚的观念融入希腊的犹太观念中，与此有着莫大的关系。

守安息日的特权同样为希腊人所不满。从阿加沙契德斯起，希腊罗马作家对安息日的指控就接连不断，而且对之进行各种恶意的揣测，认为犹太人迷信或是懒惰。然而，究其根源，希腊人的不满是植根于城邦生活中犹太人所表现出的异质性。犹太人在安息日不参与城邦中的任何事务，这无疑为希腊人认为犹太人"仇外"提供了素材。

最后，关于"圣殿税"的特权，也极易招致希腊公民的仇视。在希腊化时期，个人财富对于城邦而言是十分重要的资

---

① Josephus, *CA*, II, 65.

源。一方面，城邦甚至可以因为个人为城邦做出巨大的贡献（通常与财富相关）而赋予其公民权。① 另一方面，希腊城市中的有钱人需要承担"社会义务"，用他们的财富承担公共事务的开支。这是城邦政治生活中重要的组成部分。② 因此，城邦公民对于市内财富的外流一向十分谨慎和不悦，何况这笔财富承载着异于城邦的认同。犹太人的圣殿税数额很大，这使很多希腊人希望能够把这笔财富充公而用于其自身城邦的事务之中。在亚历山大里亚的希腊人看来，如果犹太人认同于居住的城市，那么，这些财富显然不应该外流。

从机构建制的角度看，把犹太族政团同亚历山大里亚城邦相比，两者的完备程度立见高下。虽然犹太族政团没有希腊城邦的正统地位，但是在实质上享有高度的自治权，有着极其完备的机构建制。反观亚历山大里亚城邦，虽然有着希腊正统的名分，却处处被最高权威提防，自由独立已是幻想，就连起码的城邦机构都无法保存，甚至连城邦公民的组成都受到王权的干预，致使大批非希腊人拥有了公民身份，而这些人大部分是犹太人。对于生活在同一城市的希腊族群和犹太族群而言，这种情势势必造成城邦和族政团之间的矛盾，导致希腊人产生针对犹太人的忌恨。

然而，权利与机构建制引发的矛盾还不是全部。部分犹太人在维持其原有族群认同的同时，还通过各种方式，主动向希腊城邦渗透，获取亚历山大里亚的公民权。这使已有的复杂矛盾进一步激化，强化希腊人对犹太人的敌视观念。

① V. Tcherikover, *Hellenistic Civilization and the Jews*, p. 327; p. 515, n. 87.
② 萨拉·B. 波默罗伊、斯坦利·M. 伯斯坦、沃尔特·唐兰、珍妮弗·托儿伯·特罗伯茨：《古希腊政治、社会和文化史》，第 245 页。

　　排除王权因素，从犹太族政团、希腊城邦以及埃及原住民三者政治地位关系来看，犹太人的"地位同希腊人相比，只是外邦人，即拥有居住权的外侨。他们的位置居于亚历山大里亚公民以及完全无特权的埃及人之间，埃及人没有任何权利。犹太人享有居住权和组织内部生活的权利，但他们并不是希腊政治实体的固有部分"①。换言之，尽管犹太族政团享有种种特权，但是，希腊城邦依旧是亚历山大里亚的正统所在，犹太人要想在城市和国家的公共生活中发挥更大的作用，便不能仅仅局限于族政团之内，而是要进入希腊世界，获取亚历山大里亚的公民权。保持犹太认同进入希腊城邦世界，享有城邦公民的权利，却又可以借助犹太族政团的特权逃避城邦事务，这自然会激起希腊世界的愤怒。

　　希腊化时期，亚历山大里亚的犹太人究竟有没有公民地位，一直是学术界关注的焦点问题。② 随着"克劳狄谕令"的出土，学界越来越倾向于认为，犹太人作为集体，并不拥有希腊公民权，但在希腊化时期，犹太人社会权利的发展有两个趋势十分突出，而且都对希腊人反犹观念的成形与发展起到了促进作用。

　　首先，虽然犹太人作为团体没有公民权，但是，涉及犹太人的某些惯常做法，却已经趋同于亚历山大里亚的公民。例如，在受体罚的问题上，犹太人可以免于像埃及人一样遭受鞭笞，而改用更温和的刑具。这种待遇是亚历山大里亚公民的权利。③

①　E. M. Smallwood, *The Jews under Roman Rule: From Pompey to Diocletian*, p. 230.

②　关于亚历山大里亚公民权问题学术争议的沿革，参看 J. M. G. Barclay, *Jews in the Mediterranean Diaspora: From Alexander to Trajan*, pp. 60-71。

③　Philo, *Flacc.* 74-79.

这表明族政团和城邦之间存在着政治地位和权利的竞争，犹太人致力于拉平与希腊公民之间政治身份差别，并且取得了一定的成效。

其次，犹太人可以作为个体而拥有亚历山大里亚公民权，同时拥有城邦公民与族政团成员的身份。犹太人获取希腊公民权主要通过三种方式。一是通过为城市捐款而被授予公民身份；二是渗透进体育馆，接受希腊式教育；三是托勒密君主也可授权，使犹太人成为亚历山大里亚公民。无论选择哪一种方式，虽然一定会有犹太人以牺牲犹太认同而获取公民权的情况，但与此同时，也必定存在得到公民权却依然维持其犹太认同的犹太人。后一种犹太公民尤其受到"城邦"的抵制。因为按照希腊人的观点，犹太生活方式本身便与城邦价值体系矛盾，而获得公民权依然保留犹太身份的犹太人更加不能容忍。从文献材料可以看出，他们谴责这些犹太人的"隔离主义"和排斥社会，谴责他们是无神论者，因为他们拒绝接受其他民族的神灵，特别是他们不接受城邦的神灵，他们的宗教信条——守安息日、行割礼、食物禁忌等——与希腊传统的社会准则矛盾，无法融入城邦生活。事实上，在希腊人看来，保持犹太身份而僭取亚历山大里亚公民身份的犹太人尤其无法被接受。"他们假装接受希腊价值观念体系，只分享它带来的利益，却在很大的程度上拒绝它，因为这种价值体系与犹太人的宗教信条势不两立。换言之，他们既希望成为'公民'，又希望'不同'。"①

从以上分析可以看出，在希腊人看来，亚历山大里亚犹太

①　J. M. Modrzejewski, *The Jews of Egypt: From Rameses Ⅱ to Emperor Hadrian*, p. 141.

族政团对其城邦的地位构成了挑战和威胁；而该城犹太个体向城邦的渗透则使城邦变得不纯洁，从而消解了城邦作为希腊人共同体的意义和价值。这两点是希腊族群产生反犹观念的重要原因，这其中，无论是集体还是个人，犹太人都以城邦异质体的角色出现。希腊人无法容忍一个族群既不认同于希腊世界，却又享有希腊人的身份和权利。很明显，这种异质性的核心在于犹太人的族群认同。

犹太认同的根基是犹太教，其核心在于对独一真神的信仰，而其外在表现则是对于摩西律法的遵守。通过律法来实践和贯彻信仰的做法，使得犹太民族在古代有着无与伦比的凝聚力和认同感。犹太律法的独特性和神圣性决定了犹太民族的一体性。无论是在犹地亚，还是在散居地，犹太人之间都能通过共同的生活方式建立起牢固的联系。虽然散居埃及的犹太人在很大程度上希腊化，但是他们中的绝大部分依然保持着自己的族群认同。他们认同于耶路撒冷、第二圣殿以及自己的犹太同胞，而不把自己当作真正的亚历山大里亚人。这样的认同观念自然凸显出犹太人的异质性。而当亚历山大里亚遇到危机时，该城犹太人的"忠诚"问题自然会被同城的希腊人所追究。同样，当埃及面临危机时，散居犹太人的"忠诚"问题也一样会被关注。

从托勒密六世到罗马征服埃及，亚历山大里亚经历了数次城市危机。然而，每当危机降临时，亚历山大里亚的犹太人都没有选择认同于该城的希腊人，而是服从自己的族群认同。

第一次危机出现于公元前145年，托勒密六世去世后，其弟托勒密八世与其遗孀克里奥帕特拉二世展开了王位争夺。此时，逃亡埃及的犹太大祭司后裔奥尼亚斯四世支持克里奥帕特拉二世，并率军从驻地莱翁特波利斯出发前往亚历山大里亚。
在这次战斗中，他的军队动员了亚历山大里亚的犹太族政团支
持他们。这一方面使得犹太人不可挽回地卷入王朝的内部争斗
中，另一方面也表明在政治忠诚的问题上，犹太人偏向于认同
自身的族群，这种偏向已经超越了城市与乡村的社会差别。①
此事极大恶化了亚历山大里亚城中犹太人与非犹太人的关系。
两个世纪之后，亚历山大里亚公民阿庇安依然利用这一幕来攻
击犹太人不忠于自己的城市。②

　　第二次危机出现在公元前 48 年前后。此次，凯撒对亚历
山大里亚开展攻击时，犹太族政团选择帮助凯撒，而没有支持
亚历山大里亚的希腊人。此外，帕伽马统治者米特拉达梯率军
入埃及援助凯撒，守卫"奥尼亚斯之地"③ 的犹太人在犹太大
祭司胡肯努二世和安提帕特（大希律之父）的劝说下，背叛
托勒密王，加入帕伽马王的军队，为其提供军需。此外，孟菲
斯周边的犹太人也加入了这支军队。④ 虽然犹太人因此得到了
凯撒的支持，但是散居埃及的犹太人，不论是在乡村，还是在
亚历山大里亚，同埃及其他族群，特别是希腊族群的关系无疑
大大恶化了，他们的"忠诚"一直为这些族群所诟病。

---

① J. M. G. Barclay, *Jews in the Mediterranean Diaspora: From Alexander to Trajan*, pp. 37-38; p. 38, n. 55.

② Josephus, *CA*, Ⅱ, 50.

③ 托勒密六世时期，圣殿大祭司家族的奥尼亚斯四世（Onias Ⅳ）因耶路撒冷的一系列斗争而逃到埃及。他的到来对埃及犹太人在托勒密王朝的政治生活造成了巨大的影响。托勒密六世对奥尼亚斯甚为看重，随他一同而来的犹太人被编为军队置于奥尼亚斯的治下，托勒密王专门把莱翁特波利斯（Leontopolis）的土地赐给奥尼亚斯作为军事殖民地，称之为"奥尼亚斯之地"（Land of Onias）。见 Josephus, *AJ*, Ⅻ, 387-388; 13: 62-73。

④ Josephus, *AJ*, ⅩⅣ, 127-139; *BJ*, Ⅰ, 187-194.

埃及犹太人这种认同于自身族群，而不认同于散居地的观念，在奥尼亚斯四世的两个儿子赫凯阿斯和哈拿尼雅的身上体现得最为突出。这两人在克里奥帕特拉三世当政时，掌控军权，是当时埃及举足轻重的政治人物。然而，当王后的谋士建议她吞并与之同盟的哈斯蒙尼王朝时，哈拿尼雅指出，王后如果这样做，会把所有犹太人变成她的敌人。[①] 受到这种威胁，王后被迫就范。这一事件至少表明，在托勒密时期，大多数埃及犹太人更忠于他们自己的族群利益，即使已经在埃及获得高位，当托勒密国家利益与犹太王国的利益冲突时，他们选择忠于耶路撒冷。不论犹太教、犹太人存在何种地域或是语言差异，犹太人族群认同的牢固程度均非同寻常。[②]

至此，通过分析犹太人与托勒密君主的关系、犹太族政团的权利与建制、犹太人对亚历山大里亚"城邦"的渗透以及埃及犹太人与耶路撒冷的关系，我们全面讨论了亚历山大里亚犹太族群的情况。从中不难发现犹太人与希腊人矛盾的社会根源。从城邦范式的视角出发，犹太文明在古代世界的隔绝性使其与希腊城市的生活观念格格不入，但这无法阻止犹太人采用某种希腊化的形式分享希腊世界的尊荣和利益。由此产生了犹太人"仇外""仇视人类""不虔诚"等具有希腊特色的反犹观念。同时，对于世俗权力和精神权威的独特认同模式，又使犹太人的"双重效忠"问题饱受质疑。这些因素归总在一起，使得犹太人不只在希腊"城邦"中，甚至在希腊化王国里都成为异质体，这种异质性对抗的是整个"希腊世界"，这是

---

① Josephus, *AJ*, *XIII*, 353-355.

② J. J. Collins, *Between Athens and Jerusalem: Jewish Identity in the Hellenistic Diaspora*, pp. 71-72.

"犹太主义"与"希腊主义"对抗的大问题。

三　族群博弈中的埃及因素

在亚历山大里亚的博弈竞技中，除去托勒密王室、希腊人和犹太人，还有第四支力量，这便是本土的埃及人。无论托勒密王室如何防备、剥削、压制他们，埃及因素的影响力对亚历山大里亚乃至整个托勒密王国来说，都是至关重要的。就希腊族群犹太观念的问题而言，埃及因素的影响一样不可忽视。

在希腊化时期，亚历山大里亚是希腊文明的中心，但是这座城市从建造之初与埃及因素紧密相连。希腊化时期新建的希腊城市一般都是以原有的东方城市为基础，即新建的希腊城市总是毗邻于原来旧有的东方城市，两者合一成为新的希腊化城市。亚历山大里亚也不例外。它建立在埃及村镇拉库缇斯旁边，这一村镇在随后成为亚历山大里亚城的一个区。毫无疑问，依据这种建城方式，埃及文化在最初就会对希腊人产生不可低估的影响。[1] 在埃及，希腊化与埃及化是水乳交融的。

从托勒密王朝初期的社会关系看，"希腊人"与"埃及人"之间的界限泾渭分明。这里的"希腊人"是指埃及出身之外，会讲希腊语的人。二者之间是统治与被统治的关系。军队与高级管理人员均由希腊人充任，埃及人被排斥在外。公元前312年之后，埃及人甚至被禁止携带武器。[2] 从经济上看，托勒密统治者将希腊的包税制引入埃及，在纳税者与政府之间雇佣包税人，包税人通过竞标取得特定区域的收税权，若征得

---

[1]　V. Tcherikover, *Hellenistic Civilization and the Jews*, p. 30.

[2]　刘文鹏：《古代埃及史》，第612页。

税款超过许诺国王的总额，多出来的钱款归包税人；若征税总额少于许诺的标的，则由包税人自己补足。由此，政府和包税人对利益的追求保证了对缴税人口，即广大的埃及人，进行最大程度的剥削。① 值得注意的是，纸草材料表明，犹太人时常担任包税人的角色。② 这显然容易引发犹太人与埃及人之间的矛盾。严酷的统治使得埃及人与"希腊人"之间存在矛盾，公元前 3 世纪末前 2 世纪初，埃及曾爆发大规模的平民起义。③ 不过，对于这场大规模的起义，贡特尔·霍尔贝中肯地指出，尽管发生了大规模起义，但起义的主力是劳工平民，埃及的高级祭司阶层依然服从于托勒密王室。④ 埃及本土的宗教特权阶层之所以如此表现，与托勒密王朝的宗教政策密切相关。

事实上，从托勒密王国建立伊始，希腊统治者就十分清楚他们必须扶持和照顾埃及的传统宗教，以此赢得埃及精英，即祭司阶层，对王国统治的支持，通过赢得祭司阶层的支持保障国内局势的平稳。⑤ 因此，尽管托勒密统治者在经济、社会、军事等方面对埃及人十分峻厉，但在宗教层面却表现出极为亲善的一面。与此同时，埃及宗教将法老视为太阳神之子以及荷鲁斯在人间的显现，这种传统与希腊化时期兴起的君主崇拜具有极大的相切性，故托勒密统治者竭力将自身与传统的埃及法

① P. Schäfer, *The History of the Jews in the Greco-Roman World: The Jews of Palestine from Alexander the Great to the Arab Conquest*, pp. 13-14.

② V. Tcherikover & A. Fuks, eds., *CPJ*, Vol. 1, pp. 18-19.

③ 刘文鹏：《古代埃及史》，第 616~617 页。

④ G. Hölbl, *A History of the Ptolemaic Empire*, p. 153.

⑤ A. K. Bowman, *Egypt after the Pharaoh 332 BC-AD 642: From Alexander to the Arab Conquest*, Berkeley: University of California Press, 1986, p. 169.

老相同，一方面将君主希腊化的君主崇拜与埃及宗教传统相融合，一方面拉拢埃及的宗教特权阶层，增加自身统治埃及的合法性和控制力。从托勒密一世起，王国在意识形态建设方面便努力将自身驱逐波斯统治者比附为新王国统治者驱逐希克索斯人。托勒密统治者将自身塑造为古埃及法老惯常使用的手法就是恢复各地传言中被波斯人窃走的神像，以此表现自身对宗教的虔诚。① 这一举措显然有利于埃及传统的反犹主题融入希腊世界之中。

从宗教政策来看，托勒密王国最重要的目标之一就是将埃及人和希腊人联合在一起。亚历山大里亚的城市守卫神萨拉匹斯的出现，正是埃及宗教与希腊宗教完美结合的典范。萨拉匹斯在埃及宗教中是俄赛里斯与阿匹斯神的结合体，前者是阴间法老、冥神与丰收之神，后者是有传达神谕之能；依据萨拉匹斯在埃及宗教中神性和职能，他在希腊宗教中被等同于神王宙斯、冥神哈迪斯以及酒神狄俄倪索斯的结合。② 这个为埃及人与希腊人共同崇拜的神立刻吸引了托勒密君主的注意，予以大力扶植，成为王国内最为流行和重要的神祇崇拜，因为它"既满足了希腊马其顿移民的宗教情感，又符合埃及本土人的宗教观念"③。萨拉匹斯崇拜的例子表明：无论是埃及人，还是希腊人，他们不需要与自身传统决裂便能融入对方的宗教之中，彼此涉及宗教的观念交流起来十分顺畅。与之相比，一神传统的犹太宗教无法与任何一个多神传统兼容。因此，当希腊

---

① G. Hölbl, *A History of the Ptolemaic Empire*, p. 81.

② S. Hornblower & A. Spawforth, eds., *OCD*, 3rd ed. rev., pp. 1355–1356.

③ 郭子林：《论埃及托勒密王朝王权与神权的关系》，《古代文明》2008 年第 4 期。

人与埃及人在思想、宗教领域达成共识后，他们对于犹太人的负面印象很容易结合起来。

随着时间的推移，托勒密王国的族群关系也在变化，其中最重要的变化就是托勒密王权与埃及本地人的联系日益紧密，后者的重要性日益提升。这一变化的节点是第四次叙利亚战争（前219年~前217年）。托勒密四世依靠着本土埃及人组成的军事力量击败了来势汹汹的塞琉古王。此后，埃及人的自信心不断增加，托勒密国王不得不一次又一次地向本土埃及人让步来满足他们的愿望，埃及人的社会地位开始逐步上升。① 由此，埃及宗教传统的重要性稳步提升，而这一传统中反犹元素的影响力也一并扩大。托勒密王朝中后期，埃及人在王国政治中的重要性变得越来越重要。勒密八世在夺取政权时，犹太人以及亚历山大里亚的希腊人都没有支持他，因此他上台之后，进一步拉拢埃及人，颁布了《大赦与规章谕令》，其中的部分条款是：

> 他们规定：确保属于神庙的神圣土地和其他的神圣收入，神庙应该得到以往他们从葡萄园、菜园以及其他土地得到的份例。
>
> ……
>
> 他们规定：在埃及人与希腊人彼此对立的案件中，即希腊人起诉埃及人或埃及人起诉希腊人的案件，……如果埃及人与希腊人达成协议并以希腊文书写合同，他们应将

---

① P. Schäfer, *The History of the Jews in the Greco-Roman World: The Jews of Palestine from Alexander the Great to the Arab Conquest*, pp. 21-24.

合同交付希腊法官（chrematistai）并获其首肯；但是，如果希腊人以埃及文书写合同以达成协议，他们应该将合同交付当地法官并依据当地法律获得法官首肯；埃及人起诉埃及人的案件不应被希腊法官带到其法庭，他们应该允许这类案件由当地法官依据当地法律予以裁决。①

从这份谕令可以看出，一方面，托勒密君主对于埃及祭司集团更加倚重，确保其利益。另一方面，在提升埃及人法官司法裁判权的同时，限制希腊人法官的司法裁判权，这大大提升了埃及人的社会地位。事实上，很多埃及的祭司也正是托勒密八世时期时获得了亚历山大里亚的公民权。埃及人地位的提升，埃及祭司阶层地位的巩固，显然有利于扩大埃及反犹观念的声量和影响力，使之融入希腊世界。

托勒密末期的形势为埃及精英走向社会上层提供了机会。不过，埃及精英融入希腊社会的途径也只有希腊化，即接受希腊式的教育，成为希腊城市中的一分子。从马涅托起，能够进入希腊社会上层的埃及知识分子，希腊化的程度都极高。阿庇安以《荷马史诗》研究而出名，喀雷蒙则是著名的斯多亚派学者。② 埃及知识分子要想获得希腊人的认可并成为他们之中的一员，唯有表现出比先天希腊人更强的希腊性。这里的关键在于如何消除旧有的身份以彰显新的认同。经验表明，犹太人一旦背教，对于犹太人或犹太教的攻击往往比非犹太人更甚，

---

① "chrematistai"指托勒密王国内由"希腊人"担任的法官，通常由三人组成。谕令原文见 R. S. Bagnall & P. Derow, eds., *The Hellenistic Period: Historical Sources in Translation*, Oxford: Blackwell, 2004, No. 54。

② M. Stern, *GLAJJ*, Vol. 1, p. 389, 417.

因此他们力图从根本上摆脱犹太性。① 例如，著名犹太哲学家斐洛的侄子，提比略·尤利乌斯·亚历山大。此人背弃犹太身份拥抱罗马，一路仕途亨通，公元 66 年担任埃及总督，并在是年的族际冲突中血洗犹太人的聚居区。② 同样的问题，希腊化的埃及知识分子又当如何处理？与犹太人不同，埃及人极力消除的是其埃及出身，而不是宗教。萨拉匹斯崇拜已经证明了埃及宗教与希腊宗教交融无碍。埃及人不需要背弃自己的宗教来彰显自身的希腊性，他们采用的方式是攻击"城邦"中具有反希腊要素的"他者"。在亚历山大里亚城中，这一"他者"天然地锁定于犹太人。于是，我们看到，吕西马库斯、喀雷蒙和阿庇安在他们的时代发出了反犹的最强音，同时实现了埃及传统与希腊观念的完美结合。

在托勒密后期，当罗马成为托勒密王国生存的威胁时，亚历山大里亚的希腊公民在很大程度上已经把城邦的自由独立与埃及王国的独立联系在一起，把自身塑造成捍卫埃及独立的力量。力图维持埃及独立的托勒密君主得到了亚历山大里亚希腊公民和埃及人的支持。这种形势也有利于亚历山大里亚城以及埃及全境埃及因素与希腊因素的融合。在这种情况下，犹太人又一次被塑造成了"他者"的形象。托勒密的末代女王克里奥帕特拉七世曾在饥荒发生时拒绝将配给的谷物分给亚历山大里亚的犹太人。③ 埃及艳后的举措表明的是一种全新的博弈形势：在罗马的威胁之下，埃及的王权与希腊人和埃及人站在了

---

①   C. Roth & G. Wigoder, eds., *Encyclopaedia Judaica*, Jerusalem: Keter Publishing House Ltd., 1971, Vol. 1, s. v. "Apostasy", pp. 202-218.

②   Josephus, *BJ*, II, 490-498.

③   Josephus, *CA*, II, 60.

一起，而犹太人只是那个既不认同于城邦，也不认同于王国，只认同于能确保其"按祖先的律法生活"的强权的"他者"。

综上所述，希腊族群反犹观念的形成有着深刻的社会根源，这种观念是希腊化君主、希腊城邦、犹太族政团以及埃及本土精英博弈的产物。托勒密君主的平衡策略，希腊公民的城邦理想、犹太族政团和犹太个人的社会抱负和认同方式，以及埃及知识分子与希腊社会的融合，这些都是希腊族群形成反犹观念的原因。尽管在托勒密时代，希腊人和犹太人之间并没有出现流血的记录，但是希腊族群与犹太族群之间的矛盾已经存在。随着罗马成为埃及的统治者，新的社会矛盾使希腊族群的犹太人偏见激化，最终以族群冲突的方式爆发出来。

第五章 罗马埃及的族际冲突
与文明博弈

希腊文明与犹太文明的这场博弈并没有随着托勒密王朝的灭亡而终止，反而随着罗马人入主埃及而变得更加激烈。公元前30年，罗马并吞埃及，实现了地中海世界的大一统。埃及发生了结构性的社会变化，罗马化的进程随之开启。与这一新的社会进程相伴，希腊人与犹太人的文明博弈表现出越来越强的零和性。埃及，特别是亚历山大里亚，依然是这场博弈进行得最激烈的地区。希犹双方的矛盾日益激化，最终导致了公元38年亚历山大里亚发生流血冲突。在这一背景下，希腊族群的反犹观念进一步加深，并且伴随着反犹暴动而走向高潮。阿庇安以集大成者的姿态总结了以往埃及人与希腊人的反犹观念和主题，并且对之进行了创造性的发挥，把古代世界希腊人的反犹观念发挥到了极致；同时，他也对罗马世界产生了深远的影响。

就地中海世界的犹太观念而言，罗马帝国初期的亚历山大里亚仍然具有高度的典型性。公元前30年后，罗马成为地中海世界名副其实的主宰，地中海地区，特别是东部地中海地区，由于罗马的统治，落入了一种极具共性的社会结构之中；希腊诸城中犹太族群与希腊族群的族际矛盾以及希腊族群的犹太观念，也由于这种具有共性的社会结构呈现出巨大的相似性。这种相似性表现为两个方面：其一是矛盾的实质，其二是现实中冲突爆发与演变的模式。

就矛盾的实质而言，伊迪斯·斯莫尔伍德指出："犹太人是异乡居民，不是他们所居的希腊城市的公民。但是现在，也许是倚重于罗马人的支持，他们对于提高其地位的抱负更加强烈，追求希腊人享有的公民权。然而，希腊人也有理由认为这种地位的上升需要以增加公民责任来加以平衡，他们无法接受犹太人同时在两个世界中获取最大利益的要求——成为全权公民的同时免除与其宗教相冲突的公民义务。因而希腊人开始通过攻击犹太人的宗教特权或是其在城市中的既成地位来发泄他们对犹太人政治抱负的不满。"[1]

就冲突爆发与演变的模式而言，特莎·拉亚克指出："第一，犹太人频繁疏离其邻人只能使各流散社团之间的联系日趋紧密。……第二，城市中的犹太人一直凭借罗马人的支持与时常充满敌意的希腊权威斗争。这样无疑制造了一种恶性循环：罗马人不断的干涉招致了当地人更深的仇视。因此，犹太人比其他群体更加关注罗马，特别是在罗马政策动荡不定的时候，这时他们需要应对失去保护的威胁。……第三，这样的三角关系表明罗马的指令常常被阳奉阴违。……相同的矛盾总是在同一地区反复爆发。"[2]

罗马并吞埃及之前，地中海东部各地希腊城市中的犹太人

[1]　E. M. Smallwood, *The Jews under Roman Rule: From Pompey to Diocletian*, pp. 140-141.

[2]　T. Rajak, *The Jewish Dialogue with Greece and Rome: Studies in Cultural and Social Interaction*, Leiden: Brill Academic Publishers, Inc., 2002, pp. 322-323.

与希腊人的族际状况便已经十分紧张。公元前 49 年，萨迪斯的犹太人向罗马当局上访，要求罗马当局主持正义，恢复其被希腊人践踏的传统权利。罗马人重申了犹太人的权利。公元前 14 年，小亚细亚爱奥尼亚地区一系列希腊城市中的犹太社团代表集体向途经此地的帝国二号人物马尔库斯·阿格里帕请愿，要求他裁决该地区犹太社团与希腊城市之间的争端。同样的事情也出现在北非的昔兰尼迦。[①] 凡此种种，层出不穷。然而，在公元 1 世纪中叶第一次罗马-犹太战争爆发前，这些地区的冲突都无法与公元 38 年亚历山大里亚的族际冲突相比。

一 罗马帝国初期的埃及与亚历山大里亚

公元前 30 年，罗马消灭了托勒密王朝，把埃及变成了罗马帝国的元首行省，亚历山大里亚依然是埃及的首府。从形式上看，亚历山大里亚依然维持着 4 个主要的权力要素，除了罗马政府取代了托勒密王室之外，还包括希腊公民、犹太族政团以及本土埃及人。然而，最高权力的转换直接造成了埃及社会结构和权利分配的变化。希腊人和犹太人矛盾的升级，希腊族群反犹观念的加深，都植根于这一新的历史变化之中。

罗马统治埃及造成的第一个重大变化在于希腊独立政权消失，这为新时期亚历山大里亚公民团体与罗马当局之间的情感关系奠定了基调。托勒密王权存在时，希腊公民也与之进行"内斗"，但托勒密君主毕竟代表了希腊民族的独立和尊严。托勒密王朝末期，罗马人的势力开始染指埃及，通过扶植傀儡君主来左右这一地区的大政方针。此时亚历山大里亚的希腊公

---

① E. M. Smallwood, *The Jews under Roman Rule: From Pompey to Diocletian*, pp. 139-143.

民已经清醒地认识到，罗马才是更加危险的敌人。虽然托勒密君主和罗马都不会宽容亚历山大里亚公民追求独立自治的"城邦"政治抱负，但是强大的罗马无疑更加令人忌惮。托勒密君主只会压制亚历山大里亚公民的自治权利，而罗马不仅危及亚历山大里亚"城邦"的独立，还威胁着希腊民族的"独立"以及亚历山大里亚作为地中海商业中心的地位。① 因此，早在罗马还没有正式并吞埃及之前，亚历山大里亚的希腊公民就不遗余力地反对罗马与其所扶植的每一位傀儡君主。②

公元前 30 年，随着最后一个希腊化王国被罗马灭亡，亚历山大里亚成为埃及地区反罗马情绪最强烈的地方。这座曾经的托勒密王都一度是地中海世界无可争议的文化和金融中心，现在却不得不屈服于罗马的光辉之下。于是，这座原本便以情绪波动暴躁而闻名的城市现在更是咒怨四伏。③ 不过，尽管亚历山大里亚的"希腊爱国者"能够使全城的人情绪亢奋，但他们并不敢公开挑战罗马军团的刀剑。埃及犹太人为罗马并吞埃及提供了重要的帮助，因此，亚历山大里亚希腊人仇视罗马的情绪找到了合适的发泄目标：犹太人。他们反犹不仅因为他们憎恨犹太人，另一重原因在于这些希腊人把攻击犹太人作为攻击罗马权威的"更为安全、更为间接的手段"。④ 各种反犹观念和行动也由此日盛。因此，在罗马帝国初期的亚历山大里亚，反犹太与反罗马统治紧密相连，因为它植根于该城希腊人

---

① V. Tcherikover & A. Fuks, eds., *CPJ*, Vol. 1, pp. 55-56.

② G. Hölbl, *A History of the Ptolemaic Empire*, pp. 222-257.

③ E. M. Smallwood, *The Jews under Roman Rule: From Pompey to Diocletian*, p. 230.

④ H. I. Bell, "Anti-Semitism in Alexandria", *The Journal of Roman Studies*, Vol. 31, 1941, pp. 4-5.

的民族情绪和对于希腊城邦传统价值的执着。

亚历山大里亚的希腊人通过反犹来表达反罗马统治的情绪延续了很长时间。这点在纸草材料中也有所反映。这便是由一系列纸草材料汇编而成的《亚历山大里亚殉道者行传》。[①] 这部作品初发布于19世纪末，其后陆续更新，学术界对其认识在不同阶段有所差异。最初，它被认为是严肃的官方记录。随着相关材料陆续发表，有学者指出这些纸草材料是大众传奇，具有强烈的意识形态倾向，与官方记录无关，其官方记录的形式只是表象。然而，这些文献在很大程度上也反映了历史事实，因为其中充满了强烈的反犹观念。学术界曾一度认为这些材料的主要目的在于扩展反犹宣传，但是这种观点很快被新的观点取代。新观点认为，这些纸草材料中的反犹主题只是第二位的，其首要目标在于反映亚历山大里亚人和罗马人之间的冲突，通过展示亚历山大里亚希腊民族英雄的悲剧性命运来赞扬其爱国精神。这部作品的作者不是一人，但他们都是亚历山大里亚的"民族主义"分子，通过组成某种类似社团的形式进行创作，而且随着年代逐步更新。这些作品在亚历山大里亚有着极大的影响力。试举一例如下：

> 亚历山大里亚人的使团奉召而来，皇帝拖延到次日接见他们。九月五日，于克劳狄·凯撒·奥古斯都的第1？年
>
> 九月六日：第二天。克劳狄·凯撒·奥古斯都在……

---

① V. Tcherikover & A. Fuks, eds., *CPJ*, Vol. 2, No. 154-159.

花园聆听了由亚历山大里亚体育馆司理①埃希多鲁斯控告亚基帕王②的案子。（除了这）十六名执政官等级的人，还有二十名元老与皇帝随坐，宫廷的妇女也参加了……埃希多鲁斯的审判。

埃希多鲁斯第一个发言："我主凯撒，我恳请您倾听我关于我故城痛苦的记述。"

皇帝："今天我同意给你这个机会。"

作为评审者，在座的所有元老对此表示同意，他们知晓埃希多鲁斯是何种样人。

克劳狄·凯撒："不要说我朋友任何坏话。（神禁止它！）你已经害死了两位我的朋友评注家西昂和奈维乌斯，埃及总督和罗马的禁卫军长官，现在你又在指控这个人。"

埃希多鲁斯："我主凯撒，你为何会关心像亚基帕这种微不足道的犹太人？"

克劳狄·凯撒："什么？你这所有人中最无耻的家伙会说……"

……

埃希多鲁斯："我主奥古斯都，考虑到你的利益，巴

---

① 体育馆司理（Gymnasiarch）：在古典雅典，体育馆司理每年从十部落中任命，职责是组织火炬接力赛跑。希腊化与罗马时期，城市的体育馆司理是公民体育馆的总管，负责体育馆日常运作并监督在体育馆中活动的青年的道德，他可以对犯错者进行罚款和鞭责。由于体育馆在公民生活中的核心地位，体育馆司理在地方上享有巨大声望。参见 S. Hornblower & A. Spawforth, eds., OCD, 3rd ed. rev., p. 659。

② 这里的亚基帕王是指亚基帕一世（Agrippa I），大希律的孙子，自幼在罗马成长，公元 41 年被罗马皇帝克劳狄封为犹太王。参见 S. Hornblower & A. Spawforth, eds., OCD, 3rd ed. rev., pp. 778-779。

尔比卢斯实际讲得很好。但对于你，亚基帕，我想就你提出的关于犹太人的观点做出反驳。我指控他们企图搅动整个世界……为了评断那整个民族，我们必须考量所有细节。他们与亚历山大里亚人在本质上不同，倒是像埃及人那样过活。难道他们不处于要缴人头税的等级吗？"

亚基帕："埃及人缴纳的税是他们的统治者加诸他们的……但是没有人对犹太人征税。"

……

兰姆朋对埃希多鲁斯说："我看到了死亡……"

克劳狄·凯撒："埃希多鲁斯，你害死了我许多朋友。"

埃希多鲁斯："我只是实现了那时当政的君王的愿望。所以我也会控告你希望指控的人。"

克劳狄·凯撒："埃希多鲁斯，你真是个妓女养的。"

埃希多鲁斯："我既不是奴隶也不是妓女养的，我是光辉的亚历山大里亚城的体育馆司理。不过你倒是犹太女人撒罗米遗弃的儿子！所以……"

兰姆朋对埃希多鲁斯说："我们也许要屈服于一位疯狂的皇帝。"

克劳狄·凯撒："那些我命令（去执行）埃希多鲁斯和兰姆朋处决的人……"①

这段对话虽然残缺，但至少有三点值得注意。首先，埃希

---

① V. Tcherikover & A. Fuks, eds., *CPJ*, Vol. 2, No. 156 a-d. 译文根据原文并考虑情节的连贯进行了合并调整。

多鲁斯为自身亚历山大里亚公民的身份而骄傲，最后不惜对抗强权而被处死。其次，他对罗马皇帝的痛斥表明了亚历山大里亚的希腊人对犹太人的憎恶和痛恨。罗马皇帝称其为妓女之子，他回敬罗马皇帝是犹太女人的弃子，言下之意犹太人的身份比妓女还要低贱。最后，罗马皇帝被塑造为犹太人之友。事实上，《亚历山大里亚殉道者行传》的内容在很大程度上体现出同一种模式：亚历山大里亚的公民使团，通常由体育馆司理率领，出使罗马。他们常常与犹太代表一起出现在罗马皇帝的宫廷之中，就该城的希腊公民权问题以及其他涉及亚历山大里亚城邦地位的问题请罗马皇帝仲裁。罗马皇帝常常被塑造成犹太人的保护伞，顽固地维护犹太人并且践踏亚历山大里亚希腊公民的利益。希腊使团的首领常常大义凛然地抨击犹太人并反抗罗马皇帝，被罗马皇帝处死，成为亚历山大里亚的英雄。这些纸草的宣传目的在于赞颂亚历山大里亚殉道者的爱国精神，嘲讽罗马皇帝的愚蠢、顽固和专横，抨击犹太人的狡诈，并把他们视为颠覆亚历山大里亚的罪魁祸首。这类纸草从公元 1 世纪横跨到公元 3 世纪不断更新，说明了亚历山大里亚这种"民族情绪"的持久性，也揭示出该城族际关系的紧张程度。

虽然亚历山大里亚的希腊人对罗马统治者心怀不满，但是，罗马人依然沿用了统治东部帝国的惯例来对待埃及。[①] 从罗马帝国来看，帝国西部与东部的罗马化存在着显著差异。[②]

---

① 从历史角度看，埃及的罗马化大体秉承了罗马东部行省的惯例，奥古斯都时代的革新措施极为重要，最终使埃及融入东部行省的模式之中。罗杰·巴格诺尔：《阅读纸草，书写历史》，宋立宏、郑阳译，上海三联书店，2007，第 62~71 页。

② 迈克尔·格兰特：《罗马史》，王乃新、郝际陶译，上海人民出版社，2008，第 107~121 页。

在整个帝国范围内，罗马人都选择与各地城市以及城市的贵族合作。但在西部，罗马化表现为市民采用拉丁语以及罗马文化，罗马人给予他们罗马公民权或是拉丁权；在东部，希腊化城市成为罗马统治的权力中心，特别是在族群混杂的地区，比如埃及和叙利亚，但是这里的主流文化是希腊样式的，拉丁语和罗马的生活样式无法在这里扎根。因此，在东部行省，罗马通常采用另一种方法联合并控制城市中的希腊公民：他们采用"自由和自治"的古老口号，保护各个希腊城市的公民权利，承认希腊语作为帝国的官方语言，向愿意为罗马政府服务的希腊公民开放罗马社会行政的晋升体系。在联合希腊人的基础上，罗马人借助他们的力量统治东部行省的其他民族。① 因此，无论从政治权利的角度，还是从经济和社会地位的角度，亚历山大里亚的希腊公民很快便看到，他们是罗马统治的受益者。

由此，我们便发现罗马统治的第二个重大变化：罗马对埃及行省进行的社会改革。为了确定自己在埃及的统治盟友和代理人，罗马政府必须重新调整埃及的社会秩序。此时，托勒密时期的"希腊人"阶层便成为罗马治理埃及的巨大障碍。托勒密时期的"希腊人"以讲希腊语和非埃及出身为特点，包含各个族群的人，他们的起源地模糊不清，其认同与所享有的权利也千差万别。因此，"希腊人"这一托勒密时期的文化概念，不是整齐划一的城市共同体，无法见容于罗马法体系，有碍统治。在罗马人眼中，这群自称为"希腊人"社会团体，

---

① 罗斯托夫采夫：《罗马帝国社会经济史》上册，马雍、厉以宁译，商务印书馆，2005，第78~81页。罗斯托夫采夫正确地归纳了罗马治理东方行省的原则，但是他把埃及视为特例的观点已经过时。

既没有组成"城邦",也不是真正意义上的"民族"。① 托勒密王朝遗留的秩序一团混乱,托勒密时代的"希腊人"应该被厘清和改造。因此,罗马人通过认定希腊公民权以及征收埃及人头税的方式,从正反两面重新整合埃及社会。

就认定希腊公民权而言,亚历山大里亚、托勒密以及瑙克拉提斯三座城市的公民毫无疑问是希腊人,因为他们在托勒密时代就是拥有自治权的城市。面对托勒密时代"希腊人"造成的混乱,罗马政府于公元4年出台了新的身份界定标准:从体育馆毕业的人被认定为希腊人。② 此后,在体育馆注册并且接受体育馆教育成功毕业便成为判定某人是希腊出身的标准。虽然体育馆作为城市机构在托勒密时期已经存在,但在罗马时期,它的性质和功能都发生了改变,一举成为城市中评判希腊公民身份以及组织公民自治的中心。托勒密时期乡村也可以拥有的体育馆到了罗马时期被全部关闭,体育馆成为城市的专有之物,体现出城邦的特性。③ 这一认证标准同时在亚历山大里亚、托勒密、瑙克拉提斯这三座希腊城市以及各州首府城市运作,但是有所区别。在希腊城市中,从在体育馆注册并顺利毕业的人是公民;而在各州首府中,在体育馆注册并顺利毕业的人只能是"都市人",其地位低于公民,但高于"埃及人";最后,除去上面的公民和"都市人",埃及的其他人口被划归为社会地位最低"埃及人"。由此,从身份等级看,罗马人在

① J. M. Modrzejewski, *The Jews of Egypt: From Rameses II to Emperor Hadrian*, p. 161.

② E. M. Smallwood, *The Jews under Roman Rule: From Pompey to Diocletian*, p. 231; V. Tcherikover & A. Fuks, eds., *CPJ*, Vol. 1, p. 59.

③ A. K. Bowman & D. Rathbone, "Cities and Administration in Roman Egypt", p. 121.

延续托勒密时期"希腊人"与"埃及人"二分法的基础上，明确了"希腊人"的身份，在埃及社会形成"希腊人"-"都市人"-"埃及人"的三层等级制。

就征收埃及人头税而言，罗马把人头税的税率同"希腊人"、"都市人"以及"埃及人"的社会身份联系起来，进一步固化他们在埃及社会营建的三层等级结构。具体说来，人头税征收的对象为埃及行省 14 岁至 62 岁男性，包括奴隶。然而，亚历山大里亚等三座希腊城市的公民及其奴隶、某些担任行政职务的人以及部分的埃及祭司免税。埃及各州首府的"都市人"也要缴纳这种税，但是其税率比正常的税率低。最后，"埃及人"要按照全额缴税。这样一来，亚历山大里亚等希腊城市的公民成为新结构中的第一等级。埃及各州首府的"都市人"组成了第二等级。"埃及人"成为彻头彻尾的"第三等级"。①

很明显，罗马在埃及行省的改革迎合了亚历山大里亚希腊公民希望纯洁城邦，清除城邦中异质体的夙愿。亚历山大里亚的希腊人自托勒密时期希冀于此，而且这一愿望与希腊族群的反犹观念关系密切。前引"议会纸草"中，亚历山大里亚的公民使团请求凯撒恢复该城的城市议会，许诺城市中"不会再出现注册在籍、有义务缴纳人头税的人，通过出现在每年埃弗比名单的公开记录上的手段"逃税，并使亚历山大里亚公民集团"不受那些没有文化、没有教育的人的玷污"。这些建

① A. K. Bowman & D. Rathbone, "Cities and Administration in Roman Egypt", pp. 112 - 114; J. M. Modrzejewski, *The Jews of Egypt: From Rameses II to Emperor Hadrian*, pp. 161 - 165; V. Tcherikover & A. Fuks, eds., *CPJ*, Vol. 1, pp. 57-65.

议显然是希望借罗马改革埃及行省之机，更进一步实现恢复城邦的愿望。然而，奥古斯都最终没有同意他们的请求，一方面由于这一要求违背罗马人推崇的"维持现状"原则；另一方面也在于罗马政府知悉亚历山大里亚人对他们的不满，担心城市议会被恢复后会被用来反对罗马统治，这种担心与托勒密王室当年对希腊公民势力的顾虑并无二致。

　　这场巨大的社会变革对于亚历山大里亚以及各州首府中的犹太人意味着什么？埃及犹太人与罗马人的关系最初十分融洽。埃及犹太人在罗马势力并吞埃及时给了他们很大的帮助。[1] 约瑟夫斯曾经提及"亚历山大里亚竖立着凯撒大帝赋予犹太人权利的铜板"[2]，并且坚称该城的犹太人具有亚历山大里亚的公民权。[3] 然而，当今学界已经公认约瑟夫斯的这些记载和观点有误，是对实际情况的有意曲解。维克多·切里科夫指出，约瑟夫斯提到的这位凯撒，不是"前三头"中的凯撒，而是"后三头"的奥古斯都。奥古斯都没有确认亚历山大里亚犹太人作为团体享有该城的公民权，他确认的只是犹太族政团的权利，即犹太人有"按祖先的律法生活"的权利。[4] 约瑟夫斯提及的铜版并未流传至今，但是人们可以通过克劳狄皇帝的谕令推测出其大概的内容。根据这封书信，奥古斯都乐于令"每个人都继续践行自己的习俗并且不被强迫违背其祖先的信仰"[5]。

---

[1]　J. J. Collins, *Between Athens and Jerusalem: Jewish Identity in the Hellenistic Diaspora*, p. 112.

[2]　Josephus, *CA*, II, 37.

[3]　Josephus, *AJ*, XIV, 188.

[4]　V. Tcherikover & A. Fuks, eds., *CPJ*, Vol. 1, p. 56; J. J. Collins, *Between Athens and Jerusalem: Jewish Identity in the Hellenistic Diaspora*, p. 112.

[5]　Josephus, *AJ*, XIX, 280 sqq.

事实上，奥古斯都确认亚历山大里亚犹太族政团的权利，也可以通过他确认其他希腊城市中犹太人的相应权利得到印证。例如，他曾经因昔兰尼迦和小亚细亚地区犹太社团的自治权利遭到破坏而下过保护犹太宗教权利的谕令。①

虽然罗马人维护了亚历山大里亚犹太族政团的相应特权，但是就亚历山大里亚公民权的问题，罗马的政策并不"亲犹"。在罗马人设计的埃及社会新秩序中，犹太人的地位异常尴尬。学术界从不否认罗马帝国时期亚历山大里亚存在拥有城市公民权的犹太人，但问题的关键在于作为集体的犹太人是否拥有这种权利。随着纸草材料《克劳狄书信》被发现，学界大都对这个问题持否定态度。目前的主流观点认为：在罗马帝国初期，亚历山大里亚的犹太人并没有形成一个特殊的社会阶层，作为集体的犹太族政团没有亚历山大里亚的公民权，② 新的社会结构以希腊公民权为认同界限；在亚历山大里亚，拥有公民权的犹太人便可免除人头税，并被划入埃及社会的第一等级。原则上，少数犹太人也成为"都市人"③；但绝大部分的犹太人，无论是城市居民还是乡村居民，都被划成"埃及人"，成为新社会中的第三等级。④

---

① 宋立宏：《罗马的犹太政策》，《学海》2006 年第 1 期。

② H. I. Bell, "Anti-Semitism in Alexandria", pp. 1-18; V. Tcherikover & A. Fuks, eds., *CPJ*, Vol. 1, pp. 60-74; E. M. Smallwood, *The Jews under Roman Rule: From Pompey to Diocletian*, pp. 227-235; J. M. Modrzejewski, *The Jews of Egypt: From Rameses II to Emperor Hadrian*, pp. 161-165; J. J. Collins, *Between Athens and Jerusalem: Jewish Identity in the Hellenistic Diaspora*, pp. 115-118.

③ A. Kasher, *The Jews in Hellenistic and Roman Egypt: The Struggle for Equal Rights*, pp. 74-105.

④ J. M. Modrzejewski, *The Jews of Egypt: From Rameses II to Emperor Hadrian*, pp. 163-164.

对于这样一种新地位，埃及的犹太人显然十分沮丧。事实上，罗马的改革对他们造成的损失不仅是经济上缴纳人头税，更重要的是他们的政治地位被降到了埃及人的位阶，严重损伤了他们的尊严和优越感。此外，对于大多数埃及犹太人而言，他们无力也无心追求"阳春白雪"的公民权，但是对于亚历山大里亚的上层犹太人而言，无法取得公民身份的情况他们不能接受。一方面，托勒密时期，亚历山大里亚犹太族政团在社会地位方面取得了很大的进展，成为与希腊城邦相埒的政治实体，很多犹太人"在城市中心度日，担任议事员、陪审员和集会者，有时还要肩负管理市场、体育馆以及其他公共事务的重任"。① 对于这些犹太上层人士而言，罗马的改革使托勒密时期以来他们日积月累赢取的大好局面付之东流。另一方面，在罗马帝国初期，拥有亚历山大里亚公民权是拥有罗马公民权的前提。② 无法成为亚历山大里亚公民也就意味着与罗马仕途无缘。出于这些原因，不少犹太人以各种方式进行了抗争，主要途径便是"议会纸草"所载潜入体育馆，通过注册埃弗比而获取公民权。

《犹太纸草集》记录了一位亚历山大里亚犹太人向罗马总督陈情，希望免除自己的人头税。③ 这名犹太人最初称自己为"亚历山大里亚人"，但他随后特地把这个称谓改作"来自亚历山大里亚的犹太人"。他很可能意识到自称"亚历山大里亚人"是一种僭越法律的行为，担心遭到处罚。他申请免除人头税的理由是：第一，他父亲拥有亚历山大里亚的公民权；第

①　Philo, *Probus.*, 6.

②　H. I. Bell, "Anti-Semitism in Alexandria", pp. 1–18.

③　V. Tcherikover & A. Fuks, eds., *CPJ*, Vol. 2, No. 151.

二，他自己接受了"适当"的教育，而这是他父亲用尽方法为他谋划的。然而，不知出于何种原因，他没能继承父亲的公民权。纸草后半部分残缺严重，但是出现了"体育馆""埃弗比""人头税"等。这在很大程度上表明，他所谓的"适当"的教育可能是指在体育馆中进行的希腊式教育。但是，在这份材料的最后，他最有说服力的理由却是自己已经年过六旬，过了缴税的年龄界限。虽然这份陈情的最终结果现在已经无法确知，但是这份材料无疑表明新的社会秩序对埃及犹太人，特别是亚历山大里亚的犹太人，造成了何种冲击。

需要指出的是，并吞埃及之后，罗马人还用自己的军团取代了托勒密王朝的旧军队。因此，托勒密时代在埃及政治中发挥重要作用的犹太军队也消失了。[①] 这一举措同样极大地削弱了犹太人在埃及社会的影响力。罗马帝国终结了古代地中海世界的乱世。在一统地中海世界之后，对于整个地中海世界的犹太人而言，罗马政府在未来的数个世纪都是实质性的最高强权，地中海世界不存在可以用来平衡或是对抗罗马的政治势力。因此，对于散居犹太人而言，他们失去了希腊化时期选择"最高实质性权威"的可能，只能依赖于罗马中央政府保障其权利。换言之，犹太人的命运越来越取决于罗马皇帝和少数权臣，他们的个性、习惯既可能为犹太人带来福音，也有可能对犹太人造成无可挽回的灾难。缺乏制衡因素，犹太人的状况也显得更加脆弱。

罗马对埃及社会进行的结构性改革，在宗教层面把犹太人

---

① E. M. Smallwood, *The Jews under Roman Rule: From Pompey to Diocletian*, p. 231.

视为单独族群，确认了其按照祖先律法生活的权利；但在政治层面却没有把犹太人视为一个整体，犹太人被打散放入各个新的社会等级之中。毫无疑问，托勒密王朝时期希腊城邦和犹太族政团之间的权力博弈，在罗马新政的刺激下大大加剧了。亚历山大里亚希腊人致力于实现希腊城邦和恢复该城荣光的理想使他们在新时期的排异性更加强烈，他们不仅希望"纯洁"自身的公民团体，而且希望把同城之中的另一个政治实体——犹太族政团——摧毁。现在，罗马改革使他们取得了先机，大部分犹太人的政治身份已经被定性为"埃及人"。另一方面，犹太人在新时期虽然确保了宗教权利，但是托勒密时代获得的政治地位却岌岌可危，不得不奋力抗争，想方设法获取亚历山大里亚公民权，而获取公民权最主要的途径便是混进希腊体育馆，通过成为埃弗比，进而取得公民权。犹太人为了维持现有的社会地位，无法停留在族政团的权利水平，被迫向公民权领域进军。无论是在犹太方向，还是在希腊方向，旧时已经存在的矛盾都加剧了。伴随着矛盾的激化，希腊人对犹太的憎恶也大大加深。事实证明，亚历山大里亚族群矛盾的激化不仅加深了族群之间的仇视观念，而且直接引发了希腊-埃及族群与犹太族群之间的暴力冲突。在这场冲突中，希腊族群的反犹偏见已经不仅仅停留在口头和书面的领域，还发展为引导暴力冲突的行动指南。此外，托勒密时期希腊族群的反犹观念在罗马帝国的语境中，也产生了新的变化。

二　亚历山大里亚的族际冲突与罗马皇帝的裁决

公元38年亚历山大里亚爆发的反犹暴动是各种因素综合作用的结果。虽然艾希·格林过于强调这场暴乱中罗马领导者个人责任的观点稍显偏颇，但是罗马皇帝盖乌斯以及埃及总督

弗拉库斯的确对这场族际冲突负有主要责任。① 盖乌斯于公元
37 年继位，他改变了前任罗马皇帝对希腊人"联而不亲、用
而有防"的政策，推行亲希腊政策，力图成为希腊化时期的
绝对君主。② 罗马皇帝立场的变动，迅速打破了亚历山大里亚
族群之间的平衡。

　　与此同时，盖乌斯继位为帝也使埃及总督弗拉库斯开始担
心自己的仕途和性命。盖乌斯继位前，弗拉库斯对埃及的统治
十分平稳。他一方面维持犹太族政团的权利，一方面对于希腊
公民中的"极端分子"予以坚决打击。根据斐洛的记载，他
曾经取缔了希腊极端分子的社团，并且流放了当中最为危险的
埃希多鲁斯，即前文《亚历山大里亚殉道者行传》中提到的
亚历山大里亚的体育馆司理。③ 然而，盖乌斯皇帝继位后，埃
希多鲁斯备受重用，并在扳倒近卫军长官马克罗的过程中发挥
了重要作用。④ 另外，弗拉库斯曾经在政治上反对过盖乌斯。
因此，他有充分的理由担心新皇帝对自己不利。公元 38 年埃
希多鲁斯回到亚历山大里亚之后，弗拉库斯开始接近这位皇帝
手下的红人，并希望通过与埃希多鲁斯的集团结盟来巩固自己
的地位。双方达成交易，但代价是牺牲该城的犹太人。⑤ 毫无
疑问，亚历山大里亚的希腊公民集团找到了合适的机会削弱犹
太人的权益，发泄对犹太人的积怨。

　　最初阶段，弗拉库斯只是在涉及犹太人的案件中做出明显

---

① E. S. Gruen, *Diaspora: Jews amidst Greeks and Romans*, pp. 54-83.

② V. Tcherikover & A. Fuks, eds., *CPJ*, Vol. 1, p. 65.

③ Philo, *Flacc.*, 135-145.

④ A. A. Barrett, *Caligula: The Corruption of Power*, pp. 79-80.

⑤ J. M. Modrzejewski, *The Jews of Egypt: From Rameses II to Emperor Hadrian*, pp. 165-169.

不利于犹太人的判决。或许，他寄希望于在逐渐失去特权的过程中，犹太人能够逐渐接受失去特权的命运。① 然而，随着公元 38 年 8 月犹太王亚基帕一世来到亚历山大里亚，形势顿时大变。亚基帕一世与盖乌斯皇帝私交甚笃，归国途经亚历山大里亚。该城的犹太人以为找到了靠山，希望通过亚基帕向新皇帝转呈他们的祝愿并投诉弗拉库斯的办案不公。② 为此，亚历山大里亚的犹太人为亚基帕举行了一场奢华的游行。此举大大激怒了该城的希腊人。希腊公民的领袖借机告知弗拉库斯，亚基帕的存在威胁到他的权力。弗拉库斯相信了希腊人并纵容他们展开与犹太人的对抗行动，而这些行动步步升级，最终引发了暴乱。

希腊人回应的第一件事是在体育馆集会嘲笑犹太王。然后，他们举办了一场与犹太人相对应的游行：一位名叫卡拉巴斯的"白痴"被打扮成国王的样子。他手持纸草做成的权杖，并由大队仪仗护卫。所有的希腊人都用亚兰语称其为王，并向他欢呼致意。③ 卡拉巴斯事件后，埃及总督默许纵容的态度使城市暴民④采取了进一步的行动，他们开始攻击亚历山大里亚的犹太会堂。亚历山大里亚城主要分为五个区，犹太人主要聚居于其中的两个，但是其他区也有部分犹太人居住。在犹太人较少的城区，暴徒焚烧并捣毁会堂，全然不顾这些会堂是题献给罗马皇帝的事实。在犹太人聚居的城区，捣毁会堂的行为没

---

① E. M. Smallwood, *The Jews under Roman Rule: From Pompey to Diocletian*, p. 237.

② Philo, *Flacc.*, 103; *Legatio.*, 178–179.

③ Philo, *Flacc.*, 33–40.

④ 应该包括该城中的希腊公民以及埃及人。

有得逞，但是暴民们找到了其他的办法：他们在会堂中立起了
盖乌斯皇帝的像。① 通过这样的方式，他们把犹太人逼入了两
难的境地：一方面，如果皇帝的像不被移走，那么会堂就被偶
像所亵渎，无法继续进行犹太宗教活动；另一方面，如果移走
皇帝的像，又会公开冒犯这位极力神化自己的疯狂皇帝，从而
被罗马当局视为不忠。从此刻起，希腊人已经侵犯了犹太族政
团的宗教自治权。

希腊人彻底消除犹太族政团的特权是通过弗拉库斯的官方
谕令。这位总督在此时宣称犹太人在亚历山大里亚是"异族
和外乡人"。② 这一举措剥夺了犹太人最根本的权利：城市居
住权。③ 此时的亚历山大里亚城已经彻底成为由罗马总督监
管、希腊公民精英控制的城市。④ 犹太社团不再是城市的组成
部分，亚历山大里亚现在已经不再是他们的合法居住地，由
此，希腊人可以随意驱逐他们。⑤ 随着犹太自治权利的消解，
针对犹太人的大规模迫害便开始了。首先，所有犹太人都被赶
到了 δ 区——这是犹太人最早殖民的城区，其活动范围被严格
限制起来，成为古代世界的"隔都"。接着，暴民开始追捕散
落于 δ 区之外的犹太人，折磨并杀害他们。随后，暴民洗劫了
犹太商铺以及其余四个城区的犹太住宅。⑥ 隔都之内，人多地

---

① Philo, *Flacc.*, 41–53; *Legatio.*, 132–137.

② Philo, *Flacc.*, 54.

③ E. M. Smallwood, *The Jews under Roman Rule: From Pompey to Diocletian*, p. 240.

④ R. Alston, "Philo's in *Flaccum*: Ethnicity and Social Space in Roman Alexandria", *Greece & Rome*, Vol. 44, 1997, pp. 169–170.

⑤ J. M. Modrzejewski, *The Jews of Egypt: From Rameses II to Emperor Hadrian*, p. 169.

⑥ Philo, *Flacc.*, 55–56.

少，失去财产的犹太难民只能在海边、荒地和墓地生活，他们的营生也被迫中断。环境的恶劣以及物资的匮乏造成了饥荒和瘟疫。然而，凡是走出"隔都"寻求食物和其他生活必需品的犹太人，都被暴徒抓获并且以各种残忍的手段折磨处死。①

面对如此迫害，犹太人很可能在自身长老会的组织下进行过一定程度的抵抗。为此，弗拉库斯抓捕了犹太长老会 38 名成员以及其他一些重要的犹太人，并且在市集和剧院以惩罚埃及人的方式，而不是惩罚亚历山大里亚公民的方式鞭打其中一些长老，折磨他们并公开处决。② 此外，弗拉库斯还怀疑犹太人窝藏武器，因此派出罗马士兵搜查 δ 区的犹太住宅。根据斐洛的说法，搜查队没有找到任何武器，却逮捕了很多犹太妇女。这些妇女被带到市集和剧场抛头露面，并被强迫吃猪肉。凡是吃了猪肉的人便被释放，而拒绝的人则受到了严刑拷打。③ 此后，形势才有所缓和。

通过对公元 38 年亚历山大里亚反犹暴动的简要回顾，我们不难发现，希腊族群的反犹观念在暴乱中得到了淋漓尽致的体现。希腊族群反犹观念的产生，与希腊人使用自身城邦的文明样式作为评判标准审视现实世界有着密切关系，其反犹观念具有文化霸权主义的意味。犹太一神文明在多神世界中表现出的独特性无法与希腊多神文明融合，因而被希腊人视为城邦中

---

① Philo, *Flacc.*, 57-72.

② Philo, *Flacc.*, 73-85. 斐洛在此处必定是为犹太人辩护而遮掩了犹太人一方的暴力行为。罗马当局抓捕长老会成员以及随后闯入犹太住宅搜索武器，都应该与此相关。犹太人并不像斐洛描述的那样完全无辜。见 E. M. Smallwood, *The Jews under Roman Rule: From Pompey to Diocletian*, pp. 240-241。

③ Philo, *Flacc.*, 95-96.

的异质而加以敌视和排斥。在这一排异过程中，希腊人把犹太文明各种律法习俗、生活方式、处世策略表现出的异质性归结为"不虔诚""仇外""仇视人类""不忠善叛"等特性，并用负面的猜测推理解释具体的犹太习俗，从而形成了恶性的"归纳—解释"链。毫无疑问，希腊的反犹观念是在意识形态领域发挥"排异"作用，当现实中发生真正的反犹暴动时，这些反犹观念便自然转换成希腊人的行动指南与合理性依据。

公元 70 年前，散居埃及的犹太人与犹地亚地区的犹太人在宗教上保持着紧密的联系，圣殿亦是散居犹太人认同的核心。正是由于这个特点，希腊人常常指责散居犹太人"双重忠诚"的问题，认为他们无法在散居地成为良好的居民。[1] 公元 70 年后，"喜欢暴动"则成为"双重忠诚"主题的延续和深化，成为希腊、罗马反犹观念的组成部分。公元 1 世纪的阿庇安则赤裸裸地攻击犹太人制造内乱[2]；前述《亚历山大里亚殉道者行传》的材料中，埃希多鲁斯所述"他们企图搅动整个世界"，均是这种观念的反映。

这种观念在暴乱的最初阶段就体现出来。犹太王亚基帕一世在亚历山大里亚受到该城犹太人的拥戴，必然刺激到该城希腊人的这种观念。他们将"白痴"卡拉巴斯装扮成犹太王游行，并且以希腊闹剧的方式与犹太人唱对台戏，除了攻击亚基帕本人之外，在很大程度上是在嘲笑亚历山大里亚犹太人的不忠：他们不听从本城总督的裁断，却拥戴异地的同族，因

---

① L. H. Feldman, "Anti-Semitism in the Ancient World", pp. 17-18.

② Josephus, *CA*, Ⅱ, 68.

此他们不属于亚历山大里亚城。而且，希腊人特地用亚兰语向"白痴"致意，无非强调犹太人首要效忠的对象是犹地亚地区讲亚兰文的犹太王。[1]

随后犹太会堂被暴徒玷污，在很大程度上也体现着这种观念。很明显，希腊人故意在会堂中放置盖乌斯皇帝的像，一方面，显然怀有向罗马人揭露犹太人不忠于帝国的企图：因为他们拒绝罗马世界的君主神化和帝王崇拜。另一方面，这种行为也反映出希腊人长久以来对犹太民族无偶像崇拜的质疑、猜忌和敌视。共同的宗教是构成希腊城邦共同体的要素。希腊人认为犹太人"不虔诚""仇外""仇视人类"，在很大程度上与犹太宗教崇拜的特点相关。狄奥多罗斯曾竭力描述了安条克四世如何通过亵渎犹太圣殿发泄希腊人对犹太教的不满。针对这个问题，阿庇安对同城的犹太人提出了十分尖锐的问题："那么，为什么，如果他们（犹太人）是公民，他们不和亚历山大里亚人崇拜相同的神？"[2] 从社会学的角度看，安东尼·吉登斯曾经指出："族群群体之间发生的尖锐矛盾以族群间的封闭界限为核心。"[3] 同一社会中，文化互斥的族群在空间上的封闭界限就是那些最能体现族群特征的建筑。这些建筑往往集偏见和幻想于一身，成为族群较量中遭受攻击的焦点。希腊人对犹太人的宗教抱持敌意，认为犹太人不属于"城邦共同体"。这种敌对造成的怨气一旦有机会发泄，首当其冲的便是犹太的宗教场所——犹太会堂。

---

[1]　L, H. Feldman, "Anti-Semitism in the Ancient World", p. 23.

[2]　Josephus, *CA*, II, 65.

[3]　安东尼·吉登斯：《社会学》，赵旭东等译，北京大学出版社，2003，第246页。

随后发生的将犹太人赶入聚居区并封锁起来的事件，更加体现了具有希腊特色的反犹观念。希腊族群的反犹观念最突出的特点在于强调犹太民族的"隔离性"。赫卡泰乌斯批评犹太人的生活方式"不合群"；狄奥多罗斯攻击犹太人"把仇视全人类融入其传统之中"，为此，他们"不与其他民族一起进餐"，不向其他民族表示一点善意；吕西马库斯强调犹太人"不对任何人展示善意"，"只提供最坏的而不是最好的建议"。从这些记述可以看出，"仇外"以及"仇视人类"都以"隔离性"为基础。当真正的暴乱发生时，希腊人的这种反犹观念以近乎极端的方式表达出来：他们把犹太人"隔离"起来，这是针对犹太"隔离性"以牙还牙、以眼还眼的同态报复。

事实上，约瑟夫斯在批驳希腊人的这种观念时，曾经指出：

> 然而，即令是这种行为（仇外）并非我们独有，这在希腊人中也很普遍，不仅普通的希腊人如此，连最有名望的希腊人也是一般：斯巴达人就曾经一再"驱逐异乡人"，并且禁止他们自己的公民出境，这两种情况都令他们怀疑他们的律法遭到破坏。或许由于其粗野无理，他们理所当然地遭到了批评：因为他们从不把公民权赋予任何一名居住在他们之中的人。①

事实上，很多希腊贤哲也都对斯巴达人这种"仇外"的

---

① Josephus, *CA*, II, 259—260.

做法进行过评论，甚至表示赞同。① 这表明"仇外"本身作为一种特征，在希腊人中也存在。亚历山大里亚特殊的历史环境无疑也使该城的希腊公民团体具备了这一特征。

最后，在搜捕犹太妇女的过程中，为了验明身份，"猪肉"成为"犹太身份试剂"。以拒食猪肉作为犹太身份认定标准，在《马加比二书》中就已经出现，其背景是安条克四世强制推行希腊化的宗教迫害。《马加比二书》卷六 18～31 描述了一位名叫以利亚撒的犹太长者如何因拒食猪肉而殉教，而卷七则描述了犹太母子七人如何因拒食猪肉而惨遭希腊人的折磨杀害。② 在这里，食用猪肉不仅被用来作为认定非犹太身份的方式，而且是证明一个人抛弃犹太教，彻底接受希腊化的标志。然而，学界大都认为这一迫害是犹太不同派系内斗的结果，希腊人在其中只发挥了次要的作用。换言之，在这次事件中，用猪肉作为试探标准，实际上是极端希腊化犹太人的发明。③

与此同时，在公元 38 年出现的迫害运动中，使用这种验证犹太身份、弃绝犹太教方法的是希腊人，而且这一举措还被限定在了妇女身上。这一方面表明亚历山大里亚的希腊人已经十分熟悉禁食猪肉这一犹太习俗，另一方面也表明该城希腊人针对这一习俗形成的负面观念也十分严重：在现实的暴动中，希腊人把这一犹太习俗作为族际界限，并且用耻辱性示众的方

① 希罗多德、色诺芬以及普鲁塔克等人都在不同的角度对斯巴达人的这种习俗表示赞同。参看 J. M. G. Barclay trans. & comm., *Against Apion*, in S. Mason ed., *Flavius Josephus: Translation and Commentary*, Vol. 10. p. 317, n. 1044。

② *II Maccabees*, 6; 7.

③ 郑阳：《犹太世俗贵族的兴起与犹太社会的首次希腊化》，载《学海》2009 年第 6 期。

式来表明犹太教在城邦生活中的异质性。对此，科恩·古德里安的评价十分深刻："反犹宣传使亚历山大里亚人清楚地知道族际界限在何处。在这种传播方式下，偏见内容的重要性远远小于它发挥的作用"，而反犹偏见在这其中的发挥的作用正是"确认'自我'和'敌人'并传达出敌人具有恶性的概念"。在这个过程中，一小撮反犹领导人站在了风口浪尖，并在各个城市机构中发挥着巨大的作用。①

公元 38 年的反犹暴乱中，希腊族群的反犹观念得到了充分的体现，并且在整场暴动中发挥着重要的作用。然而，在注意到暴行体现的反犹观念具有典型的希腊特征的同时，还有一点值得关注，即在这场暴动中，希腊人开始试图以自身的反犹观念去影响罗马人。换言之，希腊人开始向罗马人输出他们的反犹观念。

在暴乱中，希腊人有意通过在会堂中竖立皇帝雕像的方式，把自身传统中指责犹太人"双重忠诚"的观念转化成对犹太人"不忠善叛"的指控，而后者正是罗马人最为关心的问题。对亚历山大里亚的希腊人而言，他们认为犹太人"双重忠诚"的观念有着很深的历史渊源。公元前 102 年，克里奥帕特拉三世遭到其犹太司令官的警告：入侵犹地亚地区将会把所有的犹太人变成她的敌人；公元前 55 年，驻守埃及边境的犹太人在犹地亚统治者的劝说下，为罗马军队放行；公元48 年，犹太人再一次遵从了犹地亚的意志支持了凯撒。② 换言

---

① K. Goudriaan, "Ethnical Strategies in Graeco‐Roman Egypt", in *Ethnicity in Hellenistic Egypt*, ed., Per Bilde *et al.*, Aarhus: Aarhus University Press, 1992, p. 93.

② L. H. Feldman, "Anti‐Semitism in the Ancient World", pp. 17-18.

之，亚历山大里亚的犹太人被该城希腊人诟病的原因在于他们在效忠埃及统治者的同时，以犹地亚的统治者为最高效忠对象。

当犹地亚和埃及地区都统一于罗马帝国之际，这种"双重忠诚"存在的条件已经不复存在。如果说亚历山大里亚的公民公元38年暴动时嘲讽亚基帕一世是在传统意义上抨击犹太人的"双重忠诚"，那么在犹太会堂立像的做法则有更深一层的意思，它是在向罗马统治者传递信息：犹太人是不忠诚的臣民，他们抵抗罗马帝国内的帝王崇拜。这种不忠已经与之前"双重忠诚"的主题发生了偏离，其侧重点在于表明犹太人的忠诚并不拘于世俗权力，他们不遵从罗马帝国的帝王崇拜，完全可以为自身的精神权威和生活方式而制造内乱和冲突。罗马和平是罗马帝国引以为傲的成就，任何内部的叛乱都是罗马政府关注的焦点。希腊人的这种做法，在一定程度上把对犹太人的指控从传统的"双重忠诚"转移到威胁罗马和平的道路上来。

公元38年10月，埃及总督弗拉库斯被盖乌斯皇帝逮捕，被流放后依然没有避开被处死的命运。在新总督坡利奥的治理下，亚历山大里亚的局势得以缓和，希、犹双方也都开始组织各自的使团前往罗马，希望罗马皇帝对亚历山大里亚的事件以及犹太人在该城的地位问题进行裁断。犹太使团以哲学家斐洛为首，而希腊一方的使团则由埃希多鲁斯、阿庇安等人组成。双方使团于公元39年末或公元40年初抵达罗马。然而，亲希腊并且醉心于神化自我的罗马皇帝盖乌斯根本无心为双方进行公断。第一次觐见后，犹太使团完全被"搁置"，而在等待的过程中，斐洛等人得到的却是罗马皇帝将在耶路撒冷的圣殿中竖立自己雕像的惊天噩耗。① 公元 40 年 8 月盖乌斯回到罗马后，再次接见了双方使团，但是这次会见也不啻于一场闹剧。皇帝回应犹太使团问候的第一句便是："你们就是不相信我是神的、受神憎恶的人吗？所有其他的民族都承认我是神，只有你们不这样称呼我！"② 此时，希腊公民使团代表埃希多鲁斯说道："陛下，如果您知道他们对您的恶意和不敬，您会更加憎恨眼前这些人和他们的民族。因为当所有人都为感恩于您的安泰而献祭时，只有他们没有献祭的想法。而且当说'他们'的时候，我也包括了其他犹太人。"③ 当犹太人进行辩解后，盖乌斯皇帝的回应却是："好吧，就算那是真的，你们献祭了，即便是为我，你们也是在向另一个（神）献祭，那又有什么用？你们又不是向我献祭！"④ 在一阵尴尬的沉默后，盖乌斯皇帝质问犹太使团的下一个问题是："你们为何拒食猪肉？"⑤ 在对犹太使团进行了一番戏弄之后，盖乌斯最后感慨："在我看来，他们与其说是拒绝相信我已获得神性的邪恶愚蠢之徒，还不如说是命运悲惨之人。"⑥ 随后皇帝打发了使团，没有解决任何问题。不久盖乌斯于公元 41 年 1 月遇刺。亚历山大里亚的问题依然悬而未决。

从斐洛对这次觐见的记载看，罗马高层对犹太人的态度值得注意。虽然罗马皇帝最后并没有对犹太人进行处罚，但是从他对犹太人不吃猪肉的嘲弄看，犹太人的习俗在其心目中显然

---

① Philo, *Legatio.*, 184–196.
② Philo, *Legatio.*, 353.
③ Philo, *Legatio.*, 355.
④ Philo, *Legatio.*, 357.
⑤ Philo, *Legatio.*, 361.
⑥ Philo, *Legatio.*, 367.

愚蠢而可笑。这种轻蔑嘲笑的态度在奥古斯都时代罗马作家的笔下时常出现。与此同时，关于犹太人免除帝王崇拜的这一不成文的默契依然是犹太人在希腊－罗马世界中最易受攻击的薄弱点。遇到合适的时机，希腊、罗马人认为犹太人不虔诚、不忠诚的偏见大都会从帝王崇拜这点迸发出来。盖乌斯打发了使团，但是埃希多鲁斯的话以及皇帝最后的话却暗示出：与亚历山大里亚的小事相比，还有更加利害攸关的问题。皇帝提出的神化自身的要求表明，在犹太会堂安放其塑像的问题，才是他真正关心的主题。① 对犹太人来说，这样一场不可避免的灾难由于盖乌斯的遇刺而被幸运地化解了。

盖乌斯死后，克劳狄登位为帝，罗马的政治风向登时变化。亚历山大里亚的希腊人突然失去了罗马皇帝的支持，于是该城的犹太人在公元 41 年 3 月发动了一场针对希腊人的复仇行动。在公元 38 年末到公元 41 年期间，不但亚历山大里亚的犹太人得到了武器，而且埃及以及叙利亚的犹太人也开始涌入亚历山大里亚。② 埃及总督平定了这次冲突并且向克劳狄皇帝做了汇报。

学术界对克劳狄皇帝如何处理"亚历山大里亚犹太问题"争议颇多。争议的根源在于三份不同的历史材料。③ 前两份材料来自约瑟夫斯记载的皇帝谕令，带有明显的亲犹色彩，特别是第一份材料确认了犹太人拥有亚历山大里亚的公民权。第三

---

① 罗纳尔德·威廉逊：《希腊化世界中的犹太人：斐洛思想引论》，徐开来、林庆华译，华夏出版社，2003，第 16 页。

② Josephus, *AJ*, XIX, 278-279.

③ E. M. Smallwood, *The Jews under Roman Rule: From Pompey to Diocletian*, pp. 245-250; John M. G. Barclay, *Jews in the Mediterranean Diaspora: From Alexander to Trajan*, pp. 60-71.

份是纸草材料《克劳狄书信》。根据约瑟夫斯的记载，前两份材料属于同一份发派到不同地点的谕令。由于这两份材料与《克劳狄书信》之间存在非常微妙的关系，现代学界越来越倾向于认为约瑟夫斯的第一份发往亚历山大里亚的谕令，是对《克劳狄书信》进行修改之后的作品，去掉了原先不利于犹太人的某些部分，因此没有可信度。①相反，《克劳狄书信》的真实性学界无人质疑，而这封书信也在法律上为亚历山大里亚城邦与族政团的权利之争画上了休止符。全信内容如下：

克劳狄致亚历山大里亚城书信

卢西乌斯·埃米利乌斯·瑞克图斯的公告

因人数众多，在宣读这封对本城极为有益的神圣信件之际，并非所有人均能到场，故而我认为公布此信十分必要。这样每个人便能读到它，惊叹于我们神圣凯撒的伟大，并感恩于他对这座城市的善意。

提比略·克劳狄·凯撒·奥古斯都·日耳曼尼库斯皇帝统治的第二年，尼欧斯·塞巴斯图斯月的第 14 日。

提比略·克劳狄·凯撒·奥古斯都·日耳曼尼库斯，皇帝，大祭司长，平民保民官之权的拥有者，候任执政官，向亚历山大里亚城致意。

你们的代表，提比略·克劳狄乌斯·巴比鲁斯、阿特米多洛斯之子阿波罗尼欧斯、利奥尼达斯之子喀雷蒙、马尔库斯·尤里乌斯·阿斯克来皮达斯、盖乌斯·尤里乌斯·

---

① D. R. Schwartz, *Agrippa I: The Last King of Judaea*, Tübingen: Mohr, 1990, pp. 99-105.

狄奥尼修斯、提比略·克劳狄乌斯·番尼阿斯、普塔蒙之子帕希永、塞比永之子狄奥尼修斯、提比略·克劳狄乌斯·亚奇比欧斯、阿斯顿之子阿波罗尼欧斯、盖乌斯·尤里乌斯·阿波罗尼欧斯、阿波罗尼欧斯之子赫麦斯克斯，带着谕令觐见于我，详细地介绍了这座城市的情况，使我注意到你们对我们的善意。你们可以确信，这份善意将在我的记忆中长存，因为它源自你们对皇帝们发自内心的尊敬——一如我从许多事例中所知悉的那样，特别是因为它源于你们对我家族的热爱，而我们对此已有所回应。关于这点，略过其他的事例，就拿最近的来说，最好的见证便是我的兄弟，日耳曼尼库斯·凯撒，他用最诚挚的语言和你们说话。有鉴于此，我欣然接受你们给予我的荣誉，尽管我对这类事情并不感兴趣。那么，首先，由于你们的恳求，我允许你们把我的生日作为圣日，我允许你们在其他数地为我和我的家族竖立雕像，因为我看到你们出于对我家族的敬意，热切希望在各处建立纪念物。就两座金雕像而言，其中之一的奥古斯都·克劳狄和平像，我倾向于拒绝，因为它似乎不合时宜，应该被立在罗马，正如我最敬重的巴比鲁斯所建议和恳求的那样；另外一座应当以你们认为最好的形式展现于你们城市的纪念日游行队伍中，一如你们的要求，应该再配一个王座。接受如此殊荣，却拒绝依照埃及风俗创立克劳狄部族和奉献林苑，这或许显得荒谬，因此我亦允许。如果你们愿意，亦可为我的代理官维图西乌斯·珀利奥立骑士像。我也允许你们像你们所希望的那样，在你们家乡的入口处立四轮战车像，一座在利比亚被称为塔波西里斯的地方，一座在亚历山大里亚的法罗斯，第三座位于埃及的佩鲁希昂。不过，我拒绝为我本人建立神庙及大祭司像，这并非要向与我同时代的人泼冷水，而是因为我相信在任何时代神庙及类似事物都应该只留给众神。

至于你们向我提出的请求，这是我的决定。在我即位之前，凡注册进入埃弗比的人员，我保证并确认其亚历山大里亚公民权及其借由此城而享有的特权与利益，但父母为奴隶出身并混入埃弗比的人员除外。另外，在我之前的皇帝、君主以及总督赋予你们的特权，我也愿意予以确认，一如神圣的奥古斯都对它们的确认。亚历山大里亚的奥古斯都神庙管理员①应由抽签选取，与克诺珀斯的奥古斯都神庙采取相同的方式，这也是我的意愿。关于城市行政官应有三年任职期的建议，在我看来，你们已经做出了明智的决定，由此，你们的行政官出于对滥权负责而被传唤的恐惧，在履职期间将会表现得更加节制。至于议会，你们在旧君主统治下的习俗，我不清楚，但在我之前的皇帝治下，你们并没有议会，这点你们很清楚。由于这是在我面前第一次出现的新事，而我不确定它是否有利于这座城市和我的大业，故而我已致信埃米利乌斯·瑞克图斯调查这一问题并向我汇报是否应该建立议会，如果应该，又将采取何种形式。

关于这场骚乱或暴动的责任，或者，如果一定要说出真相，这场针对犹太人的战争的责任，尽管你们的使团，尤其是狄翁之子狄奥尼修斯，在论辩中做出了详细且充满

---

① 神庙管理员（neōkoros）：这最初是一种神庙官员，自公元 1 世纪起逐步成为城市中正式的职衔，主管行省中罗马皇帝的神庙。参见 S. Hornblower & A. Spawforth, eds., *OCD*, 3rd ed. rev., p. 1034。

激情的辩护，我依然不愿对之严查到底，但是，我内心中对那些重启争端的人却充满了不变的愤怒。我只能说，除非你们停止相互之间顽固的、毁灭性的仇视，我才会向你们展现一位仁慈的统治者专注于公正的义愤时会是怎样。因此，即使现在，我仍期盼亚历山大里亚人以温和而友好的方式对待长期居住于同一城市的犹太人，不要侮辱犹太人敬拜其神灵时的各种习俗，而是允许他们保持自己的传统。他们在神圣的奥古斯都的时代便是如此，而在兼听双方意见之后，我亦对之予以确认。另一方面，我要求犹太人不要寻求多于以前的权利，将来也不要派出两个使团，好像他们是住在两个城市一样，这是前所未有的事情；也不要侵入由体育馆司理和协理员所主持的活动，因为他们只享有自己的权利，而在一个不属于自己的城市中，他们已然充分地享受着诸多好处。他们也不要带领或招引来自叙利亚或埃及的犹太人进入亚历山大里亚，否则，我必然会加深疑虑。如果他们违命，我将像对付肆虐于整个世界的瘟疫一样，使用各种方式对付他们。如果你们双方都改变态度，愿意彼此善意相待友好共存，就我而言，我将尽我所能照管好这座城市，视其为长久以来与我们紧密相连的伙伴。我可以作证，我的朋友巴比鲁斯与我一直都是你们的保护者，他现在以最大的热忱处理着你们案子，我的朋友提比略·克劳狄乌斯·亚奇比欧斯也同样如此。再会。①

---

① V. Tcherikover & A. Fuks, eds., *CPJ*, Vol. 2, No. 153; J. M. Modrzejewski, *The Jewish of Egypt: From Rameses II to Emperor Hadrian*, pp. 181-182.

姑且不论这封书信出台的过程如何，它的确对亚历山大里亚城中希腊人与犹太人的争端做出了裁决，而且体现了罗马的一贯特色。

就希腊人的情况看，他们申请重建城市议会的愿望再次落空，但是亚历山大里亚公民权以及相关的特权得到了罗马政府的确认。克劳狄皇帝秉承了罗马当局维持现状的一贯做法，然而，这也从侧面反映出罗马对亚历山大里亚的希腊人依然具有某种程度的猜疑成分。

就犹太人在城中的地位而言，一方面，犹太族政团的地位得到了罗马政府的确认，恢复到公元 38 年之前的状况。犹太人得以在亚历山大里亚城居住，可以按照祖先的习俗生活，而且在一定的程度上享有族内的自治权。希腊人不得妨碍或干扰犹太人行使这些权利。另一方面，犹太人争取公民权的努力却遭到了彻底的失败。皇帝亲口指出，犹太人生活在"一个不属于自己的城市"，因此犹太族政团作为集体，没有该城的公民权。另外，在罗马统治埃及之后，通过潜入体育馆注册为埃弗比，进而获得公民权，几乎是犹太人获取亚历山大里亚公民权的唯一途径。克劳狄皇帝严令禁止犹太人参与希腊体育馆的活动，相当于把犹太人获取城市公民权的大门彻底关闭。这样，在罗马治下埃及行省的社会结构中，犹太人从希腊化时期的特权阶层沦落为与埃及人社会地位相同的"第三等级"。

从罗马皇帝的裁决来看，在宗教层面，罗马当局显然已经把犹太人视为帝国中独立存在的族群单位，并对其宗教习俗表现出了宽容的态度。然而，从政治和社会地位层面看，犹太人被彻底从城邦共同体的世界中清除出去。就埃及而言，犹太人成为在宗教上享有特权，在政治地位上遭到歧视的族群。克劳狄对于亚历山大里亚族际冲突的裁断并没有完全解决现实问题。罗马政府所做的，只是限制了犹太族群与希腊族群之间的社会身份流动，并使局势朝着不利于犹太人的方向发展。在亚历山大里亚希腊人的眼中，犹太族政团作为城市中的异质体，依然存在。与此同时，该城的犹太人在经历了族际冲突并失去进一步提高政治地位的机会后，自然也对同城的希腊人和埃及人充满怨恨。这样造成的结果便是犹太族群希腊化的进程式微，而民族主义抬头。《克劳狄书信》中提到罗马皇帝不满犹太人派出了两个使团。学术界对此的理解大都是认为此时亚历山大里亚犹太人的内部发生了分裂。斐洛领衔的使团代表了贵族犹太人的利益，他们力图通过外交手段恢复犹太人在公元38年暴乱爆发之前的状态，同时对该城公民权的欲望诉求十分强烈。另一个使团大约在公元41年新一轮族际冲突之后前往罗马，他们的"民族主义"情绪更加强烈，更加倾向于采用暴力。[①] 随后的历史表明，散居埃及的犹太人中，强调犹太民族观念和传统律法的犹太人逐渐占据了主导地位。这一派犹太人对于希腊文化大多持否定态度，更加不利于族际交流。因此，罗马对于亚历山大里亚犹太问题的裁定，虽然在表面上平息了族群冲突，恢复了以往的平静。但是，它的客观后果却使族际交流变得更加困难，族群间的仇怨继续发展。伴随着这个过程，族群之间的偏见也逐渐深化，甚至产生了族群形象妖魔化的倾向。

此外，更加重要的是，这封书信中罗马皇帝对于同一城市

---

① J. M. G. Barclay, *Jews in the Mediterranean Diaspora: From Alexander to Trajan*, p. 57.

中希腊公民与犹太族政团各自地位和相互关系的处理，不局限于亚历山大里亚，而是适用于罗马帝国境内所有的希腊城市。[1] 换言之，对亚历山大里亚"犹太问题"的处理，为整个地中海东部有犹太人散居的希腊城市提供了共同遵循的法律先例。因此，在罗马帝国犹太人居住的主要地区，他们的宗教权利都得到了承认，但在政治上融入希腊化社会的道路却几乎被封死。这样，在更大的帝国区域内，犹太族群同希腊族群的关系都呈现着恶化的趋势，犹太人的"民族主义"也在更大的范围内得到加强。

回到亚历山大里亚，虽然克劳狄皇帝的裁断使亚历山大里亚暂时恢复平静，但是该城的族际矛盾依然没有解决。如果说《克劳狄书信》在法律上为确定帝国内希腊城市中犹太族群的地位提供了通则，那么，公元38~41年的族际冲突实际上也为该城随后爆发的数次族际冲突提供了先例。[2] 公元66年，当犹地亚周边的希腊城市中族际冲突频繁发生时，亚历山大里亚的希腊公民有意向罗马政府派遣代表团。这一行为遭到该城犹太人的猜疑，于是派人混进希腊人的集会探听消息。希腊人发现了这些探子后对其进行抓捕，并且把三名被捕的犹太人活活烧死。犹太人闻讯后群情激愤，开始向希腊人投掷石块并放火焚烧该城的希腊剧院。罗马的埃及总督随即动兵镇压犹太人，并且袭击了犹太人聚居的δ区。根据约瑟夫斯的记载，有

---

① E. M. Smallwood, *The Jews under Roman Rule: From Pompey to Diocletian*, p. 247.

② Barclay 就称公元66年亚历山大里亚的族际冲突为"模仿性冲突"（copycat riot）。参看 J. M. G. Barclay, *Jews in the Mediterranean Diaspora: From Alexander to Trajan*, p. 74。

5万名犹太人在这次冲突中丧生。[1] 毫无疑问，这次冲突再次加深了该城犹太人与非犹太人之间的偏见和仇视。此时希腊人已经完全把犹太人当成城市中的异类，而犹太人对该城希腊人、埃及人的一举一动也已草木皆兵。事实上，不仅亚历山大里亚，在整个埃及，犹太族与非犹太人之间关系也都在恶化。公元116~117年，继罗马-犹太战争之后，埃及、昔兰尼迦、塞浦路斯以及美索不达米亚等地区的犹太人先后起义。尽管这些起义最初很可能只是传统"希腊-犹太"冲突的翻版，但很快便发展成为一场反抗罗马统治的战争。[2] 犹太起义在埃及进行得尤其惨烈，希腊人和埃及人统统被罗马人调动起来镇压起义。从现存的纸草材料中，也可以体会到当时埃及社会对犹太人的憎恶和仇视。

《犹太纸草集》收录了一封名叫欧黛蒙妮斯的母亲写给儿子阿波罗尼欧斯的信，母子都是生活在埃及乡村的希腊人。这封信写道：

> ……秉承着诸神的善意，尤其是，不可见的赫尔墨斯，但愿你没有被他们烤熟。至于其他，但愿你和你的手下都安好。赫拉艾杜斯，你的女儿，安然无恙，祝好。埃佩夫月6日
>
> 致阿波罗尼欧斯[3]

阿波罗尼欧斯被政府征调去平定犹太人起义。这封信中的

---

① Josephus, *BJ*, Ⅱ, 490-498.

② V. Tcherikover & A. Fuks, *CPJ*, Vol. 2, p. 225.

③ V. Tcherikover & A. Fuks, *CPJ*, Vol. 2, No. 437

"但愿你没有被他们烤熟",显然是母亲担心自己的儿子被起义的犹太人做成烧烤。很显然,犹太人形象在这位母亲的眼中已经成为"食人生番"。

无独有偶,狄奥在《罗马史》中记述这场散居地大起义时,也有类似的表述:

> 与此同时,昔兰尼地区的犹太人在某个安德瑞阿斯的带领下,既消灭罗马人,也消灭希腊人。他们吃牺牲者的肉,用牺牲者的肠子做他们的带子,涂抹牺牲者的血,并用牺牲者的皮当衣服;很多人被他们锯成两半,从头到脚;其他的人被他们喂了野兽,另一些人被迫像角斗士一样角斗。总共有二十二万人被杀。在埃及,他们也进行着很多同样的恶行;在塞浦路斯,领导犹太人作恶的人叫阿泰米昂。那里也有二十四万人被杀。由于这个原因,这个岛禁止犹太人在其上立足,如果某个犹太人被海上风暴赶到它的岸边,那么,此人即刻便被处死。[1]

狄奥的记载与欧黛蒙妮斯的信相互印证了这场起义的残酷。但是,他们两人的记载也表明,犹太人是"食人生番"这种具有妖魔化特征的观念已经存在于希腊族群与罗马族群之中,而他们对犹太人的憎恶已经到了近乎恐怖的程度。一方面,他们妖魔化犹太人,把他们描述成反人类的恶魔;另一方面,他们也以更加极端的方式对待犹太人——塞浦路斯的居民

---

[1] Cassius Dio, *Historia Romana*, LXVIII, 32: 1 – 3, M. Stern, *GLAJJ*, Vol. 2, No. 437.

对犹太人的处理方式几乎是不问青红皂白的滥杀。

事实上，虽然战争具有残酷性，人员死伤在所难免，但指责犹太人吃人浸血却完全无法令人相信。因为犹太律法对此有着严格的规定：“如果有以色列人或住在他们当中的外侨吃了带血的肉，上主要敌对他，要把他从自己的子民中开除。……所以，上主禁止以色列人和住在他们当中的外侨吃带血的肉。如果有以色列人或住在他们当中的外侨猎取洁净的野兽或鸟，必须放尽它的血，用土掩盖起来。动物的生命在于血，因此上主禁止以色列人吃带血的肉；谁违反了，谁就得从上帝的子民中开除。”① 另外，犹太人对于饮食，特别是肉类，有着严格的规定，吃人根本就无从谈起。② 另外，狄奥的记载中提及有些人被“锯成两半，从头到脚；其他的人被他们喂了野兽，另一些人被迫像角斗士一样角斗”，这些记载无疑充满罗马文明的特征。角斗以及利用动物处死犯人都是罗马竞技场中常见的场面。③ 这里罗马人显然是用自己的世界观评断其他民族。最后，欧黛蒙妮斯只是埃及乡村中的一介平民，她对犹太人有这样强烈的妖魔化想象，一方面说明在埃及，反犹观念的影响范围广，另一方面也说明这种观念从产生到当时已经发展了很长时间。

公元38~41年的族际冲突是亚历山大里亚犹太族群与希腊族群之间爆发的第一次大规模的暴力冲突，但各个族群之间

---

① 《利未记》17：10-14.

② 关于犹太饮食法，见徐新《犹太文化史》，第99~107页。

③ 菲克·梅杰：《角斗士：历史上最致命的游戏》，李小均译，广西师范大学出版社，2009，第105~125页；奥托·基弗：《古罗马风化史》，姜瑞璋译，辽宁教育出版社，2000，第103~107页。

的矛盾却酝酿了数个世纪。在这一过程中，社会领域矛盾的加剧与思想领域偏见的加深形成了双向互动，最终实现了"从闷烧到爆炸"的转变。事实上，正是在冲突爆发前后的历史时期，亚历山大里亚的反犹观念也一路发展到了高潮。学术界大都认为公元 1 世纪前后亚历山大里亚存在以吕西马库斯、阿庇安、喀雷蒙等人为核心的反犹希腊知识分子集团。[①] 这些人以惊人的效率总结并创造出各种不利于犹太人的言论和意识。正是他们为亚历山大里亚的族际冲突提供了充足而高效的观念弹药。对此，约翰·巴克利指出，正是在公元 38~41 年的族际冲突及其之后的历史时期，"最初由马涅托注入亚历山大里亚意识干流中的反犹太性的观念才开始发挥全面的功效。不过，在这种历史联系中超越其他所有人的反犹大师是阿庇安"[②]。上述纸草材料中提到了犹太人"吃人"的说法，这种近乎妄想和诽谤的观念在希腊化时期并不存在，而第一位捏造这种观念的人正是这位亚历山大里亚的希腊反犹旗手——阿庇安。[③]

三 阿庇安的犹太观念

阿庇安是埃及出身的希腊作家，大约活动于公元 1 世纪的上半叶。他虽然是埃及出身，却取得了亚历山大里亚的公民权，在希腊文化方面的高深造诣使其成为亚历山大里亚博物馆馆长，并且闻名于地中海世界。他曾于提比略和克劳狄时代执教于罗马，于盖乌斯时代游历于希腊，在罗马世界有着极高的

---

① J. G. Gager, *Moses in Greco-Roman Paganism*, pp. 113-132; P. Schäfer, *Judeophobia: Attitudes towards the Jews in the Ancient World*, pp. 27 - 30; V. Tcherikover & A. Fuks, eds. *CPJ*, Vol. 1, pp. 48-78.

② J. M. G. Barclay, *Jews in the Mediterranean Diaspora: From Alexander to Trajan*, p. 72.

③ P. Schäfer, *Judeophobia: Attitudes towards the Jews in the Ancient World*, p. 62.

声望和极大的影响力。阿庇安的《埃及纪事》曾被视为最具权威的著作之一。老普林尼对阿庇安十分欣赏，而他的许多作品对普鲁塔克和塔西佗也产生了很大的影响。然而，《埃及纪事》这部著作没能保留下来，今人只能在犹太史家约瑟夫斯的《驳阿庇安》中看到其中的一部分内容。[①]

在约瑟夫斯的《驳阿庇安》中，阿庇安对犹太人的攻击被其归为三大主题。其一是非难犹太人的起源，涉及犹太人被"逐出埃及"的历史以及摩西的形象。[②] 其二是攻击亚历山大里亚犹太居民的社会身份。阿庇安强调犹太人的异族起源和离群索居，质疑他们是否有资格称自己为亚历山大里亚人。通过回顾该城犹太人历史，阿庇安谴责犹太人不"爱国"，背叛他们居住的城市，背叛他们的君主，指出他们在亚历山大里亚没有任何权利。他批评犹太人不崇拜亚历山大里亚的神灵也不进行罗马帝国的帝王崇拜，并认为他们善于挑动内乱。[③] 其三是诋毁犹太教。在这部分内容中，阿庇安攻击犹太人崇拜驴，并在圣殿中饲养被绑架的希腊人用来做人祭。此外，他还攻击犹太人献祭公牛、拒食猪肉、进行割礼等。最后，作为总的批评，阿庇安指责犹太人在政治上恶劣，在文化上野蛮。[④]

显然，阿庇安与其同时期的很多希腊作家一样，其反犹观念与当时的社会背景关系密切。约翰·盖杰在研究公元1世纪前后希腊作家讨论犹太起源的作品时就指出，这些作家的作品

---

① M. Stern, *GLAJJ*, Vol. 1, pp. 389 - 390; J. G. Gager, *Moses in Greco - Roman Paganism*, p. 122; S. Hornblower & A. Spawforth, eds., *OCD*, 3rd ed. rev., p. 121.

② Josephus, *CA*, II, 8 - 27.

③ Josephus, *CA*, II, 33 - 78.

④ Josephus, *CA*, II, 79 - 144.

"以同一个出埃及故事不同变种的形式出现，都指向共同环境下的相似目标"，其中"相似目标"是反犹，而"共同环境"则是亚历山大里亚。① 这表明，理解公元 1 世纪亚历山大里亚特殊的社会结构和族群关系是分析同时期希腊人反犹观念的关键。在这一时期，地中海世界最重要的四大文明——埃及文明、希腊文明、犹太文明以及罗马文明——汇聚于亚历山大里亚的社会背景之中，这四者博弈的激烈程度也随着罗马帝国的一统天下而日趋增加。埃及族群与希腊族群的犹太偏见相融合的过程在托勒密末期基本完成。罗马统治埃及后，新时期亚历山大里亚族群矛盾的斗争主体依然是犹太人和希腊人，但最高裁断者变成了罗马人。因此，希腊人在向罗马人"找公道"的过程中，需要采用能够打动罗马人的方式，这种情况造成的结果就是希腊人的反犹观念逐渐影响罗马世界。埃及、希腊以及罗马的犹太观念由此发生了交融。阿庇安的犹太观念显示出较强的过渡性特征，前承埃及、希腊，后启罗马。这些作品一方面体现了希腊人和埃及人旧有观念的强化和升级，另一方面也表现出希腊作家力图以罗马人在意的话题引导和影响罗马的犹太观念。

首先，在记述犹太民族起源时，阿庇安在很大程度上承袭了之前希腊作家的观点，吕西马库斯对他的影响甚大。也许由于这个原因，约瑟夫斯没有全文征引他的"出埃及记"，只是指出在阿庇安的记述中，麻风病人、盲人和跛足之人在摩西的带领下被逐出埃及②，被逐之人的人数与吕西马库斯记载的数字相同，都是 11 万。③ 其次，他还指出，犹太人被逐出埃及

---

① J. G. Gager, *Moses in Greco-Roman Paganism*, p. 121.

② Josephus, *CA*, Ⅱ, 15.

③ Josephus, *CA*, Ⅱ, 20.

的时间是第 7 个奥林匹亚的第 1 年（公元前 752 年），而腓尼基人也正是在同一年建立了迦太基。[①] 公元前 752 年的埃及正是在波科里斯法老的治下，因此，在这点上阿庇安与吕西马库斯也存在一致性。从这些记述可以看出，一方面，吕西马库斯的记述对阿庇安的确产生了很大影响。另一方面，罗马人普遍接受迦太基与罗马两城同建于公元前 752 年。阿庇安有意把犹太人出埃及同迦太基建城联系起来，目的在于向罗马人暗示犹太人会与迦太基人一样，将成为罗马人不共戴天的敌人。[②]

在继承传统的同时，阿庇安的"出埃及记"也有许多不同于以往作家的地方，这主要表现在三个方面。

首先，在反驳阿庇安的"出埃及记"时，约瑟夫斯指出阿庇安在其《埃及纪事》第 3 卷中写道：

> 据我从年长的埃及人那里听到的，摩西是赫利奥波利斯人。为了保证其祖先的传统，他曾建造了与太阳运行方式相一致的露天祈祷房。这些建筑都朝向东方，因为那也是赫利奥波利斯的方向。在方尖碑的位置他竖了立柱，柱子下面的基座上是刻有日晷的浮雕，雕像的影子可以投射其上。通过这种方法，日晷就可以同太阳在空中的运行保持一致。[③]

---

① Josephus, *CA*, Ⅱ, 17. 希腊的奥林匹亚纪年法以公元前 776 年为始，4 年为一个"奥林匹亚"，第 7 个奥林匹亚即指公元前 752 年至公元前 749 年，而第 7 个奥林匹亚的第 1 年即公元前 752 年。

② J. M. G. Barclay trans. & comm., *Against Apion*, in S. Mason ed., *Flavius Josephus: Translation and Commentary*, Vol. 10, pp. 177–178, n. 59.

③ Josephus, *CA*, Ⅱ, 10–11.

这段话是在描述摩西创建耶路撒冷圣殿及其崇拜仪式的情况。[1] 与马涅托相同，阿庇安也指出摩西是赫利奥波利斯祭司，这表明阿庇安继承了之前作家的相关记述。由于摩西是埃及祭司出身，他所保证的"祖先的传统"便是埃及的宗教传统。换言之，他把埃及宗教的仪式带到了耶路撒冷。在整段话中，摩西对于这种"祖先的传统"表现出异常的虔诚，这与以往埃及、希腊作家把犹太人描述成亵渎埃及宗教、摧毁埃及神庙的不虔诚的渎神者形象相去甚远。阿庇安在这里没有表现犹太人"不虔诚"或是"仇外"的主题。不少学者对这种情况表示诧异。[2]

然而，将这段话放置到罗马埃及的语境中，情况似乎并不简单。希腊化时期，埃及作家观念中的犹太人与埃及人并非同族，他们竭力把犹太人描述成为入侵埃及、亵渎埃及宗教的亚洲异族。希腊化早期的作家，比如赫卡泰乌斯，也都明确指出，犹太人和希腊人都是生活在埃及的异族，他们并非起源于埃及。随着时间的推移，希腊作家越来越倾向于把犹太人描述为源于埃及的民族，以此表达犹太民族起源时的渎神特征。狄奥多罗斯的"出埃及记"便是如此。在他笔下，犹太人作为"麻风病人"被逐出埃及，对于恶性疾病的强调体现出犹太人由于不虔诚而遭到神的厌弃。到了阿庇安的时代，希腊作家依然强调犹太人的埃及起源，但是这一时期希腊作家对这一问题的侧重点出现变化，犹太人的埃及起源越来越与埃及现实中的社会地位联系起来。在罗马社会的结构中，埃及人的社会地位最低。亚历山大里亚的希腊人把犹太人的祖先说成是埃及人，意

---

[1]　J. G. Gager, *Moses in Greco-Roman Paganism*, p. 123.

[2]　P. Schäfer, *Judeophobia: Attitudes towards the Jews in the Ancient World*, p. 29.

欲凸显犹太人低贱的社会地位与埃及人一样。正如《亚历山大里亚殉道者行传》中埃希多鲁斯质问罗马皇帝克劳狄的话："他们与亚历山大里亚人在本质上不同，倒是像埃及人那样过活。难道他们不处于要缴人头税的等级吗？"这一时期希腊作家强调犹太人源于埃及，目的在于证明犹太人出身低劣，阿庇安亦然。

此外，阿庇安在这段记述中特别提及犹太的露天会堂中存在"雕像"。阿庇安很可能是在借此攻击犹太人不进行罗马帝国的帝王崇拜。因为犹太人是由于其无偶像崇拜的祖先习俗才得以免除进行帝王崇拜；如果他们本来有偶像，则不进行帝王崇拜的行为就是对罗马帝国的不忠。

其次，阿庇安版"出埃及记"对犹太安息日的描述十分特殊。在所有希腊、罗马作家对犹太安息日的攻击中，阿庇安的说法恐怕是最为恶毒的。根据他的记述，被赶出埃及的犹太人，在六天的行进之后，他们的鼠蹊处长出了肿瘤。于是当他们安全抵达犹地亚之后，在第七天休息，并且他们称这天为"Sabbaton"，而从埃及的词源来看，鼠蹊处的疾病被称为"Sabbatosis"。[1]

把安息日放到犹太民族起源的背景下进行解释，这体现了希腊反犹观念的发展趋势和特点。在吕西马库斯的记述中，"逐出埃及"的事件便成为他分析犹太习俗来源与犹太民族性格的素材和叙事平台。吕西马库斯曾用犹太人的民族性格解释耶路撒冷城的城名。然而，阿庇安在此处对安息日的恶意解释，除了希腊传统之外，亦有罗马的因素牵扯其中。罗马统治者统一地中海世界后，对于犹太人与犹太教的关注围绕两个焦点展开：一是犹太人对罗马帝国是否忠诚；一是犹太教作为生

---

[1]　Josephus, *CA*, Ⅱ, 21.

活方式对罗马社会的渗透以及由此带来的对罗马传统道德和价值观念的腐蚀。事实上，罗马保守精英对犹太习俗多有批评，而安息日在罗马人对犹太习俗的批评中"出镜率"最高。阿庇安对安息日的攻击，在一定程度上与罗马精英对犹太习俗呈现出的负面关切相契合。

最后，阿庇安版的"出埃及记"在描述摩西在西奈山上的活动时与前辈作家不同。据约瑟夫斯的记载，阿庇安指出摩西登上了埃及和阿拉伯之间一座名为西奈的山，在山上潜藏了40 天，从山上下来后给犹太人带来了律法。① 犹太传统中，摩西在西奈山上停留 40 天后，得到了上帝启示的十诫法版。② 阿庇安对 40 天这一细节的描述表明他对犹太方面的材料，特别是对希腊语的《七十子士本》的内容十分了解。③ 这里，值得注意的是阿庇安使用的"潜藏"一词。它暗示着摩西是在山上玩弄把戏：通过假装能够与独一上帝接触而增加其律法的权威或是其个人的权威。吕西马库斯曾经批评摩西通过欺骗性手段获取权力，依靠蒙骗大众而成为政治、宗教领袖。④ 阿庇安在这里使用"潜藏"一词，与吕西马库斯的做法类似。这些均与希腊反犹观念中丑化和攻击摩西的形象相关："摩西不再以拥有超人神学智慧的领袖形象出现，相反，他被描述成狡猾善叛的、污秽的埃及祭司，和那群不洁之众一起被赶出埃及。之后，他出于对任何非犹太要素的永恒仇恨而创造了一种

---

① Josephus, *CA*, Ⅱ, 25.

② 《出埃及记》24：15-18；31：18。

③ J. G. Gager, *Moses in Greco-Roman Paganism*, p. 124.

④ J. M. G. Barclay trans. & comm., *Against Apion*, in S. Mason ed., *Flavius Josephus: Translation and Commentary*, Vol. 10, p. 181, n. 82.

宗教和社会体系。"①

　　作为希腊反犹作家的重量级代表，阿庇安不仅继承并融合了以往的埃及和希腊传统，而且对这些反犹传统和主题进行了创造性的发挥。例如"驴崇拜"的主题。据约瑟夫斯的记载：

　　　　我对向阿庇安提供这种素材的人，即波塞冬尼乌斯和阿波罗尼乌斯·莫伦，感到惊奇。因为，一方面，他们指责我们不崇拜其他民族的诸神，与此同时，当他们就我们的圣殿放出谎言并编造各种矛盾的诽谤时，他们并不考虑自己的所作所为是亵渎神明的，尽管正直的绅士认为在任何事情上说谎都极度可耻，更何况这事关乎那座被普遍认可的、具有无比神圣性的圣殿。阿庇安竟敢宣称犹太人在至圣所立了一个驴头，并崇拜这种动物，认为它配享最高的尊荣。他宣称这件事在安条克·伊皮法纽掠夺圣殿时暴露出来，安条克发现了这个价值不菲的金驴头。②

　　比撒列·巴尔-科赫瓦在研究"驴崇拜"主题各种版本发展沿革的系谱时，明确指出阿庇安熟知此前关于这一主题的全部三种说法，并根据自己的需要，攻击犹太人崇拜驴头。③ 彼得·舍费尔则认为希腊罗马世界认为犹太人崇拜驴头的观念，是阿庇安在亚历山大里亚的反犹环境中自己发明的。④ 巴尔-

---

① J. G. Gager, *Moses in Greco-Roman Paganism*, p. 132.

② Josephus, *CA*, II, 79–80.

③ B. Bar-Kochva, "An Ass in the Jerusalem Temple: The Origins and Development of the Slander", pp. 310–326.

④ P. Schäfer, *Judeophobia: Attitudes towards the Jews in the Ancient World*, p. 61.

科赫瓦和舍费尔的观点均表明阿庇安是希腊化时期埃及、希腊反犹偏见的真正的继承人，而他第一次明确地强调犹太人的圣殿中供奉驴头，这是以往埃及、希腊作品中所没有的。埃及、希腊族群认为犹太人"不虔诚"的观念在此处被渲染得淋漓尽致。

阿庇安继承以往埃及、希腊族群的反犹传统并加以提升和发挥，这一特点还体现在他攻击犹太人举行人祭并且吃人的记载之中。

在《驳阿庇安》卷二 91～96 中，约瑟夫斯细致地转述了阿庇安笔下塞琉古王安条克四世进入犹太圣殿后的经历：

> 他说安条克在圣殿中发现一个人横躺在长椅上，在他面前有张桌子，上面摆满了由海味、走兽和飞禽组成的盛宴。而在这面前，那个人却神志模糊。国王刚刚进来，那人便恭敬地迎接他，好像遇到了救星一般。他跪倒在国王面前，伸出右手，祈求自由。国王告诉他鼓起勇气并且询问他是谁，为何生活在这，他的这些食物又是何缘故。那人呻吟着流下眼泪，凄然地讲述了他的遭遇。根据阿庇安的说法，这个人说他是希腊人，因为筹划生计而在这个省旅行，却突然被一群陌生人绑架带到了这座圣殿并被关了起来。在这里，他见不到一个人，但是却有各种盛宴供养自己。最初，这种出人意料的待遇欺骗了他并使他十分高兴，然而，随后他就变得疑虑，进而变得惊恐万状；当他最后问到一个接近他的奴隶时，才知道了犹太人说不出口的律法，正是基于这条律法，他才被喂养，而且犹太人在每年固定的时间都会这样做。他们会抓住一名希腊的异乡

人并喂养他一年，再把他带到某片树林中宰掉，并按照他们的仪式用他的尸体献祭，从他的内脏开始吃掉他，并且在把他作为燔祭时发誓，以培养针对希腊人的敌意，然后他们会把死者的遗骸丢进洞里。阿庇安接着说，这个人说他的生命只剩下几天可活，于是他恳请国王，出于对希腊众人的尊重，把他从这可怕的困境中解放出来，并挫败犹太人针对他生命的图谋。

此后，约瑟夫斯则明示了这则骇人听闻的誓言：

> 还有一条关于誓言的谎言，这则谎言宣称我们（犹太人）指着创造天地和海洋的上帝起誓，不可对任何异乡人，特别是对希腊人，表示出丝毫善意。①

伊莱亚斯·比克尔曼曾经从古典文献和民族志材料出发，对这份记述进行了详细的溯源式分析，指出阿庇安这则故事拼合了"萨图纳里亚王"② 以及"食人密谋"③ 两个古典主题，

---

① Josephus, *CA*, Ⅱ, 121.

② "萨图纳里亚王"（King of Saturnalia）是古意大利的一种习俗，即凡是流行崇拜农神萨图恩的地方，都选出一个人在一段时间内扮演萨图恩，享有萨图恩一切传统的权柄，然后此人以善神的身份自杀或是被他人杀死，为人世献出自己的生命。见弗雷泽《金枝》，徐育新、汪培基、张泽石译，刘魁立审校，新世界出版社，2006，第548~552页。

③ "食人密谋"（coniuratio）由与人牲相关的秘密誓言以及"当局者"共同接触或分食人牲等情节组成，而秘密誓言通常涉及某个阴谋：一小撮人秘密地抱成一团，图谋把他们的意志强加给其他所有人。例如"喀提林阴谋"的参与者都起誓并共饮混着人血的酒。见撒路斯提乌斯《喀提林阴谋 朱古达战争》，王以铸、崔妙因译，商务印书馆，1994，第113~114页。

而这则记述的核心内容在于犹太人针对希腊人所发下的毒誓。① 显然，希腊传统中认为犹太人"仇外"和"仇视人类"的观念在这里以最为骇人听闻的方式呈现出来。在吕西马库斯的记述中，摩西只是告诫犹太人"不要对任何人展示善意，只提供最坏而不是最好的建议，同时捣毁他们发现的一切神庙和众神的祭坛"；而在阿庇安的笔下，同样是攻击犹太人"仇外"和"仇视人类"，却以"人祭"和"食人密谋"的方式呈现。而且年复一年，通过秘密仪式不断强化对希腊人的仇恨。在公元 38~41 年族际冲突的背景下，阿庇安这样的言论和观念在推升希腊族群与犹太族群相互仇视方面的作用和影响十分巨大。②

无论是"驴崇拜"还是"食人密谋"，阿庇安的攻击全部围绕犹太圣殿展开。他力图表明自己已经揭开了犹太上帝的秘密和犹太崇拜的本质："犹太人是针对异乡人而进行阴谋的秘密同盟，他们的宗教崇拜由强化这一阴谋的仪式构成；他们的神要求人祭，是残忍邪恶的神。"③ 而通过强调犹太人对希腊人特殊的敌意，阿庇安企图表明，犹太崇拜在其本质立场上与文明世界，即希腊世界，完全对立。阿庇安已经不似之前的希腊作家，只攻击犹太人的某些习俗，而是直接攻击犹太教的核心：上帝、律法和圣殿。在他看来，充斥于犹太圣殿中的并不是极具希腊哲学色彩的无偶像崇拜，而是野蛮人令人发指的迷

① E. Bickerman, "Ritualmord und Eselskult: Ein Beitrag zur Geschichte antiker Publizistik", in *Studies in Jewish and Christian History*, Vol. 2, Leiden: E. J. Brill, 1980, pp. 225-255.

② J. M. G. Barclay trans. & comm., *Against Apion*, in S. Mason ed., *Flavius Josephus: Translation and Commentary*, Vol. 10, p. 218, n. 323.

③ P. Schäfer, *Judeophobia: Attitudes towards the Jews in the Ancient World*, p. 64.

信和暴行。

阿庇安关于"驴崇拜"、"人祭"以及"食人密谋"的记述，一方面反映着他对埃及与希腊反犹传统的融汇和发挥；另一方面也表明阿庇安在处心积虑地迎合罗马人的旨趣，使自己的反犹观念能够在罗马世界得到共鸣。

约翰·巴克利指出："阿庇安的文本写于亚历山大里亚暴乱（公元 38 年）之后，而且有可能作于他出使罗马时或是之后不久。"① 倘若如此，阿庇安的相关记述便极有可能是在皇帝面前的辩词。是时，罗马皇帝盖乌斯意欲在犹太社会推行帝王崇拜，他把自己等同于朱庇特神，并强命叙利亚总督在犹太圣殿中竖立自己的雕像。② 这与公元前 168 年安条克四世在圣殿立宙斯神像的旧事如出一辙。③ 阿庇安的这些记述，一方面可以为罗马皇帝在圣殿立像的计划增加合理性并进行宣传，另一方面则可借此攻击犹太人。在这种政治宣传中，盖乌斯就像当年的安条克四世一样，废除野蛮迷信的犹太习俗，并为可悲的犹太野蛮人带来希腊世界的文明：废除愚蠢的"驴崇拜"，引入宙斯和帝王崇拜。盖乌斯将彻底完成安条克四世的未竟之业，成为名垂千古的圣君。

"人祭"和"食人密谋"这些主题对希腊人和罗马人而言并不陌生。在希腊罗马世界，人们通过批判异族的人祭风俗来彰显自身的文明和进步，"人祭"是区分文明和野蛮的重要标志，也是希腊罗马用以标榜自己文化优越性、民族优越性的重

---

① J. M. G. Barclay trans. & comm., *Against Apion*, in S. Mason ed., *Flavius Josephus: Translation and Commentary*, Vol. 10, p. 213, n. 283.

② Philo, *Legatio.*, 188.

③ *I Maccabees* 1: 54.

要手段。人祭是野蛮变态的行为，其所具有的负面意义在希腊罗马世界是人们的共识。① 希腊悲剧作家索福克勒斯便认为人祭是野蛮世界中的通行做法。西塞罗在为封泰乌斯辩护而攻击外族时，也指出：

> 最后，他们敬畏任何对人显得神圣或是神圣不可侵犯的东西吗？如果他们曾经有过敬畏，乃至于认为必须用活人作为牺牲，给诸神的祭坛和神庙献祭，以此抚慰诸神，那么可以说他们首先对宗教犯下罪行，然后才实施宗教。有谁不知道，他们就在这一天保持了用活人献祭的野蛮可怕的习俗？所以，对这些以为用活人和流血最能抚慰不朽诸神的人而言，你们认为什么是荣誉，什么是虔诚？②

在希腊罗马世界普遍憎恶并抨击人祭的文化背景下，阿庇安攻击犹太人施行人祭，显然是在向罗马人表明犹太人的野蛮，这种野蛮性不仅针对希腊人，也针对罗马人。需要指出的是，所有被希腊罗马人抨击举行人祭的野蛮人，在地理上全部处于希腊罗马世界，即"文明世界"的边缘。③ 换言之，对希腊罗马人而言，宗教文化的野蛮性和异质性与地理空间的边缘性相伴，人祭既是文化上的界限，又是空间上的界限。然而，阿庇安对犹太人的攻击突破了这种模式。犹太人生活的地域并

---

① J. Rives, "Human Sacrifice among Pagans and Christians", *The Journal of Roman Studies*, Vol. 85, 1995, pp. 65–85.

② Cicero, *Pro M. Fonteio Oratio* 14.

③ 对希腊人而言，克里米亚地区的陶洛人行人祭，但是他们都在希腊世界的边缘；对罗马人而言，高卢人、迦太基人也一度是在罗马世界之外的蛮荒之地。

不是在"文明世界"的边缘或"化外之地"，他们不仅生活在文明世界之内，而且散居于罗马帝国和希腊文化的中心：罗马和亚历山大里亚。虑及这种宗教文化上的异质性与地理空间上的内含性，阿庇安的"人祭"便有更深的含义：与公开进行人祭显示自身身份的野蛮人不同，犹太人表面遵守"文明世界"的规则，暗地却掩藏了自身的野蛮本性。"化外之地"的野蛮人有归化文明的可能；但在犹太人那里，这完全不可能发生。犹太人作为野蛮人的"他者"，具有终极性的意味。

阿庇安攻击犹太人的"人祭"主题，最突出的一点在于其私密性。受难的希腊人最初连自己被什么人绑架都不知道；他被藏在了圣殿至圣所中，这里极其隐秘，非犹太人禁止入内；只有安条克四世闯入圣殿并意外地拯救了这名希腊人时，犹太人"说不出口的律法"才公之于众。通过渲染这种私密性，阿庇安表明，犹太人拒绝接受希腊罗马的文明，并对之充满仇恨，是极其危险的内部敌人。在罗马世界，"内部敌人"往往与破坏社会秩序的政治阴谋相联系：一小撮人秘密联合行非常之事，而他们的目标通常都会对政治稳定和社会安全造成破坏。比如"喀提林阴谋"。因此，阿庇安指责犹太人举行人祭和"食人密谋"，是在从更深一层的角度警示罗马人，犹太人在宗教上的异质性与政治上的危险性相连，他们的密谋是引发内乱的种子，由于犹太人对"文明世界"充满永恒的仇视，所以他们是罗马人的敌人，是罗马和平的威胁。

在阿庇安看来，正是由于犹太人是文明世界内部具有"终极性"的他者，他们不能拥有亚历山大里亚的公民权。为此，他从四个方面阐述了自己的理由。第一，从犹太人的起源和属地来看，阿庇安认为犹太人起源于埃及，亚历山大里亚的犹太人来自叙利亚，并非亚历山大里亚建城时最初的殖民者。这里与罗马埃及总督弗拉库斯宣布犹太人是"异族和外乡人"的谕令相呼应，并且为希腊人把犹太人赶进"隔都"寻求合法化依据。第二，犹太人有不忠善叛的特征。阿庇安历数了犹太人对托勒密君主与亚历山大里亚的数次"背叛"，并使之与罗马发生联系。在此，阿庇安提及了皇子日耳曼尼库斯在亚历山大里亚给该城公民分粮时没有分给该城的犹太人。第三，阿庇安质疑犹太人的宗教，攻击犹太人在希望获取公民权同时却不崇拜亚历山大里亚的神灵，同时他更进一步指责犹太人不进行罗马帝国的帝王崇拜。第四，阿庇安认为犹太人具有制造内乱的特点根源于他们对文明世界的仇视。这里的内乱应该是指公元 38~41 年的族际冲突。[①]

从上述的分析可以看出，阿庇安的记述体现着这一时期希腊族群具有普遍性的反犹观念。他不仅细致地归纳总结了这些观念，而且使之迎合罗马人关注的议题，并非单纯依照希腊人的立场表达自己。与此同时，他的犹太观念还体现出强烈的整体意识，不局限于一时一地一事一族。这些特点使他的犹太观念在希腊世界和罗马世界都产生了巨大的影响。

首先，阿庇安关于犹太人和犹太教的记述和创造性发挥几乎包含了犹太文明的各个方面，这种全面性本身为古典世界的希腊、拉丁作家提供了更多、更全面和深刻的素材。阿庇安版本的"驴崇拜"和"人祭"等主题，在其后的希腊作家的作品中多有出现。例如，从《苏达辞书》提供的信息看，公元 1 世纪后半叶的希腊作家德谟克利特几乎照搬了阿庇安的相关记述：

---

① 以上四点，见 Josephus, *CA*, Ⅱ, 33; 49~78。

德谟克利特，历史学家。他著有关于战术的两卷著作，以及一部《论犹太人》。在后一部书中，他指出他们（犹太人）崇拜一只金驴头，并且每隔七年便抓捕一名异乡人用作牺牲。他们习惯于把他的身体切成小块来杀死他。[①]

前述公元 2 世纪初的埃及纸草文献中依然存在犹太人"食人"的记述，在很大程度上也与阿庇安的犹太观念相符。事实上，塔西佗关于犹太人的记述也受到了阿庇安的影响。

其次，阿庇安在表达自身犹太观念时，有意契合罗马人的旨趣，更兼他本人在罗马世界的声望，故其观念在罗马世界被很多人接受。事实上，阿庇安在论述犹太问题时，虽然以亚历山大里亚为出发点，但时时将犹太问题导向罗马人关心的叛乱与保持自身传统的主题。拒绝帝王崇拜、不忠善叛、人祭和"食人密谋"，这些必然会触及罗马人的敏感神经，使之对犹太民族的观念向负面转变。以"不忠善叛"的个性为例，阿庇安就亚历山大里亚暴动的问题，指责犹太人制造内乱；而他关于犹太人"食人密谋"的记述也在暗示罗马人犹太人有犯上作乱的潜质和愿望。随着公元 70 年的罗马-犹太战争以及公元 116~117 年流散地起义的爆发，这些观念逐渐得到罗马人的认可。事实上，阿庇安的犹太观念已经在某种程度上促成了埃及、希腊和罗马三大族群犹太观念的融合。

[①]　Damocritus, *De Iudaeis*, apud: Suda, M. Stern, *GLAJJ*, Vol. 1, No. 247.

第六章 罗马族群的犹太观念

罗马人在公元前 2 世纪始逐渐成为地中海世界的统治者，随着罗马势力的扩张，它与东地中海各族群的交往日趋密切，了解日益增加。在这一过程中，罗马人也同希腊人一样，逐渐产生了自身的犹太观念。就罗马人的犹太观念而言，一方面，作为同气连枝的姊妹文明，罗马文明与希腊文明同属多神教，拥有相近的城邦传统，故二者的犹太观念呈现出极大的相似性和延续性。另一方面，作为地中海世界的帝国霸主，凝聚着罗马力量与道德的"罗马和平"观念成为罗马评断和裁处所有被征服民族的原则。罗马因守护"永恒之城"的道德灯塔而批判犹太习俗，因维持帝国强权秩序而夷平了耶路撒冷的圣殿。然而在血与火的博弈中，多神教帝国与独一神宗教的对话终于开启，古典古代的历史也终将走向终结。罗马人胜利了，因为他们是地中海帝国无可争辩的主宰。与此同时，也很难说犹太人失败了，因为罗马第二次征服世界，依靠的不再是武力，而是宗教。

一 "罗马和平"之下的罗马城与罗马帝国

公元 1 世纪上半叶，亚历山大里亚的希腊人与犹太人爆发了激烈的族际冲突。阿庇安在此背景下创造性地融汇了埃及族群和希腊族群的反犹观念，对犹太人发动了猛烈攻击。然而，阿庇安呈现出的反犹观念除了反映以往埃及和希腊的传统之外，更有契合罗马之关切的意图，因为阿庇安深知罗马才是当下的主宰。约瑟夫斯在他去世半个多世纪后，仍要著书对他的言论和观点进行回击，从反面证明了阿庇安的成功和影响力。阿庇安为迎合罗马旨趣而进行的筹划和安排以及他的成功，给我们提供了理解罗马看待犹太问题的钥匙。

概括阿庇安迎合罗马人的那些观点，可以发现，他在两个方面尤其着力：其一，犹太人的宗教和生活方式野蛮而迷信，其最大的特点是仇视人类，颠覆文明世界。其二，犹太人对待君主不忠诚，倾向于挑起冲突，制造内乱，搅动世界。这深深影响了罗马人。作为帝国的统治者，罗马人主要从两个方面关切帝国内各个民族和他们的风俗习惯：其一，各族是否忠于帝国，这关乎帝国的霸权和秩序；其二，各族的风俗文化是否会危害并腐蚀罗马的传统宗教和道德。马丁·古德曼以罗马城为象征概括了这种关切："罗马，永恒之城，一向被视为以武力和法律贯彻强权的典范，也被看作由道德败坏引致危机的警示。"① 事实上，罗马人的这两大关切正是当时"罗马和平"观念体系的核心要素，"罗马和平"界定了罗马的帝国主义并赋予罗马帝国合法性，既是罗马人对自身文明特征的高度概括，也是罗马人评判和处理帝国内族群和文化问题的原则。② 因此，要探究罗马人的犹太观念，首先有必要了解作为帝国意识形态和价值体系的"罗马和平"。

自共和国中期以来，罗马语境下"和平"（Pax）一词便

---

① M. Goodman, *Rome and Jerusalem: The Clash of Ancient Civilization*, New York: Vintage Books, 2008, p. 29.

② A. Parchami, *Hegemonic Peace and Empire: The Pax Romana, Britannica and A-mericana*, London: Routledge, 2009, p. 16.

承载了多重含义：从对外关系角度看，"和平"意指罗马在政治和军事上较其他民族拥有统治性霸权。[1] 从罗马内部来看，"和平"意指公民间的和谐关系，国家与公民团体之间具有一致性，这种关系提供秩序、稳定，使得罗马公民免受物质或精神的伤害。[2] 此外，"和平"还有宗教上的含义，即通过正确的宗教活动、高尚的罗马道德和强大的力量维系众神对罗马的眷顾，此所谓"众神的和平"。只有神明保佑才能确保罗马人的成功与繁荣。[3]

同一时期，罗马社会围绕"和平"问题也形成了一系列社会共识。在罗马人看来，"和平"与"战争"是一体之两面，无法分开。只有取得战争的胜利才能实现和平。罗马人崇尚的道德、荣光、声誉、勇气、坚毅等全部围绕好战精神展开。波利比乌斯在细致考察罗马军事系统后指出，罗马人在完成十年的军役之前，没有资格去担任任何政治职务。[4] 尚武精神已经深深植根于罗马人的性格之中。罗马的国家制度、宗教、文化以及道德观念，充满着尚武的气质。[5] 与此同时，罗马人相信自己发动的战争是正义的，获得众神赞同，罗马的天命是统治世界。战争与和平并非对立，和平是罗马统治带来的秩序，战争是罗马取得和平的方式。

---

[1] G. Zampaglione, *The Idea of Peace in Antiquity*, Notre Dame: University of Notre Dame Press, 1973, p. 133.

[2] A. Parchami, *Hegemonic Peace and Empire: The Pax Romana, Britannica and A-mericana*, p. 17.

[3] V. M. Warrior, *Roman Religion*, Cambridge: Cambridge University Press, 2006, chap. 2, 3, 4.

[4] Polybius, *Historiae*, Ⅵ, 19: 4.

[5] T. Cornell "The End of Roman Imperial Expansion", in J. Rich & G. Shipley, eds., *War and Society in the Roman World*, London: Routledge, 1995, p. 156.

　　由于"和平"承载了多重重要的观念，共和末期的罗马政治家开始使用"和平"来建构意识形态，进行政治宣传。独裁者苏拉于公元前 80 年前后首次将"和平"一词镌刻于铸币之上，以宣示自己结束内战，使国内恢复"和谐"。① 随后的凯撒和屋大维都继承了苏拉的做法。② 屋大维结束了罗马内战，缔造了罗马帝国。在巩固统治的过程中，"奥古斯都和平"作为他营建的意识形态体系出现在历史舞台上。"奥古斯都和平"（Pax Augusta）一词于公元 30 年前后由维勒乌斯·帕特尔库卢斯提出，用以赞颂屋大维开创广袤帝国、恢复社会秩序。③ 这一意识形态主要以奥古斯都个人为中心，从三方面展开：其一，恢复了罗马世界内部的秩序；其二，确立了帝国之内罗马人在政治和军事领域的统治性霸权；其三，恢复了古代的传统和宗教仪式。屋大维本人及其领导的知识分子团体，以多样化的形式呈现这套观念体系。维吉尔则在《埃涅阿斯纪》中以凝练的方式表达了这种观念："罗马把道德与和平带给各族，对臣服者宽大为怀，对高傲者严惩不贷。"④《奥古斯都行述》则以墓志铭的形态诠释这一观念体系：

　　十九岁时，我用私人财产自行组建军队，并用它恢复了为派系势力主宰的共和国的自由。……为纪念我的归

---

① G. Woolf, "Roman Peace", in J. Rich & G. Shipley, eds., *War and Society in the Roman World*, p. 176.

② K. Christ, *Romans: An Introduction to Their Civilization*, London: Chatto & Windus, 1984, pp. 60–63.

③ Velleius Paterculus, *Compendium of Roman History*, II, 126: 2–5.

④ Virgil, *Aen.* VI, 851–852. 中译见维吉尔《埃涅阿斯纪》，杨周翰译，译林出版社，1999，第 170 页。

来，元老院决定在马尔斯广场奉献神圣的和平祭坛，并命
各行政长官、祭司和维斯塔贞尼在该处举行一年一度的献
祭仪式。我们的祖先规定，每当在罗马人民的整个帝国内
的陆地和海洋上以胜利开创了和平时，亚努斯·奎里努斯
神庙应被关闭，尽管据史册记载，自建城以来到我出生
前，该神庙共被关闭两次，在我任元首期间，元老院三次下
令关闭该神庙。……我将罗马人民的所有行省——与那些还
未归服于我们帝国的部族相邻的行省——的边界扩大了。
……我一平息内战便经一致同意掌控了所有事务，在我第
六次和第七次任执政官时，我将国务从我的权限中转交到
元老院和罗马人民的仲裁下。[1]

所谓的"罗马和平"（Pax Romana）约在公元 55 年由帝
师塞涅卡提出，用以强调皇帝应该履行维持帝国、沟通众神的
职责。[2] 作为意识形态和价值体系的概念，"罗马和平"是
"奥古斯都和平"的延续，它包含"和平"一词承载的各种观
念、罗马社会关于和平问题达成的共识以及"奥古斯都和平"
的主要内容。"奥古斯都和平"与"罗马和平"微弱的差异在
于"奥古斯都和平"着眼于"和平"的创立和恢复，而"罗
马和平"则落脚在对"和平"的维持。前者将"和平"归为
屋大维个人的功绩，后者将"和平"归于奥古斯都之后两个

---

① *Res Gestae*, 1, 12, 13, 26, 34. 译文使用张楠、张强《奥古斯都功德碑译
注》，载《古代文明》2007 年第 3 期；参考特威兹穆尔《奥古斯都》，王
以铸译，商务印书馆，2010，附录一。

② Seneca, *De Clementia* XV: 4; *Ad Polybium* XV: 1; *De Providentia*, I: IV: 14.

世纪的罗马帝国，并成为弗拉维王朝和安敦尼王朝的意识形态。[①] 公元 14 年奥古斯都的去世是区隔二者的时间点，但"奥古斯都和平"与"罗马和平"在观念层面表达的内容一致：罗马人承有建立帝国统治列族，为世界带来和平和文明的天命，罗马凭借神眷和武力创造的霸权性和平不容挑衅；罗马的宗教传统与道德是众神眷顾罗马的根源，不容外族宗教习俗玷污。凡犯此二条者，严惩不贷。[②]

在"罗马和平"的意识形态下，罗马城和罗马帝国分别被赋予不同的角色。

就罗马城而言，它是天命的永恒之城，世界之都；是罗马帝国的中心，是罗马精英的聚居地，是象征罗马宗教与道德的灯塔，罗马民族传统的纯粹性体现于此。事实上，罗马城在很大程度上已经成为罗马民族的化身。罗马的保守精英和罗马政府不容许各种异族习俗在罗马城污染罗马传统，因为他们担心自身的宗教、道德传统遭到侵蚀，会失去众神的眷顾进而丧失自己的天命。

罗马人总是强调其传统和道德的高贵，并把自身的成就归于这点。罗马史学家阿庇安就曾指出：

> 由于谨慎和幸运，罗马人的帝国达到伟大而持久的地位；当取得这个地位的时候，在勇敢、忍耐和艰苦奋斗方

---

① A. Parchami, *Hegemonic Peace and Empire: The Pax Romana, Britannica and Americana*, pp. 19-30.

② C. Wells, *The Roman Empire*, Cambridge: Harvard University Press, pp. 76-77; D. C. Earl, *The Moral and Politics Tradition of Rome*, Ithaca: Cornell University Press, 1967, p. 47.

面，他们超过了所有其他的民族。在他们牢稳地巩固他们的势力之前，他们绝对不因胜利而骄傲；……他们也绝对不因不幸而沮丧。饥馑、时常发生的瘟疫、人民暴动，甚至所有这些事情同时发生，都不能挫败他们的热忱；直到经过七百年胜负不能预测的斗争和危险，最后他们才达成现在的伟大，取得现在的繁荣，作为老谋深算的报酬。[①]

罗马人认为最能体现罗马道德优越性的是他们的宗教传统。西塞罗便指出："只有在具有宗教信仰的人的引导下，城邦才能兴旺繁荣"，而"与其他民族相比，我们（罗马人）在其他方面并不比他们优秀，甚至可能还低劣一些，但在宗教方面和对诸神的崇拜方面我们是最杰出的"[②]。

然而，尽管罗马精英已经是帝国主宰，但他们在面对外来宗教、文化、习俗的冲击时，却不如希腊人自信，总表现出矛盾的态度。这种态度杂糅着罗马人对自身道德宗教传统和统治地位的骄傲自负以及在面对外族文化挑战时的忧虑和不确定。罗马人总是赋予被征服民族夸大的天分、力量和物质财富，同时又认为这些民族在道德和精神层面上一无是处。[③] 异族的文化、宗教甚至物质财富常常被赋予负面的道德价值，成为罗马人诠释他们因道德堕落、个性邪恶而被征服的原因。然而，现实世界中这些异族文化习俗却偏偏能够在罗马城生根发芽，并

---

① Appian, *Roman History*, exordium, 11, 中译见阿庇安《罗马史》，谢德风译，商务印书馆，1997，第16~17页。

② Cicero, *De Natura Deorum*, Ⅱ, 3, 中译见西塞罗《论神性》，石敏敏译，上海三联书店，2007，第54页。

③ B. Isaac, *The Invention of Racism in Classical Antiquity*, p. 234.

且吸引大量罗马人沉浸其中。① 这种状况极大地刺激了罗马精英，激发了他们的忧患意识，使他们对异族文化充满恐惧和仇视，担心这些文化玷污罗马的宗教和传统，以柔性的方式征服罗马。事实上，罗马人对自身宗教、道德的优越感是与他们对外族文化的恐惧和仇视相伴的。便雅悯·以撒就指出，"如果罗马成功是因为它吸纳了许多被征服的不同民族，那么也可以得到结论认为，罗马人是伴着罗马城中权贵集团强烈的恐外倾向做到这点的"。② 因此，罗马知识阶层的反犹观念大部分源于罗马城。

犹太人从具体何时起散居罗马城，今人无法得知。然而，公元前 2 世纪之际，马加比起义的领导者已同罗马政府取得联系。③ 有史料记载，罗马人曾于公元前 139 年把犹太人逐出罗马城，但学界对这条记录的可信度并不认可。④ 犹太人散居罗马最早的确切证据来自公元前 59 年西塞罗的《为福拉库斯辩护》。⑤ 西塞罗在此提及散居罗马的犹太人，指出他们人数多，组织性强，有一定的政治影响力，是罗马城中的不安定因素。⑥ 公元前 63 年，庞培攻占耶路撒冷，大批犹太人作为奴

① 犹太教在罗马城就拥有极大的影响力，并且赢得了很多罗马人的青睐。见 W. Liebeschuetz, "The Influence of Judaism among Non-Jews in the Imperial Period", *Journal of Jewish Studies*, Vol. 52, 2001, pp. 235-252。

② B. Isaac, *The Invention of Racism in Classical Antiquity*, p. 462.

③ *I Maccabees*, 14: 24; 15: 15-24.

④ M. Stern, *GLAJJ*, Vol. 1, pp. 357-360.

⑤ J. M. G. Barclay, *Jews in the Mediterranean Diaspora: From Alexander to Trajan*, p. 286.

⑥ Cicero, *Pro Flacco*, 28: 66-69, M. Stern, *GLAJJ*, Vol. 1, No. 68. 中译见《西塞罗全集·演说词卷（上）》，《为福拉库斯辩护》，王晓朝译，人民出版社，2008，第 951~952 页。

隶涌入罗马，这些人很可能在随后奥古斯都的时代以释奴的身份取得了尤利安权（Juian right）[1]，成为罗马社会下层阶级的成员。斐洛指出，帝国初期具有公民权的犹太人聚居于台伯河右岸，这很可能是指这类犹太人，因为台伯河右岸是当时罗马的贫民区。[2] 奥古斯都时代及其之后，拉丁讽刺作家嘲讽的会堂周边的犹太乞丐，多以这些贫苦的犹太人为原型。

罗马的犹太社团在凯撒时代取得了较大的发展。学界无法确知凯撒赋予罗马犹太人权利的具体内容，但罗马犹太人受益于凯撒同犹地亚之间良好的同盟关系。[3] 凯撒保护散居犹太人的一系列法令，包括犹太人有权向耶路撒冷缴纳圣殿税，有权守安息日，免除军事义务，等等，这些也适用于罗马的犹太人。特别需要指出的是，凯撒在禁止罗马城举行各种宗教集会和政治集会的情况下，却依然允许犹太人举行集会和共餐。[4] 这些证据表明，凯撒时代罗马的犹太社团已经拥有"按照自己祖先的习俗生活"的自治权利。

---

[1] 尤利安权（Latini Iuniani）：奥古斯都对罗马的社会等级做了重新的调整。尤利安权是新创的一种社会地位，主要包括被释奴阶层，通过《尤尼亚法》赋予被释奴隶以拉丁权。这类拉丁人的权利能力受到较多限制，一般仅享有通商权，不享有立遗嘱的权利，财产在其死后转归庇主所有，见黄风《罗马法词典》，法律出版社，2002，第147~148页；周枏《罗马法原论》上册，商务印书馆，2001，第114~115页；S. Hornblower & A. Spawforth, eds. *OCD*, 3rd ed. rev., p. 821; M. le Glay, J. -L. Voisin, Y. le Bohec, *A History of Rome*, trans., A. Nevil, Malden: Blackwell Publishers Inc., 1996, pp. 200-207。

[2] Philo, *Legatio.*, 155. 关于奥古斯都时代罗马城的城市布局，特别是贫民区，见 D. Favro, *The Urban Image of Augustan Rome*, New York: Cambridge University Press, 1996, pp. 24-41。

[3] J. M. G. Barclay, *Jews in the Mediterranean Diaspora: From Alexander to Trajan*, p. 291.

[4] Josephus, *AJ*, XIV, 213-216.

犹太人能够"按照自己祖先的习俗"在罗马城生活，为罗马精英阶层攻击犹太习俗玷污罗马传统提供了现实基础。虑及罗马城中大量真实存在的犹太要素，拉丁作家对犹太上帝、安息日、割礼等犹太特征和习俗的记述在很大程度上反映着当时的社会现实。便雅悯·以撒便指出，大部分对犹太习俗提出指责的拉丁文献都是罗马人对罗马城中出现的犹太要素的回应；"罗马社会之所以被诸如犹太教或那些来自埃及的异族祭仪所吸引，原因在于它们出现在罗马城并被清晰地感受到，这与只能通过间接材料才能了解到的行省现象不可同日而语"。[1]从文献上看，罗马的保守精英对犹太人总是充满敌意。[2] 这从他们用来描述犹太人的语言就可以看出。塞涅卡称犹太人为"罪恶的民族"，昆体良称犹太人是"灾难性的民族"，塔西佗则称其为"卑鄙的民族"[3] 等。这些作家构成了拉丁作家的主流，他们作品体现了罗马上层社会对犹太人和犹太教的反感和憎恶，这类观念在很大程度上源于他们对罗马城内犹太要素的感受和回应。此外，作为罗马帝国的都城，罗马城也是各族群犹太观念的交汇之地，各地族群纷争常常要在罗马进行最高裁断。因此，各个族群的犹太观念都能在罗马有所表达，并对罗马人的犹太观念产生影响。

由于罗马城是罗马宗教和道德的象征，罗马保守精英竭力捍卫罗马城的纯洁，他们尤其关注异族的习俗和生活方式的特征及其对罗马社会的影响。犹太习俗个性鲜明，又具有很大的影响力，自然引起了罗马保守精英的注意。事实上，罗马犹太

---

①　B. Isaac, *The Invention of Racism in Classical Antiquity*, p. 483

②　L. H. Feldman, "Anti-Semitism in the Ancient World", pp. 29–36.

③　M. Stern, *GLAJJ*, Vol. 1, No. 186, 230; Vol. 2, No. 281.

观念最突出的特征就是赋予犹太习俗与罗马道德相对的负面属性并对之大加挞伐。不过,这里需要指出的是,尽管犹太传统中有数种独特的习俗均引起了罗马世界关注,例如割礼、安息日、犹太饮食法、非偶像崇拜等,但这些习俗对罗马人产生影响的程度却存在很大的差异。出于自身的文化传统,诸如禁食猪肉或割礼,很难被绝大部分的罗马人所接受,故这类习俗对罗马社会的影响就十分有限。在此基础上,罗马保守精英虽然对这类习俗充满反感和憎恶,但不会花费大量精力对之批判。然而,如果某项习俗对罗马社会产生了巨大的影响,情况便截然相反。罗马保守精英对安息日的批评便是如此。

安息日在罗马城的影响甚大。奥古斯都时代的罗马作家奥维德曾在其《爱的艺术》中指出,安息日是向女孩献殷勤的好日子,因为这天商店关闭,所以男孩不会因为女孩要求买各种礼物而困扰。① 这里,奥维德无疑判定安息日导致商店歇业具有普遍性,非犹太人和犹太人都受到了安息日的影响。守安息日的行为在社会底层更为普遍,很可能同非犹太人遵守行星周的习俗相关。安息日与农神日碰巧重合,而在农神日诸事不宜,这样两个具有宗教色彩的计时系统相互促进,使安息日对罗马世界的影响日益增加。对此,弗朗西斯·科尔森曾指出:"行星周的存在以及犹太人恰巧在行星周中最不利于发展事业的一天停止工作的事实大大推动了严守安息日主义(Sabbatarianism),这使很多外族人更加坚信大体上犹太教值得他们尊重和模仿。"②

---

① Ovid, *Ars Amatoria*, I, 413–416. M. Stern, *GLAJJ*, Vol. 1, No 142.

② F. H. Colson, *The Week: An Essay on the Origin and Development of the Seven-Day Cycle*, Cambridge: Cambridge University Press, 1926, p. 41.

　　由于安息日对罗马社会产生了巨大的影响，因此它也饱受罗马保守精英的批判。帝师塞涅卡的观点最具代表性：

　　　　塞涅卡也在公民神学的其他迷信中寻找犹太人的圣仪的错误，特别是安息日。他说守安息日是无用的，因为通过在每七天中引入一个安息日，他们在懒惰中损失了几乎七分之一的生命，而且因为在紧急之时不能及时行动，他们经常蒙受损失……但当他谈论那些犹太人时，他说："这个罪恶民族的习俗已经产生了相当的影响，以致它们已经被整个世界所接受。被征服的人正在给他们的胜利者立法。"他用这些话表示了自己的惊讶，但他并不知道这是出于上帝的旨意。他接下去又说了一些话，明确地表示了他对这些圣仪真实性质的看法。他说："然而，犹太人知道他们礼仪的起源和意义，而我们中间的大多数人都只是履行这些仪式，而不知道为何要这样做。"①

　　这段话中，首先值得注意的是塞涅卡提出了"被征服的人正在给他们的胜利者立法"的观点。这表明塞涅卡是在"罗马和平"的论域下看待安息日问题。"对胜利者立法"是对罗马统治的颠覆，无论何种习俗，只要踏入这一禁区，就绝对不可接受。这里不难看出塞涅卡对犹太习俗在罗马产生巨大影响而忧虑重重。在此基础上，塞涅卡指出这一习俗所承载的负面道德属性——懒惰。懒惰与罗马传统道德观念完全对立。

---

① Seneca, *De Superstitione*, apud: Augustinus, *De Civitate Dei*, VI, 11. M. Stern, *GLAJJ*, Vol. 1, No. 186.

在罗马传统中，勤劳是罗马能够成功征服所有对手的关键之一。巴洛在对罗马民族个性和传统进行概括时，就指出，罗马精神是"农夫－士兵"的精神，而"不懈的劳作"正是农夫精神的体现。[①] 在塞涅卡看来，犹太习俗造就了懒惰习气。犹太人正是因为遵守了这样的传统，才养成"懒惰"的民族性格而成为"被征服者"，而这样的习俗影响罗马，势必造成罗马人的衰败。同时，塞涅卡还提到了希腊传统中非常流行的观点：犹太人的城市，特别是圣城，总是在安息日被异族人攻取。这种观点最早出现在阿加沙契德斯的记载中，但塞涅卡对守安息日而导致城市沦陷的解释与阿加沙契德斯不同：阿加沙契德斯认为这是犹太人执着于律法造成的迷信，而塞涅卡则认为这是犹太习俗造就的懒惰习气。同样是负面的道德价值，懒惰比迷信更加可耻。[②]

事实上，将安息日视为懒惰的观念，在罗马精英中十分流行，不少作家都表达过类似的观点。尤维纳尔便抨击为犹太习俗所吸引的人"由于懒惰而放弃所有的第七日，在这天无所事事"。塔西佗则指出："他们（犹太人）说他们最初选择第七天为休息日，是因为他们的痛苦是那一天才结束的。但是过了一个时候，他们因为爱上了懒散的生活，结果每到第七年也什么都不做了。"[③] 在塔西佗的评述中，有一点特别值得关注：安息日本身在民族起源中有特定含义，故拥有成为"民族习俗"的合法性，但此后他们却放任懒惰而导致一整年无所事

---

① 巴洛：《罗马人》，黄韬译，上海人民出版社，2000，第3~4页。

② P. Schäfer, *Judeophobia: Attitudes towards the Jews in the Ancient World*, pp. 86–87.

③ Tacitus, *Historiae*, V, 4: 3. M. Stern, *GLAJJ*, Vol. 2, No. 281.

事。这里，"放任""纵欲无度"同样悖逆于罗马推崇的审慎、节制的传统道德。显然，在塔西佗那里，异族犹太习俗安息日，蕴含的与罗马传统相悖的负面道德价值不止一种，更加应该批判。

罗马精英以维护罗马民族道德和宗教为立足点攻击犹太风俗，但是罗马精英的观念并不完全等同于罗马帝国的政策。虽然罗马城犹太社团与其他族群，特别是罗马精英阶层存在强大的张力，但是在罗马城并未出现类似亚历山大里亚的反犹暴动。罗马人作为统治者，"罗马和平"的意识形态使其在不允许异族习俗对自身造成污染的同时，又需要对臣服的民族展示其宽大的胸怀。因此，罗马人的惯例便是通过驱逐异族移民来净化罗马城，这也是他们抑制犹太文化在罗马城内扩张的常用手段。

罗马民族传统的纯粹性体现在罗马城，而罗马帝国的宽容性和权威性则体现于罗马城之外的帝国之中。事实上，"罗马和平"赋予了罗马城罗马民族精神化身的角色，同时也赋予了罗马帝国以力量、权威、统治者和保护人的角色。在罗马帝国的范围内，"只要没有人祭习俗或是挑起对罗马的叛乱，异族崇拜便可以在行省中照常进行，特别是如果这些异俗能够证明其有悠久的历史"[1]。这表明罗马统治帝国的特点在于宽容的有限性和霸权的绝对性。就前者而言，罗马为臣服自己的民族带来和平和秩序，并依据情况赋予其内部自治的权利。就后者而言，被征服的诸民族要服从罗马的统治，向罗马缴纳赋税，提供军事支持等，所有的臣民不能反抗罗马，而发动叛乱

---

[1]　B. Isaac, *The Invention of Racism in Classical Antiquity*, p. 467.

则尤其不能容忍，罗马人势必对之进行严酷的惩罚。

"罗马和平"赋予罗马帝国的这种角色，既影响了其犹太政策的制定，同时也塑造了其犹太观念的特点。约翰·盖杰曾经指出："在罗马人中扩张犹太教取得成功，加上犹太起义作为第二项因素，致使罗马的保守阶层更加憎恶犹太教。事实上，这两项因素相辅相成，都被视为犹太教在本质上具有反罗马特性的证据。"① 这里，作为第二项因素的犹太起义，正是罗马族群反犹观念得以产生、发展的另一个主要原因，因为它突破了"罗马和平"对于帝国宽容度设定的底线。

如果忽略希腊城市中涉及犹太族群的小规模暴动，从公元1世纪后半叶到公元2世纪，犹太人一共发动了三场大规模的反抗罗马统治的起义，包括公元66~73年的"第一次罗马-犹太战争"，公元116~117年的"流散地大起义"以及公元132~135年的"第二次罗马-犹太战争"（巴尔·科赫巴起义）。在罗马人眼中，无论这些战争的起因为何，一个明显的事实是，犹太民族敢于在"罗马和平"业已实现之后公然数次武装反抗罗马的统治。② 希腊族群的反犹观念中有认为犹太人性格狂热，热衷于制造内乱的内容。阿波罗尼乌斯·莫伦便攻击犹太人"鲁莽躁动，不计后果"③；而阿庇安赤裸裸地攻击犹太人制造内乱。④ 经历了数次与犹太人的战争之后，这些观念无疑被罗马人所接受。然而，在罗马人语境中，这种观念得到了发

① J. G. Gager, *The Origins of Anti-Semitism: Attitudes Toward Judaism in Pagan and Christian Antiquity*, p. 62.

② 宋立宏：《犹太战争与巴勒斯坦罗马化之两难》，《世界历史》2002 年第 1 期。

③ Josephus, *CA*, Ⅱ, 148.

④ Josephus, *CA*, Ⅱ, 68.

展，"性格狂热""制造内乱"逐步发展成了"不忠善叛"。攻击犹太民族具有"不忠善叛"的特征，而这种特征亦与其宗教有着密切联系，是罗马人犹太观念重要的组成部分，它体现出"罗马和平"之下罗马所要求的绝对统治。

苏维托尼乌斯便指出：

> 在整个东方流传着一个古老而坚定的信念，即命运注定：那个时候从犹太来的人必将统治世界。后来的事件表明，这个预言里指的是罗马皇帝。可是犹太人却认为指的他们自己，因此，他们举行暴动，杀死了他们的总督，赶跑了从叙利亚前来救援的执政官级副将，并夺取了一面罗马鹰旗。①

这里，苏维托尼乌斯无疑描述了一个怀有坚定的叛乱之心的民族。这个民族之所以坚持叛乱，根源在于其传统中的预言。对于相信神明眷顾决定民族命运的罗马人来说，这类预言的意义不能忽视。

同样，塔西佗在回溯犹太人的历史时，也认为犹太人"性格无常"：

> 后来由于马其顿的势力衰微，帕尔提亚人还没有强大起来，而罗马人又远在千里之外，犹太人就选择了他们自己的国王。不过这些国王又依次被性格无常的民众赶跑

---

① Suetonius, *Divus Vespasianus*, Ⅳ, 5. M. Stern, *GLAJJ*, Vol. 2, No. 312. 中译见苏维托尼乌斯《罗马十二帝王传》，张竹明、王乃新、蒋平等译，商务印书馆，1995，第303~304页。

了。但是他们在用武力恢复了他们的王位之后，又把市民
赶跑、摧毁城市，杀死了兄弟、妻子和父母并且毫不犹豫
地做出了王族的所有其他种类的罪行；不过对于民族的迷
信他们还是奖励的，因为他们利用祭司的地位来支持他们
在国内的统治。①

从这段话可以看出，塔西佗认为犹太民众性格无常，他们
可以随意拥立和驱逐君主，而犹太君主则是狼子野心，为达目
的不择手段。在犹太人中不存在君民之间的"忠诚"，犹太人
唯一固守的只有他们的"迷信"，即犹太教。诚如辟拉·瓦尔
迪所言："从塔西佗的历史概括中还能得到另一个结论，那就
是犹太人具有叛乱的本性，通常他们的叛乱既不是为了争取政
治自由也不是为了征服其他民族，他们叛乱缘起于他们的宗教
狂热。"②

最后，公元2世纪下半叶的菲洛斯特拉托斯的记述最为系
统地体现了罗马世界的这种观念：

犹太人不仅长期反叛罗马，而且对抗人类。这个民族
使自己的生活方式隔绝而对立，他们不与其他人分享餐桌
上的欢乐，不参加其他人的奠酒仪式，也不参加其他人的
祈祷和献祭。同把我们与苏萨或是巴克特里亚，甚至是更

---

① Tacitus, *Historiae*, V, 8. M. Stern, *GLAJJ*, Vol. 2, No. 281. 中译见塔西佗《历
史》，王以铸、崔妙因译，商务印书馆，1981，第339~340页。

② B. Wardy, "Jewish Religion in Pagan Literature during the Late Republic and
Early Empire", *Aufstieg und Niedergang der römishchen Welt*, Ⅱ, 19.1, 1979,
p. 629.

加遥远的印度分开的鸿沟相比，他们和我们之间的距离要大得多。对于这群我们最好从未把他们兼并的人来说，惩罚他们对我们发动叛乱有何道理或意义可言？[①]

菲洛斯特拉托斯的话非常值得玩味，毫无疑问，他认为犹太人"不忠善叛"，然而在最后，他竟然希望罗马不曾兼并犹地亚，这充分表明，犹太人决意自外于罗马语境下的文明世界，已经无可救药。这个民族已经成为不见容于"罗马和平"体系的绝对他者。

二　罗马族群与希腊族群的犹太观念比较

厘清"罗马和平"的含义及其对罗马人评断世界的意义和价值，在很大程度上可以帮助我们了解罗马人对犹太问题的关注点。"罗马和平"的意识形态赋予罗马城与罗马帝国不同的角色，犹太习俗的流行与"永恒之城"作为罗马道德灯塔的象征相冲突，犹太人对罗马军队的抵抗又触碰了挑战罗马强权秩序的红线。罗马人的反犹观念依循着犹太人同罗马城与罗马帝国不同角色的冲突发展起来，因而罗马城和罗马帝国成为把握和理解罗马人犹太观念的两条线索。

沿一线而探究罗马城与罗马犹太观念的问题，最佳方法无过于将希腊人与罗马人的犹太观念进行比对，在相同相异的体悟中明晰答案。罗马和亚历山大里亚是罗马帝国最重要的两座城市，每座城市都散居着大量的犹太人。因此，散居犹太人在这两座城市中表现出来的异质性，无论是罗马城中的罗马人还是亚历山大里亚的希腊人，都能够有所感受；加之希腊、罗马

---

① Philostratus, *Vita Apollonii*, V, 33, M. Stern, *GLAJJ*, Vol. 2, No. 403.

均有多神教的城邦传统，在面对犹太—神文明的冲击时，自然容易产生具有共性基础的认知，这无疑为两个族群犹太观念的交融提供了社会结构和文化上的基础。此外，在罗马帝国时代，罗马人和希腊人在政治地位上存在质的差别。罗马人是统治者，而希腊人是臣民。这种差别使得二者产生不同的自我需求。这种需求的差异使得二者在面对犹太问题时表现出相异立场和关注点，这是二者在犹太观念上存在差异的根源，甚至使两个族群处理现实世界中犹太问题的方式也产生了巨大的差异。

与罗马人相比，希腊人强于文化自信，弱于政治地位。虽有恢复"城邦"自由独立之心，却无铁腕刀兵之力，只能屈从于罗马强权；虽有愤愤不平之心却又无可奈何，常常以文化上的"优势"补偿政治上的"劣势"，以此巩固自己的尊严和自豪感。希腊人念兹在兹的是自身的社会地位与政治权利。在罗马帝国的社会体制中，社会地位与政治权利与族群身份息息相关，故而希腊人把精力集中于"族属"这一与公民身份和政治地位相联系的概念，文化和宗教仅用来描述和界定族属和政治身份。希腊文明中心主义的核心力量是其文化。希腊人不担心犹太文化对希腊文化的侵蚀，他们无法忍受的是城邦中的犹太人侵蚀他们的政治特权，分享他们的社会地位。其在处理族际关系时，往往表现出暴力性的特征，试图消灭城邦中的犹太族群，特别是散居在希腊城市中享有宗教特权的犹太族政团。亚历山大里亚以及近东地区不断爆发的族际冲突就是明证。①

---

①   T. Rajak, *The Jewish Dialogue with Greece and Rome: Studies in Cultural and Social Interaction*, pp. 301–334.

与希腊人相比，罗马人作为帝国的统治者，对政治地位遭到侵蚀的担忧远远小于希腊人。事实上，赋予不同族群不同程度的公民权利正是罗马人推行罗马化最常用的手段。[①] 在罗马城中的不少犹太人拥有公民权或是尤利安权。从"罗马和平"赋予罗马城的角色来看，罗马保守精英所忧虑的是罗马的传统、道德以及宗教遭到异族习俗和思想的侵蚀，从而使罗马民族的精神发生退化和异变。同时，他们也担心某些凝聚力极强的社会团体借集会、演讲、从事宗教等活动的幌子进行政治密谋，从而挑战或是危害罗马政府。因此，在处理罗马城内的族群问题时，罗马方面更加关注异族文化对罗马社会和罗马公民的影响，同时十分警惕社会小团体进行政治阴谋。由此，罗马保守精英在面对犹太问题时，往往体现出宽容与警惕并存、傲慢与忧虑交织的态度。在对待那些他们认为对罗马社会造成不良影响的族群或流行文化时，他们最常采用的方式是禁止社会团体的集会或是对之进行驱逐，把"危险"的族群或是低劣的习俗赶出罗马城。罗马的犹太社团就曾数次遭到罗马政府的驱逐。公元 19 年，罗马皇帝提比略便下令驱逐罗马城中的犹太人，这也是罗马政府第一次采取措施试图消除犹太人对罗马社会造成的影响。[②] 而另一位罗马皇帝克劳狄则于公元 41 年限制了罗马犹太社团集会的权利，并于公元 49 年又一次驱逐了罗马的犹太人。[③]

---

① 迈克尔·格兰特：《罗马史》，第 48-56 页；V. Tcherikover & A. Fuks, eds. *CPJ*, Vol. 1, pp. 57-59。

② J. M. G. Barclay, *Jews in the Mediterranean Diaspora: From Alexander to Trajan*, pp. 298-301.

③ E. M. Smallwood, *The Jews under Roman Rule: From Pompey to Diocletian*, pp. 210-219.

　　由于上述希腊人和罗马人身份和立场的差异，二者的犹太观念表现出很多差异之处。

　　首先，罗马人在反犹观念的问题上较希腊人更加冷静。在希腊城市中，希腊人与犹太人的冲突往往走向暴力。现实中的暴力与思想意识中的偏见容易形成恶性互动，一方面使暴力升级，一方面使偏见深化，犹太人形象妖魔化。在亚历山大里亚的暴力冲突中，希腊精英的反犹观念无疑是希腊方面暴力活动的宣传工具和行动指南，而在希腊人和犹太人同时向罗马政府寻求裁断时，为了能够表明犹太人的异质性，希腊一方无所不用其极，甚至不惜凭空编造具有妖魔化特性的谣言。就现存的材料看，诸如"人祭"和"食人密谋"的反犹偏见只出现在阿庇安和德谟克利特这两位希腊作家的作品中，就很说明问题。反观罗马方面，虽然罗马人对犹太人也有负面观念，但是这些观念大都具有现实基础，是罗马保守精英对犹太文化在罗马社会造成影响的回应，相对希腊人的反犹观念更加"客观"。此外，罗马人作为帝国统治者，作为各地族际争端的最高裁断人，出于维护帝国稳定的目的，也显出一定的超然态度。虽然阿庇安诸如"驴头崇拜"、"人祭"和"食人密谋"等具有"妖魔化"倾向的犹太观念存有主动契合罗马关切的目的，但这些观念并没有完全被罗马世界所接受。塔西佗关于犹太人起源的记述明显受到阿庇安的影响，但是阿庇安很多妖魔化的观点并没有被塔西佗采纳。例如，在描述犹太人被逐出埃及并在旷野中跋涉的情景时，塔西佗写道：

　　　　使他们最感苦痛的是缺水，而且实际上他们已经筋疲力尽地倒在平原上和死人差不多了，但是正是在这个时候，有一群野驴从它们的草地向着一座有树林覆盖的小山走去。摩西跟着它们走，他从有草地这一点推测到实际的情况，从而发现了大量的水流。这种情况挽救了他们，于是他们又继续行进了六天，而在第七天里占据了一块地方，把原来的居民从那里赶了出去。他们就在那里建了一座城市，并奉献了一座神殿。①

塔西佗在这段记述中用犹太人跋涉七日的经历解释了犹太安息日习俗的起源，这受到了阿庇安的影响。然而，塔西佗没有接受阿庇安关于犹太人鼠蹊处生病的说法。同样，他也提及了驴在犹太人找到水源的过程中充当的角色。虽然他也在稍后的记述中提及犹太人"在一座神殿里供奉了一个动物的像，因为这种动物引导他们结束了流浪和口渴"，但塔西佗在这里表达得十分隐晦，没有提及"驴"，而且他在其他地方特意强调犹太圣殿中没有造像：

> 征服了犹太人并且作为征服者而踏入了他们的神殿的第一个罗马人是格奈乌斯·庞培。在那之后，人们才普遍知道，神殿里原来没有任何神像，神殿里是空的，而秘密的至圣所里也什么都没有。②

这些记述都表明，塔西佗在受到希腊反犹传统影响的同时，保持着一定的客观性。

---

① Tacitus, *Historiae*, V, 3: 2, M. Stern, *GLAJJ*, Vol. 2, No. 281. 中译参考塔西佗《历史》，第333~334页。

② Tacitus, *Historiae*, V, 4: 2, M. Stern, *GLAJJ*, Vol. 2, No. 281.

　　其次，由于希腊人关注的是与族属相联系的政治特权，力图证明城邦中异于自身的犹太族群所拥有的社会地位和权利不具合法性，因此他们对犹太民族进行溯源分析，从起源的角度证明其在城邦中的异质性，他们分析犹太习俗的落脚点也在此。与之相比，罗马人更加关注现实生活中各种具体的犹太习俗，并且以罗马的道德判断标准评估这些习俗对罗马社会造成的影响。希腊人重理论，罗马讲实际。这样，希腊人在对犹太民族溯源时的某些反犹主题在罗马文献中并不多见。犹太人作为麻风病人被逐出埃及的事件经常出现在希腊作家的作品中，是希腊人反犹观念的重要组成部分。希腊人之所以关注这个主题，原因在于"逐出埃及"事涉犹太人的起源。在希腊"城邦"之中，通过族群身份来证明族群成员拥有权利的合法性，最终都会追索到族群的起源问题。希腊人正是通过探究犹太人的起源来证明其在城邦中的异质性，而他们的反犹观念也常常在对犹太民族进行溯源时得到表达。在这个过程中，"逐出埃及"往往充当他们表达反犹观念的基础平台。这点亚历山大里亚的希腊作家表现得尤为突出。反观罗马文献，关于犹太人出埃及记述只出现在庞培·特罗古斯[①]和塔西佗两位拉丁作家的作品中，而且他们对这一事件的关注点也与希腊人存在一定差异。以塔西佗为例，他在《历史》一书中以"民族志"的方式详细记述了犹太人的起源，从中可以看出希腊传统对他

---

① 庞培·特罗古斯（Pompeius Trogus）是屋大维时代的罗马历史学家，其著作《腓力史》主要保存在查士丁（Justin）的《序言》（Prologues）和《概要》（Epitome）中。在该书的第 36 卷中，他综合了三种原始材料探讨了犹太人的起源。见 M. Stern, *GLAJJ*, Vol. 1, pp. 337–338；徐晓旭、王敦书：《庞培·特罗古斯的〈腓力史〉和查士丁的〈《腓力史》概要〉》，载《史学理论研究》2001 年第 2 期。

影响甚深。然而，塔西佗的"民族志"并没有简单照搬希腊人的记述。在解释犹太民族起源的同时，塔西佗更偏重追溯犹太习俗的起源，而他的落脚点在于以罗马道德评判者的身份批评犹太习俗对罗马道德的腐蚀，教谕罗马人回归自己的传统。①

通过以上分析，可以看到希腊人十分关注犹太民族的起源，其对犹太习俗的批驳大都是为了证明犹太民族的"劣性"、异质性和非希腊性，证明犹太人不是希腊人。希腊族群的犹太观念所表现出的评判对象是"犹太民族"。罗马人对犹太民族的起源也有所关注，但是他们更加强调犹太习俗的起源，并且以罗马人的标准赋予各种犹太习俗道德价值；罗马族群的犹太观念所表现出的评判对象是"犹太习俗及其背后的犹太宗教"。对此，便雅悯·以撒曾精辟地指出，"仇视犹太民族与仇视犹太宗教有时混为一体，有时却泾渭分明"②，这点用来界分希腊人和罗马人犹太观念的评判对象十分贴切。

尽管希腊人和罗马人的犹太观念存在不少差异，但是两者之间也有很多相通相似之处，这些共性充分体现了不同族群之间犹太观念的融合与累加。

希腊作家在评断犹太人时，除了追溯其起源之外，最重要的一点在于通过追溯犹太民族的起源归纳犹太人的特性。这也是希腊式民族志最突出的特点。在这个过程中，希腊人融合了埃及人的犹太观念，逐渐给犹太人贴上"野蛮""狂热""迷信""不虔诚""排他""仇外""仇视人类""不忠善

---

① B. Wardy, "Jewish Religion in Pagan Literature during the Late Republic and Early Empire", pp. 613–631.

② B. Isaac, *The Invention of Racism in Classical Antiquity*, p. 468.

叛"等性格标签，而这些对犹太人特性的归纳和总结在很大程度上都被罗马人接受，并且融入罗马人的犹太观念之中，他们不仅把这些个性赋予犹太民族，还把这些特性用于描述犹太宗教。

希腊作家阿加沙契德斯曾经嘲笑犹太人在安息日不做任何事从而导致耶路撒冷被攻陷，指出犹太律法中包含着迷信的习俗，犹太人由于迷信，坚持遵奉其愚蠢的习俗却不保卫自己的城市，并且把犹太人的遭遇看成迷信民族与迷信宗教给世人的教训。另外，斯特拉博则指出犹太人出于迷信，禁食猪肉、实行割礼。

希腊作家认为犹太人具有迷信的特点，这种观念很早便被罗马人接受、继承。公元前 59 年，西塞罗曾为前亚细亚总督福拉库斯进行辩护，有人控告福拉库斯在位时违法乱纪。控方集合了数群来自不同城市、不同族群的控诉者和证人指控福拉库斯，其中来自亚细亚行省的犹太人指控福拉库斯扣押了他们送往耶路撒冷的黄金。[①] 在为福拉库斯辩护的辩词中，西塞罗便指出："为了抵御这种野蛮的迷信，需要采取坚定的行动，不能迁就犹太民众的要求，因为国家的幸福是一项最严肃的行为，而犹太人在我们的公民大会上有时候表现出炽烈的欲望。"[②]

西塞罗是第一位用"野蛮的迷信"来形容犹太习俗的拉丁作家。在"罗马和平"的意识形态中，"宗教"（religio）与"迷信"（superstitio）的冲突代表罗马道德价值的生活方式

---

① 这些黄金应该是犹太人送往耶路撒冷第二圣殿的圣殿税。见 E. M. Small-wood, *The Jews under Roman Rule: From Pompey to Diocletian*, pp. 126–127。

② Cicero, *Pro Flacco*, 28: 67, M. Stern, *GLAJJ*, Vol. 1, No. 68.

与野蛮人生活方式的二元对立。罗马人一直用"religio"称呼自己的宗教，从来不使用"superstitio"一词。其他民族的宗教有时被称为"religio"，有时被称为"superstitio"。"superstitio"一词最初并没有贬义，其负面含义是与时俱进的结果。便雅悯·以撒指出："'superstitio'一词常常（但不总是）用来指那些被视为不道德或是崇拜活动过度的宗教，它包含着一种无理性的惧怕。"① 就西塞罗的记述而言，彼得·舍费尔非常明确地指出，它具备宗教特色。西塞罗在这里显然给犹太宗教贴上了"迷信"的标签，认为它在本质上与罗马宗教所代表的罗马文明相对立，危害到罗马的传统和国家利益。②

上述辩词也在一定程度上表明，希腊作家阿波罗尼乌斯·莫伦认为犹太人具有"鲁莽躁动，不计后果"③的个性，这种观念也被西塞罗所接受——因为犹太人在罗马的公民大会上表现出"炽烈的欲望"。阿波罗尼乌斯·莫伦曾经被罗得岛人选举出来去罗马在苏拉面前为他们的城市陈情，而西塞罗和凯撒等罗马名流也都曾是他的学生。从这里，无疑可以看出阿波罗尼乌斯·莫伦的犹太观念对他的学生产生了影响。④

希腊人认为犹太人"排他""仇外""仇视人类"，这些希腊犹太观念中的核心主题对罗马人也产生了极大的影响。公元前4世纪的赫卡泰乌斯便指出犹太人有一种"不合群的敌视外族人的生活方式"。随后这种观念一直被希腊人所延续和发展。狄奥多罗斯在记述犹太民族的起源时，指出犹太民族

---

① B. Isaac, *The Invention of Racism in Classical Antiquity*, pp. 466-467.

② P. Schäfer, *Judeophobia: Attitudes towards the Jews in the Ancient World*, p. 181.

③ Josephus, *CA*, Ⅱ, 148.

④ M. Stern, *GLAJJ*, Vol. 1, pp. 148-149.

"把仇视全人类融入其传统之中，基于这点，他们引入了全然怪异的法律：不可以与其他民族一起进餐，不能向他们表示任何一点善意"。吕西马库斯指出，犹太人的立法者摩西告诫犹太人"不要对任何人展示善意，只提供最坏而不是最好的建议"，而集希腊反犹观念于大成的阿庇安，更是在总结前辈的基础上，发挥出"食人密谋"的恐怖故事，渲染犹太人对其他人，特别是对希腊人的仇视：犹太人每年会秘密绑架一名希腊人做人祭，在吃掉作为祭品的希腊人的同时，指着他们的上帝起誓，不可对任何异乡人，特别是希腊人，表示出丝毫善意。

罗马人基本继承了希腊人的这些观念，而且做出了新的发展。在罗马的语境中，"排他""仇外""仇视人类"的反犹观念出现了两个新特征：第一，罗马人更倾向于把这些特性归于犹太教；第二，在强调犹太教仇外的同时，罗马人也更加强调犹太人在犹太教内部的忠诚。

公元 2 世纪前后的拉丁作家尤维纳尔便指出皈依犹太教的罗马人"已经惯于蔑视罗马的律法，却转而遵守摩西通过密典传下来的犹太律法：对于不遵守相同祭仪的人，连为其指路都不可以；只引导行过割礼之人去他们渴望的甘泉"。[1] 从这些记述中轻易便可发现希腊反犹观念的踪影。虽然尤维纳尔在这里指责的是皈依犹太人，但他明显用犹太教将犹太人与皈依犹太人联合为一个整体，并从整体的维度攻击犹太教"仇外"特性。

塔西佗是系统攻击犹太教"仇外""仇视人类"的拉丁作

---

[1]　Juvenal, *Saturae*, XIV, 100-104, M. Stern, *GLAJJ*, Vol. 2, No. 301.

家之一。在他看来，犹太教通过制定与人类宗教法则完全相反的律法来确保犹太人与非犹太人划清界限，所有法则都是为了"藐视诸神"，"憎恨与敌视"其他民族。罗马人"认为是神圣的一切，在犹太人看来都是渎神的"；罗马人"憎恶的一切，在他们又都是允许的"。这种卑鄙的迷信吸引了所有民族中"最坏的恶棍"加入其中，圣殿税和割礼等习俗是任何成为这一邪恶团体成员之人的标志和"投名状"。尽管犹太人"仇外"和"仇视人类"，但"犹太人相互间是极端忠诚的"，以致这些恶棍虽生性淫荡，却能自制到不同外族女子发生关系，即令皈依者也是一样。① 犹太教中不杀婴、弃婴的做法也被塔西佗看作犹太教内部忠诚的证据，因为丢弃残疾婴儿的现象在希腊罗马世界十分普遍。②

需要指出的是，罗马人对犹太教和犹太人"仇外"与内部忠诚的双重强调，其落脚点常常归于犹太人或犹太教对罗马政治的危害以及对罗马霸权秩序的破坏。共和末期的西塞罗在为福拉库斯的辩护词中便指责诉讼人莱利乌斯挑动犹太人。他指出：

> 莱利乌斯……你知道会有多少人参加，知道他们（犹太人）会如何抱成一团，知道他们在这种非正式的公民集会中会有多大的影响。所以我下面要低声说话，只让陪审团听到。因为在这些人中间并不缺少唆使者，他们想把人们鼓动起来反对我，反对每一位可敬的人。我不会帮

---

① Tacitus, *Historiae*, V, 5: 1-5, M. Stern, *GLAJJ*, Vol. 2, No. 281.

② W. V. Harris, "Child-Exposure in the Roman Empire", *The Journal of Roman Studies*, 1994, Vol. 84, pp. 1-22.

他们的忙，让他们的阴谋更容易得逞。①

在这段话中，很明显可以看出，罗马的犹太人数量不少，而且更为关键的是，他们"抱成一团"的目的是密谋影响罗马政治。

公元前1世纪末的拉丁诗人贺拉斯曾提到罗马城中极具强迫性的一群诗人，并把他们同犹太人做了类比，说道："我们，像犹太人，将强迫你成为我们这群人中的一员。"② 有学者把这句话当成犹太人进行布道皈依活动的暗证。③ 然而，很多学者并不赞同这种解释。毕竟这段记述并不是严肃著作，而犹太人被提及只是一种类比，很难认为贺拉斯在这里是在讲犹太人布道皈依的事情。因此，约翰·诺兰德的解读似乎更为合理：与西塞罗一样，贺拉斯在此处意指犹太人由于其内部的团结一致而能够对外部环境施加影响。④

希腊人认为犹太人"仇外""仇视人类"的观念之所以能够对罗马世界造成如此之大的影响，并且被罗马世界所接受，根本原因在于犹太文明的一神传统在希腊和罗马的多神教社会中表现出同样的异质性。罗马的保守精英对任何出现在罗马城中外族文化在本质上都有排斥和敌视的情绪，对于出现在罗马城中并且对罗马社会造成巨大影响的犹太习俗当然也持排斥、敌视的态度。因此，罗马的保守精英本身就有意欲证明犹太习

① Cicero, *Pro Flacco*, 28: 66, M. Stern, *GLAJJ*, Vol. 1, No. 68.

② Horace, *Sermones*, I, 4: 139-143, M. Stern, *GLAJJ*, Vol. 1, No. 127.

③ L. H. Feldman, *Jew and Gentile in the Ancient World*, Princeton: Princeton University Press, 1993, p. 299.

④ J. Nolland, "Proselytism or Politics in Horace, *Satires* I. 4. 138-143?", *Vigiliae Christianae*, Vol. 33, 1979, pp. 347-355.

俗与罗马传统相对立的需求，而且由于"罗马和平"的意识形态赋予"永恒之城"罗马道德灯塔的角色，因此，罗马保守精英在抨击犹太习俗玷污罗马传统时，着力从罗马伦理传统的视角出发，强调精神领域、道德层面的内容。希腊人的犹太观念中对于犹太人道德品性的攻击，如不虔诚、迷信等，无疑契合了罗马保守精英的需求。

事实上，"罗马和平"的意识形态强调罗马传统和道德的至高无上，从原则上说，他们对任何一种对罗马社会产生影响的异族文化都怀有排斥和仇视的态度，这种态度并非只针对犹太教和犹太人。希腊文明对罗马社会产生影响时，也曾遭到罗马保守精英的攻击和打压。罗马传统道德的代表人物马可·伽图便对希腊文化十分仇视，认为"如果罗马受到希腊文字的影响，罗马将失去它的帝国"。① 除此之外：

> 伽图所恨的不仅是希腊的哲学家，他还怀疑在罗马行医的希腊人。他似乎听到有人这么讲过，说波斯大王请希波克拉底给自己看病，答应给他很多塔兰特作为报酬，希波克拉底的回答是他决不会把技术教给与希腊人为敌的野蛮人。伽图说所有的希腊医生都是这般发过誓的，教他的儿子对此要小心提防。他说他自己曾写过一本处方的书，家中人不论谁有了病即按此诊治调理。……他说照此进行诊治调理，他的身体十分健康，全家也都保持健康。②

---

① Plutarch, *Cato Maior*, 23: 3，中译参考普鲁塔克《希腊罗马名人传》上册，陆永庭、吴彭鹏译，商务印书馆，1999，第370页。

② Plutarch, *Cato Maior*, 23: 3-4.

希腊的医术因其无法取代的专业性、医生因其内部忠诚也遭到伽图的忧惧和怀疑，成为伽图想象的、威胁罗马传统的外族强势文化。这里，希腊人和希腊文化成为罗马"恐外症"的对象。事实上，公元1世纪后半叶时，尼禄帝师塞涅卡对犹太教在罗马城影响日大的情况所发出的慨叹清晰地表达了罗马这种"恐外症"的根源："这个罪恶民族的习俗已经产生了相当的影响，以致它们已经被整个世界所接受。被征服的人正在给他们的胜利者立法。"①

尽管罗马人对罗马城中的外族风俗都曾攻击、打压，但这些外族的命运却大不相同。埃及文化没有对罗马文明产生本质上的影响，希腊文化最终被罗马人所接受，只有犹太文明几乎一直遭到罗马人的打压。个中原因就在于，希腊文化和罗马文化在宗教层面上同属于多神教文化，罗马人可以在接受希腊文化的同时保持甚至加固自身的传统，而犹太文化与罗马文化之间却是一神教文明与多神教文明的对峙，独一神思想中上帝的排他性使之无法见容于多神体系②，而由这一思想衍生的宗教律法和诫命也因之具有了排他性，无法与罗马传统融合。犹太教与罗马传统具有"非此即彼"的特性。这无疑是罗马精英特别强调犹太文明"仇外""仇视人类"特性的重要原因。罗马文明与希腊文明相遇，是文明的融汇，本质不会改变；而罗马文明与犹太文明相遇，则是文明的转型。因此，由于文明在本质上的差异，在罗马人的眼中，犹太教具有终极意义上的"异质性"和"排他性"，无法被罗马化。在这个意义上，罗

---

① Seneca, *De Superstitione*, apud: Augustinus, *De Civitate Dei*, Ⅵ, 11, M. Stern, *GLAJJ*, Vol. 1, No. 186.

② 宋立宏：《希腊罗马人对犹太教的误读》，载《世界历史》2000年第3期。

马文明对犹太文明的排斥和仇视又确实具有某种特殊性和唯一性。

割礼是重要的犹太习俗。然而，在古代世界，这类习俗并非局限于犹太人，埃及祭司、阿拉伯人、叙利亚人都有割礼。虽然希腊人与罗马人嘲笑所有这些人，但唯有犹太人与割礼的联系最为紧密，贺拉斯描述犹太人的惯用语是"受过割礼的犹太人"，佩尔西乌斯描述称犹太人为"受割礼人"①，于是割礼成了犹太人的专属符号。罗马帝国时期，各族起义、叛乱不断。② 达西亚人也曾数次对罗马发动战争和叛乱，但当图拉真最终攻下达西亚、夷平其首府萨尔米泽杰图萨之后，罗马人并未像对犹太人征"犹太税"那样对罗马境内的达西亚人征"达西亚税"。③ 尼禄·德鲁苏斯曾因对日耳曼人作战取得的赫赫战功而被罗马元老院赋予他及其子孙"日耳曼尼库斯"的荣誉姓氏④；与之相比，重新征服犹地亚的提图斯从来也没有成为"犹地库斯"。所有这些现象表明："恐外症"是普遍的，"恐犹症"是独一无二的。⑤

罗马人对犹太文化排斥和仇视的特殊性在公元 2 世纪的尤维纳尔的笔下得到充分体现。这位重要的拉丁讽刺作家在对罗马各种社会现实进行冷嘲热讽的同时，骨子里是对罗马传统式

---

① Horace, *Sermones*, I, 9: 60-78; Persius, *Saturae*, V, 176-184, M. Stern, *GLAJJ*, Vol. 1, No. 129, No. 190.

② 冯定雄：《罗马政治视域下的犹太起义》，《世界历史》2016 年第 6 期。

③ 关于达西亚人的情况，见 S. Hornblower & A. Spawforth, eds. *OCD*, 3rd ed., rev., p. 425, 435。

④ 关于尼禄·德鲁苏斯，见 S. Hornblower & A. Spawforth, eds. *OCD*, 3rd ed., rev., pp. 339-340。

⑤ Z. Yavetz, "Judeophobia in Classical Antiquity: A Different Approach", pp. 1-22.

微的担忧。他作品的目的与正统作家的道德训诫相同，都是要捍卫罗马的传统和价值观念，只是他是采用了讽刺文学的方式。① 尤维纳尔慨叹东方的语言、古怪的装饰、颓靡的意识形态和堕落的社会行为统统随着叙利亚的奥伦提斯河倾泻到了罗马的台伯河。② 尽管站在罗马中心主义的立场上，他对所有异族文化都持否定态度，但他对埃及人、希腊人以及犹太人的区分对待，表明了犹太问题的与众不同。

尤维纳尔厌恶埃及风俗，饮食习俗、动物崇拜、野蛮的人祭都使埃及人成为野蛮主义的化身，他们的祭仪狂热而变态，完全与罗马宗教和道德对立，因此遭到无情的嘲讽。尽管如此，埃及文化并没有对罗马造成严重的危害，因此尤维纳尔对埃及文化的态度是轻蔑的嘲笑。③

尤维纳尔对希腊文化的态度十分复杂。他赞扬希腊古代的圣贤，但是一旦涉及当代，他就表现出明显的仇视，而且这突出地表现在经济竞争的领域。虽然他们也对罗马传统造成了影响，但是希腊文化终究可以与罗马文化相容，并不对罗马文化造成根本上的伤害。在尤维纳尔那里，希腊人被指责只是因为他们融入罗马社会进行得太过顺利。④

然而，就犹太文化而言，尤维纳尔认为它对罗马传统造成了致命的威胁，从根本上瓦解了罗马世界。在这点上，W. 沃茨的观点可谓切中要害：尤维纳尔批评希腊人是因为他们融入

① 王焕生：《古罗马文学史》，人民文学出版社，2006，第 346~352 页。

② Juvenal, *Saturae*, Ⅲ, 62–66.

③ D. Singleton, "Juvenal's Fifteenth Satire: A Reading", *Greece & Rome*, Vol. 30, No. 2, 1983, pp. 198–207.

④ W. J. Watts, "Race Prejudice in the Satires of Juvenal", *Acta Classica*, Vol. 19, 1976, pp. 83–104.

罗马社会的程度太深，而犹太教遭到谴责则是因为这种文化丝毫都融不进罗马社会。① 在其《讽刺诗集》卷 14 的第 96 至 106 节，他同时对犹太教习俗以及皈依犹太教的行为进行了讽刺和攻击：

> 有些人的父亲守安息日，接着这些人便会除了云彩和天空的神性外，什么也不崇拜；由于他们的父亲禁食猪肉，他们便分不清吃猪肉与吃人肉有何区别；这些人时候一到便行割礼。他们已经惯于蔑视罗马的律法，却转而遵守摩西通过密典传下来的犹太律法：对于不遵守相同祭仪的人，连为其指路都不可以；只引导行过割礼之人去他们渴望的甘泉。这种父亲因此而该当谴责，他由于懒惰而放弃所有的第七日，在这天无所事事。②

在这段话中，尤维纳尔清晰诠释了犹太教徒"对内极度忠诚，对外极度仇视"的特点。不过，特别值得注意的是，尤维纳尔强调的犹太性是由摩西律法界定的，遵守摩西律法的人，必定是蔑视并放弃罗马律法的人：一个人无法同时是罗马人和犹太人。罗马传统与犹太教水火不容。犹太人在此展示的是宗教性概念而非族群性概念。于是，尤维纳尔在此处明显地展露出，对于相同的犹太异质性，罗马人与希腊人认识的差别：希腊人把犹太人的异质性归于族群，而罗马人则将之归于宗教。造成这种差异的重要原因之一显然是皈依犹太教的问

---

① W. J. Watts, "Race Prejudice in the Satires of Juvenal", pp. 83-104.

② Juvenal, *Saturae*, XIV, 96-106, M. Stern, *GLAJJ*, Vol. 2, No. 301.

题。事实上，尤维纳尔这段话描述的并非先天犹太人，而是父子两代人皈依犹太教的情形。皈依问题是多神教文明与一神教文明博弈过程中文明观念转换的切入口。作为多神教帝国的统治者，罗马人认识和理解这一问题，是与同犹太人残酷的战争相伴的。

三 罗马-犹太战争与罗马的犹太政策

"罗马和平"赋予罗马帝国的角色是有限的宽容和绝对的统治。在服从罗马在政治、经济以及军事统治的前提下，罗马通常允许臣服者在其他方面自治，即可"按照自己祖先的习俗生活"，然而，如若被征服者胆敢挑战罗马的统治，那么，罗马的惩罚必然严酷而彻底。"第一次罗马-犹太战争"以血淋淋的事实诠释了这种意识形态。

公元66年，犹地亚地区爆发了反抗罗马统治的起义。罗马方面初战失利后，韦伯芗被尼禄任命为平叛的军事统帅，罗马军队进展顺利。至公元68年，风云突变，随着尼禄之死，各省军团和近卫军成为政治主角展开较量，罗马帝国进入八方风雨的"四帝之年"。[①] 韦伯芗在叙利亚总督、埃及总督等地方势力的支持下，角逐帝位，将犹地亚事务交付给自己的儿子提图斯。公元69年，韦伯芗成为罗马皇帝，创建了弗拉维王朝，而提图斯则于公元70年攻陷耶路撒冷，摧毁圣殿，基本完成了镇压犹太起义的任务。

韦伯芗出身并不显赫，又是在内战中取得皇位；因此，成功镇压犹太起义成为弗拉维王朝确立统治合法性的基石，其重

---

① 关于"四帝之年"的具体情况，见张晓校《罗马军队与帝位嬗递》，中国社会科学出版社，2006，第四章。

要性堪比一个世纪前奥古斯都击溃埃及艳后。[1] 由于犹太战争为新王朝带来统治的大义，犹太因素贯穿于弗拉维王朝营建统治权威的各类活动之中，成为新王朝宣示自身承继神眷天命、恢复罗马和平的标志。弗拉维王朝也由此形成了相应的犹太政策。在这套政策中，镇压与惩罚的一面异常突出。

对犹太人的镇压体现在弗拉维王朝盛大的公共仪式和公共纪念建筑之中。公元71年，罗马方面为庆祝犹太战争结束而举行了盛大的凯旋式。为庆祝战胜行省叛乱而举行凯旋式，在罗马的历史上绝无仅有。[2] 犹太史家约瑟夫斯详细地描述了这次凯旋式，来自圣殿至圣所中的金供桌、七枝灯台和《托拉》经卷抄本掀起了战利品展示的高潮。[3] 在诵读祷文、游行、处决叛酋和献祭仪式之后，韦伯芗表示将立刻兴建一座和平神庙。和平神庙于公元75年便告完工，兴建速度之快令人吃惊，而其背后的目的无外乎是向世人宣示：犹太叛乱已被镇压，罗马和平业已恢复。和平神庙落成后，罗马方面将在犹太圣殿中起获的战利品，包括金供桌和七枝灯台，都安置其中。[4]

除了和平神庙，于公元81年落成的两座提图斯凯旋门同

① T. D. Barnes, "The Sack of the Temple in Josephus and Tacitus", in J. Edmondson, S. Mason, J. Rives, eds., *Flavius Josephus and Flavian Rome*, Oxford: Oxford University Press, 2005, p. 129.

② F. Millar, "Last Year in Jerusalem: Monuments of the Jewish War in Rome", in J. Edmondson, S. Mason, J. Rives, eds, *Flavius Josephus and Flavian Rome*, p. 102.

③ 关于此次凯旋式的描述，见 Josephus, *BJ*, Ⅶ: 148-150。此外，罗马共和国中叶以降，展示战利品已成为凯旋式的核心内容。见杨共乐《罗马的凯旋仪式及其价值》，《河北学刊》2014 年第 5 期。

④ Josephus, *BJ*, Ⅶ: 158-162.

样以镇压犹太起义为主题。其中一座凯旋门的铭文写道：

> 元老院与罗马人民（将此门献给）皇帝提图斯·凯
> 撒——神圣的韦伯芗之子——韦伯芗·奥古斯都、大祭司
> 长、十次任保民官、十七次成为最高统帅、八次任执政
> 官、祖国之父、元首，因他追随他父亲的引导与护佑而征
> 服了犹太民族并摧毁了耶路撒冷城——他之前的统帅、王
> 及部族对该城的攻击均为徒劳或无人尝试。①

　　另一座凯旋门上的浮雕则生动地刻画出公元 71 年凯旋式
上展示圣殿战利品的场景。此外，象征罗马永恒的弗拉维圆形
剧场的建造者是万余名犹太战俘，建设资金则源于犹太战争起
获的战利品。②

　　征收"犹太税"的举措体现出罗马当局对犹太人的惩罚。
根据犹太律法，年龄介于 20 至 50 岁之间的犹太男性自由人，
每年要向耶路撒冷圣殿缴纳半舍克勒银子，用于圣殿各项崇拜
事务。③ 圣殿税的习俗在希腊化时期已经定型。罗马统治时
期，官方认可这一习俗，并将之纳入赋予犹太人的族群自治权
之中。④ 圣殿被毁后，韦伯芗宣布，罗马境内包括妇女、儿

---

① 张强、张楠译注《希腊拉丁历史铭文举要》，商务印书馆，2016，第 228～229 页。

② M. Goodman, *Rome and Jerusalem: The Clash of Ancient Civilization*, p. 432；菲克·梅杰：《角斗士：历史上最致命的游戏》，李小均译，广西师范大学出版社，2009，第 78～86 页。

③ Josephus, *AJ*, Ⅲ：194~196.

④ J. G. Gager, *The Origins of Anti-Semitism: Attitudes towards Judaism in Pagan and Christian Antiquity*, p. 41.

童、奴隶在内的所有犹太人，只要年龄在 3 至 62 岁之间，均须一如之前向耶路撒冷缴纳"圣殿税"那样，每年向罗马卡庇托林朱庇特神庙缴纳同等数额的税金，此为"犹太税"。显然，较犹太传统的圣殿税，作为惩罚的犹太税在人员和年龄范围方面均更加严苛。此外，尽管这一举措存在财政方面的考量，但它也体现出"罗马和平"之下典型的罗马宗教观念：被征服民族的神也屈服于罗马，因为罗马的神战胜了犹太的神，之前献给犹太神的供奉就应该转归于胜利者。①

　　值得注意的是，上述各项举措均落脚于消灭犹太人的圣殿崇拜。至圣所中的器物象征着圣殿崇拜本身，凯旋式中对这些物品的展示以及将之安放于罗马的和平神庙，标志着罗马人对犹太圣殿的征服和对犹太神灵的处置；征收犹太税意味着原先圣殿崇拜的资金如今被转为相反之用，故与圣殿崇拜相关的一切事务就此终止。由于弗拉维王朝的对犹举措植根于消除圣殿崇拜，因此我们有理由仔细审视罗马统治者对于摧毁犹太圣殿的真实态度。

　　目前，关于提图斯处置圣殿最详细的记录来自犹太史家约瑟夫斯。他极力强调圣殿被毁是出于战争过程中不可控的偶然因素，提图斯本人不仅无意摧毁圣殿，反而极力保护圣殿免遭战祸。② 然而，约瑟夫斯本人的特殊经历和著史立场，加之他与其他古代作家在此事记载上的冲突，使得约瑟夫斯的相关记

---

① V. Tcherikover & A. Fuks, eds., *CPJ*, Vol. 1, pp. 80–81; H. H. Ben-Sasson, ed., *A History of the Jewish People*, Cambridge: Harvard University Press, 1976, p. 317.

② Josephus, *BJ*, VI: 124–128, 214–216, 236–266.

录遭到学界严重质疑。① 事实上，就对犹太圣殿的态度而言，弗拉维王朝统治者在圣殿被毁后的表现更加值得注意。犹太战争结束后，提图斯曾下令将圣殿残存的部分夷平，他非但从未对摧毁圣殿表现出任何遗憾，反而将彻底摧毁圣殿视为自己取得的标志性成就——在公元 71 年凯旋式中，游行中的人正是通过展现圣殿被纵火焚毁的挂毯图像为提图斯歌功。② 故此，即使战争过程中存在致使圣殿被毁的偶然因素，毁灭圣殿本身也是弗拉维王朝整体犹太政策中确定无疑的组成部分。

需要指出的是，尽管弗拉维王朝在根除圣殿崇拜的问题上异常坚决、严厉，并且以征收"犹太税"的方式报复了罗马全境的犹太人，但在犹太问题上，新王朝亦展现出宽容和保护一面。对各地未参与起义的犹太社团，罗马统治者依然承认之前赋予他们的自治权。除了必须缴纳犹太税，犹太人仍旧可以继续按照"其祖先的律法"生活，典型的犹太习俗，如守安息日、行割礼或是遵守犹太饮食法等，并未遭到禁止。公元 71 年，安提俄克的希腊市民曾向到访该城的提图斯请愿，要求撤销该城犹太人的族群自治权并将当地的犹太人放逐，提图斯不仅否决了希腊市民的提议，而且重申了罗马政府之前赋予犹太人的各

---

① 约瑟夫斯的记载与苏尔皮基乌斯·塞尔维乌斯（Sulpicius Severus）、奥罗修斯（Orosius）、狄奥（Cassius Dio）等作家关于提图斯处置圣殿的记述完全相反，甚至约瑟夫斯本人在此问题上也有矛盾的记述。因此，目前学界基本认为罗马方面摧毁圣殿的行动正是出于提图斯的意图。相关学术考辨，见 T. D. Barnes, "The Sack of the Temple in Josephus and Tacitus", pp. 129-144。

② 关于夷平圣殿残存与公元 71 年的游行展示，分别见 Josephus, *BJ*, Ⅶ: 1-2; 141-144。

种自治权利的有效性。同样的情况也出现在埃及的亚历山大里亚。[①]

由此不难发现，就处理犹太问题而言，弗拉维王朝的政策展现出镇压与宽容的矛盾性。针对这种矛盾性，不少学者往往把镇压的一面归于单纯的战争报复、政治宣传或财政压榨，进而强调宽容的一面。例如，维克多·切利科夫便认为韦伯芗的犹太政策不过是财政举措与讥讽折辱的混合物，镇压犹太起义和征收犹太税并未触及罗马对犹政策的基本原则，犹太人的各种族群和宗教特权一如既往地受到保护。[②] 马丁·古德曼也认为，尽管犹太战争加深了罗马精英对犹太传统的敌意，但除了圣殿崇拜，罗马方面并未出台镇压其他犹太传统的举措。[③] 伊迪斯·斯莫尔伍德也持同样观点并指出，从罗马人对待犹太人的历史看，对犹太教的宽容和保护是一贯的。[④] 然而，就弗拉维王朝犹太政策而言，上述学者的评价在很大程度上忽视了它出台的背景，即罗马的宗教传统，仿佛这些举措全部出于世俗方面的考量。如果我们从罗马宗教传统的立场出发，弗拉维王朝的犹太政策许多隐藏的特征便会显现，而其矛盾性也显得顺理成章。

在现代西方观念中，人们通常认为宗教是与神圣事物有关

---

① 安提俄克的情况，见 Josephus, *BJ*, Ⅶ: 107-110；亚历山大里亚的情况，见 Josephus, *AJ*, Ⅻ: 121-124。

② V. Tcherikover & A. Fuks, eds., *CPJ*, Vol. 1, p. 80, 83.

③ M. Goodman, *The Ruling Class of Judaea: The Origins of the Jewish Revolt against Rome AD 66-70*, Cambridge: Cambridge University Press, 1987, pp. 236-239.

④ E. M. Smallwood, *The Jews under Roman Rule: From Pompey to Diocletian*, pp. 539-540.

的信仰与实践的统一体系。① 这种认识与基督教的文化背景密切相关，在很大程度上也适用于其他一神教。对于第二圣殿时期的犹太人而言，神圣事物自然是指上帝，而与之相关的信仰与实践既包括上帝通过《托拉》规定的各种诫命——外化为犹太人的各种习俗，也包括圣殿中举行的各类宗教活动，所有这些要素构成了犹太生活方式（犹太教）的统一整体。然而，这种观念却未必适用于罗马的宗教传统。在罗马宗教传统中，人与神灵之间的互动也存在多种模式，例如神话、哲学、敬拜仪式等。然而，这些模式却能够以不同方式同时发挥作用，而且它们未必形成有机统一体。同时，秉持多神教传统的人也很难把这些模式归于对某一位神灵的互动之中。②

另一方面，尽管罗马帝国内存在各种的宗教，但就罗马统治者而言，其最为认可、最能代表罗马本身的宗教形式乃是"罗马和平"观念之下由官方管理负责的公民宗教，这种宗教植根于"城邦-帝国"——代表罗马帝国的罗马城——的维系与命运，其最突出的特征在于宗教活动的公共性以及宗教与政治的高度交融。对此，西塞罗明确指出，罗马最杰出的制度设计在于令最优秀的公民同时管理国家要务和对诸神的敬拜，由此罗马的国家与宗教共存共荣。③ 在这种宗教传统中，宗教的核心标识是在公共空间，如神庙和广场，举行的宗教祭仪。罗马人认为这是抚慰神灵获得眷顾、宣示罗马国是命运的关键。

---

① 这一定义为埃米尔·涂尔干所归纳，见罗伯特·希普里阿尼著，劳拉·费拉罗迪英译《宗教社会学史》，高师宁译，何光沪校，中国人民大学出版社，2005，第 81 页。

② D. Feeney, *Literature and Religion at Rome*, Cambridge: Cambridge University Press, 1998, pp. 12-21.

③ Cicero, *De Domo Sua*, 1. 1.

这些宗教活动通常由公共资金支持，其主持者通常是政府官员，他们代表罗马公民与诸神沟通。重大的宗教活动也是重大的政治活动，大量民众在参与其中的同时，对罗马公民共同体的认同也进一步加强。某些特定的神灵，例如朱庇特、亚努斯等，与罗马城及罗马国家有着特殊的重要联系，罗马人相信它们能庇护罗马，左右罗马的战争与国势，而它们也是代表和维系罗马公民共同体身份认同的标志。① 事实上，公元 71 年的凯旋式固然是政治活动，但就罗马官方的宗教传统而言，它也同样是一场重大的宗教仪式，其主持者正是罗马皇帝韦伯芗本人。所有这一切均内含于"罗马和平"的世界观和价值体系之中。

立足于这种公民宗教传统，韦伯芗会如何看待犹太人的宗教呢？首先，耶路撒冷的圣殿崇拜才具有真正的宗教意义，因为它与罗马官方的公民宗教高度一致。圣殿位于犹太核心城市耶路撒冷，是犹太人最重要的公共机构，敬拜犹太上帝的祭仪在其中日夜不停地进行。圣殿的一切活动由全体犹太人提供的圣殿税所支持。圣殿中的世袭祭司与任职于罗马各神庙的政府官员相类，他们不仅代表全体犹太人与上帝沟通，而且为罗马皇帝向上帝献祭祈祷，这正是犹太人忠于罗马的象征，具有重大的政治意义。每逢重大的犹太节日，世界各地的犹太人都会到耶路撒冷圣殿朝觐，圣殿的状况也时刻牵动所有犹太人的心弦，这些均昭示出圣殿作为凝聚犹太族群、维系犹太认同的中心地位。其次，由于圣殿崇拜之外的犹太习俗缺乏公共性以及

---

① V. M. Warrior, *Roman Religion*, chap. 1, 4, 5; J. Rüpke, eds., *A Companion to Roman Religion*, Oxford: Wiley-Blackwell, 2011, pp. 1-9.

与政治活动的联系，其于宗教意义上的重要性大大降低。事实上，尽管犹太人会把自身各种习俗与圣殿崇拜视为源于上帝诫命的有机统一体，但很难认为代表罗马官方宗教传统的韦伯芎也持相同看法。韦伯芎很可能将诸如守安息日、食物禁忌抑或割礼等习俗仅仅视为犹太人的族群标识——许多罗马精英便如此认为①，而不把这些习俗视为犹太宗教的组成部分，遑论从独一神诫命的立场出发，在整体性的宗教系统中把握这些习俗与圣殿崇拜的关系。

于是，从罗马宗教的视角出发，弗拉维王朝犹太政策的矛盾性便可以得到合理解释，而这一政策的真正目标也显现出来。鉴于罗马官方对于宗教与政治关系的立场及其对圣殿崇拜的认识，弗拉维王朝并未宽容犹太宗教，与此相反，该王朝镇压圣殿崇拜本身正是要摧毁犹太宗教，其目标在于消解犹太人的认同和效忠，从而杜绝犹太人再次叛乱，在恢复"罗马和平"之后，维持罗马的霸权式和平。对犹太习俗的宽容只是因为它们在很大程度上没有被罗马方面归于为公民宗教的范畴。由此，从弗拉维王朝的宗教立场出发，他们的犹太政策绝非宽容，这符合"罗马和平"观念中对叛乱者严惩不贷的传统。

从罗马统治者的视角出发，耶路撒冷的圣殿崇拜就是犹太人的公民宗教，它植根于犹太的"圣城-社团"，把所有犹太人结为一体。早在犹太战争前，罗马统治者便已领教过因圣殿宗教问题而激起的犹太族群狂热所引发的帝国统治危机，而圣

---

① P. Schäfer, *Judeophobia: Attitudes towards the Jews in the Ancient World*, chap. 3-5.

殿也被视为"犹太抵抗的象征"。① 犹太战争之后，罗马统治者势必重估圣殿崇拜对帝国的威胁程度。犹太人因参加圣殿崇拜而凝聚成族群共同体，但与其他信奉多神教的族群不同，犹太人并不因为迁离犹地亚便融入散居地的神灵崇拜，而是依然信仰上帝并认同于耶路撒冷的圣殿崇拜。由此，从地域来看，圣殿崇拜所维系的犹太共同体绝非局限于犹地亚，而是遍布于罗马帝国，甚至帝国之外。这便使犹太人成为罗马帝国的巨大隐患——罗马人之外，犹太人是唯一一个成员散布整个帝国的族群共同体，他们有着与罗马完全不同的世界观和价值观，并随时准备反抗罗马统治。只要圣殿崇拜还在，它所维系的族群效忠对帝国秩序的威胁便无法消除。因此，对韦伯芽而言，唯有摧毁圣殿，才能把妨碍犹太人融入普通社会的最大障碍消灭，削弱罗马帝国内犹太共同体的凝聚程度，进而防止犹太人再次叛乱。他期待犹太人在失去自己的公民宗教后，放弃所有犹太人属于统一共同体的观念，转变他们的认同，使其变得更具地方性和融合性，尽管他们可以继续保持自身的习俗。因此，摧毁犹太人的公民宗教——其核心为圣殿崇拜，便成为弗拉维王朝处理犹太问题的基点。围绕这一中心，弗拉维王朝的犹太政策还展现出两个突出特征。

其一，消除所有有形的犹太神庙，杜绝任何能够复兴犹太公民宗教的可能性。罗马统治者不仅摧毁了耶路撒冷的犹太圣

---

① 罗马皇帝盖乌斯曾突发奇想下令在圣殿至圣所为其立像，这不仅遭到耶路撒冷犹太人的抵抗，也引发了埃及犹太人的反对，这一危机只是由于盖乌斯的横死才得以化解，见 F. Millar, *The Roman Near East, 31 BC - AD 337*, Cambridge: Harvard University Press, 1993, pp. 58 - 59; B. W. Jones, *The Emperor Titus*, London: Croom Helm, 1984, p. 55。

殿，他们还摧毁了位于埃及莱翁特波利斯的犹太神庙。这座神庙建于公元前 167 至前 164 年间。当时，塞琉古王安条克四世正在对犹太人施行宗教迫害，圣殿本身遭到玷污并改为希腊神庙。出于对危机的回应，流亡埃及的犹太大祭司家族的奥尼亚斯四世在托勒密王的支持下，建造了这座神庙以期延续犹太传统。① 然而，绝大部分犹太人，甚至是埃及犹太人，都不承认这座神庙的合法性：它既缺乏足够的影响力，也与犹太战争本身没有任何关系。即便是这座在犹太世界无足轻重的神庙，弗拉维王朝的统治者依然没有放过，它被韦伯芗责令拆毁。② 这里，无论是耶路撒冷圣殿还是莱翁特波利斯神庙，其角色均不限于建筑本身，它们更被视为维系犹太族群认同、进行公共宗教和政治活动的载体。罗马统治者摧毁犹太神庙举措清楚地表明，他们对于犹太事务异常了解③，其目光并未局限于耶路撒冷，而是涵盖整个帝国。

其二，推动犹地亚与耶路撒冷的罗马化，削弱犹太核心地域的犹太性，瓦解其承担犹太公共宗教活动的能力。在罗马传统中，象征公民宗教的神庙通常与特定的城市地域紧密相连。就犹太人而言，与圣殿相匹配的城市地域自然是耶路撒冷与犹地亚。因此，在摧毁圣殿崇拜之后，罗马方面也开始强化对犹太核心地域的管制，以此降低耶路撒冷与犹地亚在犹太公共生

---

① J. M. Modrzejewski, *The Jews of Egypt: From Rameses II to Emperor Hadrian*, pp. 121-129.

② Josephus, *BJ*, VII: 433-436; V. Tcherikover & A. Fuks, eds., *CPJ*, Vol. 1, p. 80.

③ 韦伯芗很有可能从其部下提比略·尤利乌斯·亚历山大那里获得关于莱翁特波利斯犹太神庙的信息。此人出身犹太望族，是斐洛之侄，曾任埃及总督，是韦伯芗的心腹干将，见 J. Modrzejewski, *The Jews of Egypt: From Rameses II to Emperor Hadrian*, pp. 185-190。

活中的地位。犹太战争后，罗马统治者立即提升了犹地亚的行省级别，使其成独立的罗马行省，并将行省中心由耶路撒冷移至凯撒利亚。同时，罗马第十军团常驻犹地亚，司令部设于耶路撒冷，受犹地亚省督节制。① 需要注意的是，第十军团的徽号形象是野猪，罗马统治者了解犹太人拒绝偶像崇拜，更知晓猪被犹太人视为不洁动物。这里，野猪形象的出现在很大程度上并非单纯针对犹太人禁食猪肉的习俗，它更多体现出对圣殿崇拜的玷污。② 这种驻军安排的宗教意味十分明显，透露出罗马方面对征服和摧毁犹太教的坚决与傲慢。③ 此外，由于犹太战争，犹地亚损失了至少三分之一的人口，大量土地被没收和拍卖，区域经济严重受损，而此时该城还要供养罗马驻军，所有这些引发的直接后果是，耶路撒冷无法像战前一样，成为庆祝各个重大犹太节日的聚集之地。在现实层面，耶路撒冷失去了圣城的地位。④ 就摧毁犹太公民宗教而言，罗马方面不只是要消灭最具威胁的圣殿崇拜，他们还要去除耶路撒冷城本身具有的举行犹太公共宗教活动或仪式的职能。

弗拉维王朝的犹太政策，是罗马统治者从自身多神教传统出发体认犹太宗教的产物。就此而言，很难把这套政策理解为"宗教宽容"，它更多体现出不同文明间的误读。那么，这种误读之下的犹太政策能否实现罗马统治者的目标呢？自第二圣殿建成之日起，犹太文明对自身宗教、政治以及社会

---

① P. Schäfer, *The History of the Jews in the Greco-Roman World*, p. 131.

② 塞琉古王安条克四世便曾经通过献祭猪肉而玷污犹太圣殿，见 *II Maccabees*，5：1-27。

③ M. Goodman, *Rome and Jerusalem: The Clash of Ancient Civilization*, p. 432.

④ F. Millar, *The Roman Near East, 31 BC-AD 337*, p. 368.

生活等各个方面建构均以之为中心展开，故罗马摧毁圣殿无疑给犹太世界造成了巨大的危机。[①] 不过，从政策实施的效果来看，它既没能有效地瓦解犹太认同，也没能遏制犹太人再次起义。

出于对犹太宗教的误读，罗马统治者认为摧毁圣殿便可摧毁犹太教和犹太认同，犹太人的各种奇风异俗无关紧要。然而，对犹太人来说，割礼、守安息日以及饮食法等习俗早已是犹太生活方式或犹太教的核心元素，这些与圣殿崇拜均源于上帝的律法。此外，自"巴比伦之囚"以来，犹太世界内的"书本宗教"潮流也取得了长足发展。在这一潮流中，圣经是核心，祈祷、会堂活动和犹太生活习俗构成了宗教和社会生活的主要内容，它在很大程度上已经摆脱了以圣殿为核心的"献祭宗教"。[②] 因此，弗拉维王朝的相关举措根本就无法消灭犹太教。与此同时，向所有犹太人征收"犹太税"的举措反而在很大程度上巩固了犹太认同。这一举措几乎与中世纪欧洲附于犹太人衣物上的黄色标记发挥着相同作用。它以一种屈辱的方式标识出犹太人的他者角色，而这必然强化犹太人与其他族群之间的界限，进而促使犹太人更加抱团。例如，来自埃及埃德福的陶片证据表明，早期定居于此的犹太人几乎散布于该城各处，但公元1世纪中叶后，该城的犹太人反而突然开始聚

[①] 张平认为，第一次罗马-犹太战争失败与圣殿被毁使犹太人同时在政治、宗教和族群意识等三个方面遭到重创，使得犹太文明遭遇到生存危机。见张平译注《密释纳（第1部 种子）》，山东大学出版社，2011，第15~17页。

[②] S. J. D. Cohen, *From the Maccabees to the Mishnah*, 3rd ed., pp. 8-14；亚伦·奥本海默：《犹太教：从圣殿到文本》，载宋立宏主编《从西奈到中国》，三联书店，2012，第217~228页。

居起来。①

犹太税的征收范围扩及老人、儿童和奴隶，极大地增加了普通犹太家庭的负担。据测算，征收犹太税后，埃及一个拥有 2 名儿童的犹太家庭，其每年担负的税额与普通农户通常担负的税额相比，增加了 60%。② 如此严酷的压榨无疑增加了犹太人对罗马政府的仇视，同时也激化了各地旧有的族际矛盾。于是在图拉真当政时，埃及、塞浦路斯以及昔兰尼迦等散居地的犹太人终于在公元 115 年再次发动反抗罗马的大起义，起义直至公元 117 年才被彻底镇压。尽管学界对这次起义的原因众说纷纭，但沉重的经济压迫和激化的族际矛盾显然是重要诱因。这次犹太起义的一大特点在于摧毁各地的异教神庙，这一方面体现出犹太人对于失去圣殿的愤怒和报复；另一方面也表明犹太人在罗马的压迫下，内部认同反而更加巩固。③

尽管弗拉维王朝的犹太政策未能实现罗马统治者的预期目标，但在实施过程中却推动着罗马方面开始以脱离原先宗教观念的态度来认识犹太教。据苏维托尼乌斯记述，弗拉维王朝的末代君主图密善视财如命，奉行犹太生活方式的非犹太人以及背弃或隐瞒自身犹太出身的犹太人都要缴纳犹太税。④ 这种激进政策无疑使背弃犹太教的犹太人沦为犹太税缴纳者，进而激

①　V. Tcherikover & A. Fuks, eds., *CPJ*, Vol. 1, p. 82.

②　J. M. G. Barclay, *Jews in the Mediterranean Diaspora: From Alexander to Trajan*, p. 77.

③　J. M. Modrzejewski, *The Jews of Egypt: From Rameses Ⅱ to Emperor Hadrian*, chap. 10; M. Goodman, *Rome and Jerusalem: The Clash of Ancient Civilization*, pp. 442–458.

④　Suetonius, *Domitianus*, 12: 2, M. Stern, ed., *GLAJJ*, Vol. 2, No. 320.

化社会矛盾。① 于是图密善的后任皇帝涅尔瓦于公元 96 年做出改变，宣布只有继续公开信仰犹太教的人才需要继续缴纳犹太税。这在法律层面承认了皈依犹太人，同时也豁免了具有犹太出身而脱离犹太教的人，从而开启了以宗教而非出身来界定犹太人的时代。② 这也意味着罗马方面开始认识并接受一神教中的皈依观念，即个体可以通过献身于某种信仰及其行为规则而获得借由这种信仰维系的社会团体的成员资格。爱比克泰德（公元 50 年~公元 130 年）的一段记述突出地体现了罗马对皈依概念的理解：

> 难道你不明白人们是在何种意义上被分别称为犹太人、叙利亚人或是埃及人？举例来说，每当我们看到一个在两种信仰之间徘徊的人的时候，我们就会习惯于这样说："他不是犹太人，他只是在试图充当犹太人。"然而，一旦他接受浸礼，采取那类人的精神姿态并选择犹太教，那时，他就真的成了一个名副其实的犹太人了。③

一俟罗马人理解一神教的皈依观念，他们对于犹太教，特别是犹太习俗与犹太教关系的认识便出现巨大变化。此前，保守的罗马精英也批判犹太习俗，如帝师塞涅加批评犹太人守安

---

① L. A. Thompson, "Domitian and Jewish Tax", *Historia*, Vol. 79, 1989, pp. 329-342.

② M. Goodman, "Nerva, the Fiscus Judaicus and Jewish Identity", *Journal of Roman Studies*, Vol. 79, 1989, pp. 40-44.

③ Epictetus, apud: Arrianus, *Dissertationes*, Ⅱ, 9: 20. M. Stern, *GLAJJ*, Vol. 1, No. 254. 中译见爱比克泰德《哲学谈话录》，吴欲波等译，中国社会科学出版社，2004，第 109~110 页。

息日是懒惰使然，并因此而损失七分之一的生命。① 不过，这类批判大多认为犹太习俗会玷污罗马美德，且犹太习俗与其他东方异俗并无不同。此外，由于在多神教传统中，人可以拥有相互兼容的多重宗教身份，接受犹太习俗的罗马人依旧是罗马人。然而，自公元 1 世纪后期起，在罗马方面，原先零碎的犹太习俗逐渐被整合成统一的体系，而皈依本身成为罗马方面批判犹太教的核心问题。例如，前述尤维纳尔的记述：

> 有些人的父亲守安息日，接着这些人便会除了云彩和天空的神性外，什么也不崇拜；由于他们的父亲禁食猪肉，他们便分不清吃猪肉与吃人肉有何区别；这些人时候一到便行割礼。他们已经惯于蔑视罗马的律法，却转而遵守摩西通过密典传下来的犹太律法：对于不遵守相同祭仪的人，连为其指路都不可以；只引导行过割礼之人去他们渴望的甘泉。

这段话描述了父子两代皈依犹太教的过程，各种习俗因被视为实现皈依的步骤而获得了新的宗教意义，守安息日、无偶像崇拜、禁食猪肉、行割礼等不再是单纯的犹太族标，它们的组合代表着皈依的一系列步骤，行割礼成为其中决定性的步骤。这一步的迈出代表其与之前所有的族属身份、价值观念、生活方式决裂。由此，犹太教不仅危害罗马传统美德，而且以不可逆的方式将罗马人转变为犹太人。塔西佗对此的评论最具

---

① Seneca, *De Superstitione*, apud: Augustine, *De Civitate*, 6: 11, in M. Stern, ed., *GLAJJ*, Vol. 1, No. 186.

代表性："他们采用了割礼，借以用这样的区别使自己同别的民族分开。皈依了他们的宗教的那些人都采用了同样的办法，而他们所接受的最早的教训就是藐视诸神，同他们自己的国家脱离关系并且不把他们的双亲、儿女和兄弟放在心上。"① 这对罗马帝国而言是心腹大患，因为皈依犹太教如"癌症一般在罗马的政治肌体上蔓延，摧毁宗教、国家和家庭等罗马因之而强大的重要器官"。②

在此背景下，弗拉维王朝之后的罗马统治者在处理犹太问题时，一方面延续着前朝的传统政策；另一方面也开始将对犹太教的新认识融入其相关决策之中。公元 132~135 年，犹地亚地区再次爆发大规模反抗罗马的巴尔·科赫巴起义。镇压起义后，罗马皇帝哈德良推出了一系列惩治性举措。首先，他彻底夷平了耶路撒冷，并在其原址上建起作为罗马殖民地的新城埃利亚·卡庇托林纳。③ 犹太圣殿的遗址上建起了朱庇特神庙以及哈德良本人的雕像。新城市中的人口全部为非犹太移民，犹太人除了在犹太历阿布月初九当天能够进入该城在哭墙边哀悼外，其余时间禁止进入该城，否则处死。其次，犹地亚行省之名也被改为叙利亚-巴勒斯坦。巴勒斯坦的名称源于犹太人古老的宿敌非利士人，这表明罗马方面竭尽所能将犹太核心地域的犹太因素抹除。最后，罗马统治者还在基利心山建造了朱庇特神庙。撒玛利亚人与犹太人信仰同一位上帝，并曾在基利

---

① Tacitus, *Historiae*, V, 5. M. Stern, *GLAJJ*, Vol. 2, No. 281.

② J. M. G. Barclay, *Jews in the Mediterranean Diaspora: From Alexander to Trajan*, p. 315.

③ 就新城的名称而言，埃利亚是皇帝的家族名，而卡庇托林纳则指罗马主神朱庇特·卡庇托林努斯，哈德良的计划表明帝王崇拜与罗马主神崇拜将成为新城市的主导宗教。

心山上建造过敬奉上帝的圣殿。然而，自希腊化时期起，撒玛利亚人与犹太人便是相互仇视的敌人，而基利心山的圣殿也是被犹太人所毁。罗马人在基利心山上建造神庙的举动表明，即便是犹太宿敌，只要其存在复兴犹太公民宗教的可能性，也一定要彻底消灭。[①] 不难看出，上述举措与弗拉维王朝的犹太政策一脉相承，并且在很多地方将其深化，从罗马官方的多神教传统出发彻底消灭犹太公民宗教的主旨未变。这亦为哈德良之后的罗马皇帝所延续。[②]

与此同时，哈德良禁止行割礼的法令则反映出罗马统治者对于一神教的新认识。有史料认为禁行割礼是促发巴尔·科赫巴起义的原因，但现代学者基本认为这是罗马方面镇压起义后的举措。[③] 很明显，哈德良对犹太习俗重要性的理解已经不同于韦伯芗，他对于犹太习俗的打击真正威胁到犹太文明的延续，而这也反映在之后拉比犹太文献传统中——犹太拉比为了应对这一危局，不得不通过秘密集会做出决定：在此迫害期间，普通犹太人为了保住生命，除了偶像崇拜、谋杀以及乱伦

---

① E. M. Smallwood, *The Jews under Roman Rule: From Pompey to Diocletian*, pp. 459-461; P. Schäfer, *The History of the Jews in the Greco-Roman World*, pp. 158-160.

② 哈德良以降，罗马皇帝坚决消灭圣殿崇拜的态度主要体现在对埃利亚·卡庇托林纳罗马城市地位的不断确认之中，而该城中罗马帝王崇拜也日益丰富，见 M. Goodman, *Roman and Jerusalem: The Clash of Ancient Civilization*, pp. 472-477。

③ 提及哈德良禁行割礼的史料，见 *Scriptores Historiae Augustae, Hadrianus*, 14: 2, 见 M. Stern, ed., *GLAJJ*, Vol. 2, No. 511, 关于此法令与犹太起义关系的考辨，见 P. Schäfer, *The History of the Jews in the Greco-Roman World*, pp. 145-148。

或通奸，其他任何托拉律法均可违反。①

哈德良的后任皇帝安敦尼·庇乌斯在割礼的问题上有所让步，发布法令允许犹太人为其子行割礼，但同时又严禁对非犹太人行割礼，违者以阉割罪论处。② 这标志着禁止传布和皈依犹太教成为"割礼之争"的终点，而这也成为罗马官方的新政策。此后，禁止传布和皈依犹太教的法律日益完善。2世纪末，塞普提米乌斯·塞维鲁颁布的法令更具针对性，其惩罚对象既包括引导皈依的犹太人也包括皈依者本人。③ 到了3世纪末，罗马法学家保罗在其《判例集》中写道：

> 如有罗马公民按照犹太习俗使他们本身或他们的奴隶受割礼，则他将永远被流放于海岛，其财产充公；施割礼的医师处死刑。如有犹太人对其购买的他族奴隶施割礼，则他将被流放或被处以死刑。④

这表明关于限制和惩罚割礼与皈依的皇帝谕令已经作为惯例融入法学家的法学研究之中。作为君士坦丁大帝认可其权威的法学家，保罗的法律作品对罗马法影响深远，而禁止非犹太人割礼以及皈依犹太教便逐渐发展为罗马法处理犹太问题的原

---

① E. M. Smallwood, *The Jews under Roman Rule: From Pompey to Diocletian*, p. 464.

② A. Linder, *The Jews in Roman Imperial Legislation*, Detroit: Wayne State University Press, 1987, p. 100.

③ *Historia Augusta*, Septimius Severus, 17: 1, M. Stern, ed., *GLAJJ*, Vol. 2, No. 515; E. M. Smallwood, *The Jews under Roman Rule: From Pompey to Diocletian*, pp. 500-501.

④ Paul, *Sententiae*, 5: 22: 3-4, 见 A. Linder, *The Jews in Roman Imperial Legislation*, p. 118。

则之一，一直延续到了基督教罗马时代。①

至此，罗马帝国的犹太政策基本定型，其主导原则一是坚决消灭犹太公民宗教，二是禁止犹太教传教与非犹太人皈依，这是罗马帝国维持犹太宽容政策的前提。忽视这些前提而单纯强调罗马人的宽容并不符合历史。事实上，历经三场大规模战争，犹太人在罗马统治者和精英人士眼中叛乱者和邪恶分子的形象已经形成，在政府层面对犹太教进行隔离化和边缘化已成定势，而这一切的起点，正是弗拉维王朝的犹太政策。

弗拉维王朝的犹太政策在本质上体现出多神教帝国对独一神宗教的认知偏差，但这却是犹太文明与古典文明博弈的高潮。虽然弗拉维王朝的犹太政策既没能摧毁犹太教，也未能阻止犹太与罗马之间再次爆发战争，但它的实施却推动了罗马与犹太这对异质文明之间在文明范式层面的互动。在付出了血与火的代价后，古典世界开始真正认识犹太传统的观念世界，终于理解了自希腊化时期便已经成型的、具有普遍特征的犹太主义。通过罗马强权的限制，犹太人从宗教概念退回族群概念。然而，以独一神宗教为思想内核的文明没有停止发展的脚步。犹太文明受"因行称义"的限制，无法单纯因思想的转变而接纳外邦人，但脱胎于犹太教的基督教继承了犹太主义中的普遍性元素，并以"因信称义"的观念彻底摆脱了血缘和地域的限制，成为多神教帝国新一轮的一神教对手，在两个世纪之内实现了罗马帝国的转型，同时也成为犹太文明最大的压迫者，开启了新的历史阶段。在这个意义上，罗马的"恐犹症"

---

① 例如君士坦丁大帝于 335 年颁布的谕令、君士坦丁二世于 339 年颁布的谕令、狄奥多西于 384 年颁布的谕令等都涉及这一主题，见 A. Linder, *The Jews in Roman Imperial Legislation*, pp. 139-142, 147-149, 176-177。

确实独一无二，因为犹太文明在本质上与罗马文明不同，最终能改变罗马社会的宗教和价值观，这种深刻的威胁感是罗马仇犹观念的真正本质。犹太文明以其独特的方式消解了罗马人引以为傲的"罗马和平"，或曰改变了"罗马和平"的样式。这恰如5世纪初的拉丁作家纳玛提亚努斯所发出的慨叹："唯愿犹地亚从未被庞培的战争与提图斯的军队所征服！这种瘟疫的传染，尽管一度被禁，如今却到处悄无声息地蔓延，这个被征服的民族反而在压迫着他们自己的征服者。"①

---

① Namatianus, *De Reditu Suo*, I, 395–398, M. Stern, *GLAJJ*, Vol. 2, No. 542.

结 语

古代的地中海世界文明荟萃，犹太人先后与埃及人、希腊人和罗马人在这里展开了精彩的文明博弈。在这场一神教文明与多神教文明的博弈中，埃及人、希腊人和罗马人秉持着各自的文明中心主义，形成了各自不同的犹太观念。

第一场博弈在犹太人与埃及人之间展开。犹太人以其独特的独一神宗教为自己的文明打上了永恒的烙印。当犹太人以天启经典的方式记录自身用脚"投票"、脱离奴役之地的时候，埃及人也以自己的方式记录着另一个版本的"出埃及记"。他们以自身创伤性的历史记忆投射到这个宗教观念与自己格格不入的民族。犹太人的祖先成了入侵埃及的希克索斯人。摩西则成了渎神之人，他率领着为埃及神灵厌弃的麻风病人，孤注一掷地发动了叛乱，最终被英武的法老赶出埃及，与此同时，犹太人为众神厌弃的形象和不虔诚的个性也借由埃及人与其他文明的互动在多神教世界中传布开来。当《七十子士本》于公元前 2 世纪问世之际，埃及人的传说却早已为希腊世界的精英分子所知。

埃及文明的一大特色在于地域与文明高度统一。尼罗河周期性的泛滥在赐予埃及生命的同时，也给予埃及文明一种近乎僵化和奴性的气质。在埃及，长达千年的历史以循环往复的方式重演。埃及人自负的文明中心主义也产生于这种僵化的循环模式之中。因此，在埃及、希腊和罗马这三者中，犹太文明与埃及文明的博弈最为枯燥，宗教的冲突是这场博弈的主线。犹太人的独一神宗教与埃及的动物崇拜没有丝毫妥协的可能。在犹太人指责埃及动物崇拜的同时，埃及人也把他们最厌恶的神灵及其动物化身赋予了犹太上帝。正因此，埃及族群的犹太观念具有强烈的宗教特征。在埃及的观念中，犹太人是不虔诚的民族，并且崇拜埃及人眼中最邪恶的神——"塞特-堤丰"。随着埃及被希腊人征服，它在这场文明的博弈中也注定沦为陪衬的背景舞台，但是为其他族群提供了具有反犹基因的温床。

亚历山大大帝的东侵拉开了希腊化世界的帷幕。犹太文明与希腊文明相遇。然而，希腊化时期的希腊人已经成为君主国中的臣民。亚历山大里亚虽然号称希腊文化的中心，但是从它建立的第一天起，它的公民就缺乏古典时期希腊人的独立地位。此时的亚历山大里亚，早已不是古典希腊时期的城邦，它只是希腊化时期的城市。托勒密君主、犹太族政团、希腊公民团和埃及人，这四者共居一城构成了希腊化时期最具族群特色的社会结构。出于少数族群统治广大的本土居民的需要，犹太人与托勒密君主结成了同盟，犹太社团取得了相应的散居自治权利。社会权利的分享大大加强了文化的互动。两希文化的交融也滥觞于此。然而，希腊城邦的独立之梦却始终萦绕于亚历山大里亚公民的心中。埃及人与犹太人之间冲突的原因是宗教，而希腊人与犹太人之间冲突的原因则是政治权利。事实上，在希腊城邦的世界中，宗教和政治本身就是一体性的存在。亚历山大里亚公民不能接受的是犹太族政团生活在城邦之中却拥有不参与城邦宗教的权利。

犹太文明依然因其独特的一神宗教而不能见容于希腊人的

城邦世界。无法履行公民义务的安息日，影响共餐以增进认同感的食物禁忌，还有无形、独一、排他的神。对于希腊人而言，生活在城邦中的犹太人是异质体，他们依靠君主而得到不应属于他们的权利，因此希腊人追溯这个古怪民族的起源，归纳这个民族的个性，并与埃及的传统一拍即合。"不虔诚""仇外""仇视人类"等观念纷至沓来。"逐出埃及"的传说和"驴崇拜"的臆想也找到了用武之地。埃及族群和希腊族群的反犹观念因为驱逐城邦中的异质体而累加在一起。

亚历山大里亚的公民是古典希腊在希腊化时期的遗腹子。先辈希腊人给了他们城邦的意识体系，却没能留给他们实现这种意识的舞台。希腊化时期的希腊人只能一边对暴虐的君主俯首帖耳，享受着形式上的城邦权利；一边怀着复我山河的野心，追逐已成明日黄花的城邦梦想。他们反对阻碍他们实现城邦独立的所有暴君，托勒密君主与罗马皇帝唯一的差别便是前者名义上的希腊性。然而，当罗马人把新的社会秩序建立起来并赋予他们新的统治角色之后，城邦公民的独立之梦却又一次飘然而起，而城邦中犹太人的异质性也更加凸显。希腊人没有政治上的独立，因此吝惜自己仅有的公民权利。对于犹太人试图在融入"城邦"的同时保留自身传统的要求，希腊人一口回绝，并对之严防死守。城市中的希腊人在等待一位倾心于希腊的罗马帝王。盖乌斯虽为万世暴君，但他的即位却使亚历山大里亚的希腊人找到了向犹太人发泄仇怨的机会，公元 38 年，暴烈的族际冲突制造了人类历史上的第一座隔都。克劳狄皇帝的一纸敕令，恢复了帝国以往的平静，散居犹太社团在确保自身宗教权利的同时，却永远失去了获取政治权利并融入希腊世界的机会，而希腊人的犹太观念也随着地中海世界的一统，传递给了罗马人。

罗马人以其军事天才、务实精神和缜密的法律体系缔造了辉煌的帝国，成为地中海世界的统治者。"罗马和平"的意识形态使罗马人一眼望着帝国的霸权秩序，一眼盯着罗马城内的各种奇风异俗是否对其至高无上的传统造成危害。被征服的民族是被宽容的，但是罗马精神也绝不容许被污染。然而，与希腊人和犹太人相比，罗马人对自己文化缺乏自信。崇尚现实的罗马人容易接受各种奇风异俗。散居罗马的犹太人很快便引起了罗马保守精英的注意。他们的风俗实在是太过显眼。安息日、禁食猪肉、割礼等犹太习俗纷纷成为罗马作家笔下时常出现的题材。罗马的保守精英也开始担心这种"野蛮的迷信"对罗马传统造成的影响。因此，他们像对待其他对罗马城产生影响的异族一样，痛批犹太习俗，并数次把犹太人赶出罗马。希腊人对犹太民族起源的追溯罗马人不感兴趣，但是希腊人对犹太人性格的归纳倒是符合罗马人的胃口，因为希腊人和罗马人都逐渐发现，这个"排他"而"仇外"的民族无法融入他们的世界。希腊与罗马的犹太观念在此得到了累加。

罗马的犹太观念围绕各种犹太习俗展开。罗马保守精英为了保护自己的传统，对罗马大众进行道德训诫，更加关注犹太风俗，并赋予其各种与罗马传统道德相对立的负面道德属性。安息日变成了懒惰，变成了与罗马道德相悖的标靶。然而他们在相当一段时间内，始终简单地把犹太教视为迷信，与其他异族习俗无异。直到罗马人遇到了比希腊人更加棘手的问题——皈依犹太教。

虽然罗马在宗教上宽容了被征服的民族，但是没有办法抑制其贪官污吏对行省人民的横征暴敛。犹太战争的爆发使犹太民族遭到了罗马帝国的残酷报复，但是犹太教也以一种新的姿态出现在地中海世界。韦伯芎试图以罗马人的方式摧毁犹太教，但是独一神文明与多神文明之间本质上的差异却使犹太教和犹太民族躲过了灭顶之灾，而罗马试图消灭犹太教的举措——征收"犹太税"——反而为犹太民族的认同提供了新的标识。公元 96 年在某种意义上是西方世界的"万历十五年"：涅尔瓦一项普通的举措不经意间彻底打破罗马人"公民-城邦"的宗教观念。犹太文明终于以惨重的代价开启了多神教帝国与独一神宗教的观念对话。皈依的概念终于逐渐被罗马人理解，共同体成员认同的方式也在此发生了翻天覆地的变化。然而，罗马保守精英的"恐犹症"却丝毫没减轻，反而变得更加激烈。因为，罗马世界的保守精英和统治者第一次领悟到犹太教与他们的传统宗教的本质区别，与此同时他们也体会到了独一神宗教的威力。此后的法令也更加有针对性，针对割礼的禁令重新使犹太出身成为界定犹太人的标准，而犹太民族与犹太教的同一性也因之得到了强调。

　　犹太文明同三个高度发达的多神教文明进行博弈，最终改变了罗马人的"宗教观念"，为一神文明的兴起开辟了道路，而各个族群的犹太观念无疑为我们见证这场博弈提供了极佳的切入点。希腊、罗马的反犹观念并没有随着时代的演进而消失，只是为基督教时代的反犹提供了素材。

参考文献

中文文献史料

《圣经》现代中文译本，中国基督教三自爱国运动委员会及中国基督教协会，2006。

《圣经后典》，张久宣译，商务印书馆，1996。

《死海古卷》，王神荫译，商务印书馆，2003。

阿庇安：《罗马史》，谢德风译，商务印书馆，1997。

爱比克泰德：《哲学谈话录》，吴欲波等译，中国社会科学出版社，2004。

波里比阿：《罗马帝国的崛起》，翁佳声译，社会科学文献出版社，2013。

柏拉图：《柏拉图全集》四卷本，王晓朝译，人民出版社，2002～2003。

保罗·梅尔编译《约瑟夫著作精选》，王志勇译，北京大学出版社，2004。

德尔图良：《护教篇》，涂世华译，上海三联书店，2007。

斐洛：《论创世记——寓意的解释》，王晓朝、戴伟清译，香港：汉语基督教文化研究所，1998。

——《论律法》，石敏敏译，中国社会科学出版社，2007。

——《论摩西的生平》，石敏敏译，中国社会科学出版社，2007。

——《论凝思的生活》，石敏敏译，中国社会科学出版社，2004。

赫西俄德：《工作与时日 神谱》，张竹明，蒋平译，商务印书馆，1991。

凯撒：《高卢战记》，任炳湘译，商务印书馆，2002。

——《内战记》，任炳湘、王士俊译，商务印书馆，1996。

李维：《自建城以来》，王焕生译，中国政法大学出版社，2009。

李晓东译注《埃及历史铭文举要》，商务印书馆，2007。

普鲁塔克：《古典共和精神的捍卫：普鲁塔克文选》，包利民等译，中国社会科学出版社，2005。

——《论埃及神学与哲学——伊希斯与俄赛里斯》，段映虹译，华夏出版社，2009。

——《希腊罗马名人传》上册，陆永庭、吴彭鹏等译，商务印书馆，1999。

撒路斯提乌斯：《喀提林阴谋 朱古达战争》，王以铸、崔妙因译，商务印书馆，1994。

塞涅卡：《强者的温柔》，包利民等译，中国社会科学出版社，2005。

斯特拉博：《地理学》，李铁匠译，上海三联书店，2014。

苏维托尼乌斯：《罗马十二帝王传》，张竹明、王乃新、蒋平等译，商务印书馆，1995。

塔西佗：《阿古利可拉传 日耳曼尼亚志》，马雍、傅正元译，商务印书馆，1997。

——《编年史》，王以铸、崔妙因译，商务印书馆，2002。

——《历史》，王以铸、崔妙因译，商务印书馆，2002。

瓦罗：《论农业》，王家绥译，商务印书馆，1997。

维吉尔:《埃涅阿斯纪》，杨周翰译，译林出版社，1999。

希罗多德:《历史》，王以铸译，商务印书馆，1985。

希波克拉底:《希波克拉底文集》，赵洪钧、武鹏译，学苑出版社，2019。

西塞罗:《论神性》，石敏敏译，上海三联书店，2007。

——《西塞罗全集·演说词卷》，王晓朝译，人民出版社，2008。

亚里士多德:《形而上学》，吴寿彭译，商务印书馆，1996。

——《政治学》，吴寿彭译，商务印书馆，2008。

优西比乌:《教会史》，瞿旭彤译，三联书店，2009。

约瑟夫斯:《犹太战争》，王丽丽译，山东大学出版社，2007。

张强、张楠译注《希腊拉丁历史铭文举要》，商务印书馆，2016。

张平译注《密释纳（第1部种子）》，山东大学出版社，2011。

外文文献史料

Bagnall, R. S., & Derow P., eds., *The Hellenistic Period: Historical Sources in Translation*, Oxford: Blackwell, 2004.

Burstein, S. M., trans. & ed., *Agatharchides of Cnidus, On the Erythraean Sea*, London: Hakluyt Society, 1989.

Charles, R. H., ed., *The Apocrypha and Pseudepigrapha of the Old Testament*, 2Vols., Berkeley(CA) : The Apocryphile Press, 2004.

Charlesworth, J. H., ed., *The Old Testament Pseudepigrapha*, 2vols., London: Darton, Longman & Todd, 1983, 1985.

Hadas, M., ed. & trans., *Aristeas to Philocrates*, New York: Ktav Publishing House, Inc., 1973.

Holladay, C. R., ed., *Fragments from Hellenistic Jewish Authors Vol-*

ume I: Hisrotians, Chico: Scholars Press, 1983.

—— ed., *Fragments from Hellenistic Jewish Authors Volume II : Poets*, Atlanta: Scholars Press, 1989.

—— ed., *Fragments from Hellenistic Jewish Authors Volume III : Aristobulus*, Atlanta: Scholars Press, 1995.

—— ed., *Fragments from Hellenistic Jewish Authors Volume IV: Orphica*, Atlanta: Scholars Press, 1996.

Horbury, W., & Noy, D., eds., *Jewish Inscriptions of Graeco-Roman Egypt*, New York: Cambridge University Press, 1992.

Jacobson, H., *The Exagoge of Ezekiel*, Cambridge: Cambridge University Press, 1983.

Linder, A., *The Jews in Roman Imperial Legislation*, Detroit: Wayne State University Press, 1987.

Mason, S., ed., *Flavius Josephus: Translations and Commentary*, 10 Vols., Leiden: Brill, 2007.

Neusner, J., *The Talmud of the Land of Israel: An Academic Commentary to the Second, Third and Fourth Divisions*, Vol. VI Yerushalmi Tractate Sukkah, South Florida academic commentary series; No. 108 –.

Stern, M., ed., *Greek and Latin Authors on Jews and Judaism*, 3Vols., Jerusalem: The Israel Academy of Sciences and Humanities, 1974–1984.

Tcherikover, V., & Fuks, A., eds., *Corpus Papyrorum Judaicarum*, 3Vols., Cambridge: Harvard University Press, 1957–1964.

Whiston, W., trans., *The Works of Josephus*, Peabody(Mass.) : Hendrickson Publishers, Inc., 1987.

Yonge, C. D., trans., *The Works of Philo*, Peabody (Mass.) : Hendrickson Publishers, Inc., 1993.

　　* 本书所有古典作家作品，均参考洛布古典丛书（Loeb Classical Library），不再逐一罗列。

中文专著、译著及论文

C. Л. 乌特钦科：《城邦——帝国》，朱承思译，廖学盛、郭小凌校，载中国世界古代史学会编《古代世界城邦问题译文集》，时事出版社，1985。

Г. А. 科谢连科：《城邦与城市》，王阁森译，廖学盛校，载中国世界古代史学会编《古代世界城邦问题译文集》，时事出版社，1985。

安东尼·吉登斯：《社会学》，李康译，北京大学出版社，2009。

奥托·基弗：《古罗马风化史》，姜瑞璋译，辽宁教育出版社，2000。

巴洛：《罗马人》，黄韬译，上海人民出版社，2000。

彼得·伯克：《法国史学革命：年鉴学派，1929–1989》，刘永华译，北京大学出版社，2006。

布鲁斯：《圣经正典》，刘平、刘有古译，上海人民出版社，2008。

曹正汉：《观念如何塑造制度》，上海人民出版社，2005。

陈恒：《希腊化研究》，商务印书馆，2006。

大卫·A. 德席瓦尔：《次经导论》，梁工等译，商务印书馆，2010。

菲克·梅杰：《角斗士：历史上最致命的游戏》，李小均译，广西师范大学出版社，2009。

菲斯泰尔·德·古郎士：《古代城市：希腊罗马宗教、法律及制度研究》，吴晓群译，上海人民出版社，2006。

弗格森：《古希腊-罗马文明：社会、思想与文化（上）》，李丽书译，华东师范大学出版社，2012。

弗雷泽：《金枝》，徐育新、汪培基、张泽石译，刘魁立审校，新世界出版社，2006。

傅有德：《论犹太教的信与行——兼与基督教比较》，载《基督宗教研究》第 8 辑，宗教文化出版社，2005。

龚方震、晏可佳：《祆教史》，上海社会科学院出版社，1998。

顾准：《顾准文稿》，中国青年出版社，2002。

郭丹彤：《略论埃及希克索斯王朝》，载《东北师大学报》（哲学社会科学版）1997 年第 3 期。

郭子林、李凤伟：《论托勒密埃及的王室婚姻》，载《广西社会科学》2005 年第 7 期。

郭子林：《论埃及托勒密王朝王权与神权的关系》，载《古代文明》2008 年第 4 期。

汉斯·约纳斯：《诺斯替宗教：异乡神的信息与基督教的开端》，张新樟译，上海三联书店，2006。

亨利·富兰克弗特：《王权与神祇：作为自然与社会结合体的古代近东宗教研究》，郭子林、李岩、李凤伟译，上海三联书店，2007。

黄天海：《希腊化时期的犹太思想》，上海人民出版社，1999。

黄洋、晏绍祥：《希腊史研究入门》，北京大学出版社，2009。

江晓原：《历史上的占星学》，上海科技教育出版社，1995。

李隆国：《从"罗马帝国衰亡"到"罗马世界转型"——晚期罗马史研究范式的转变》，载《世界历史》2012 年第 3 期。

李雅书、杨共乐：《古代罗马史》，北京师范大学出版社，2004。

梁工、赵复兴：《凤凰的再生——希腊化时期犹太文学研究》，
商务印书馆，2000。

梁工：《略论古犹太文人创作残片的特质和地位》，《外国文学
评论》1999 年第 3 期。

——《犹太古典戏剧〈领出去〉初识》，《河南大学学报》
（社会科学版）2000 年第 3 期。

——《古埃及末期的犹太流散文学回眸》，载《东方丛刊》
2006 年第 2 期。

刘津瑜：《罗马史研究入门》，北京大学出版社，2014。

刘文鹏：《古代埃及史》，商务印书馆，2000。

罗伯特·希普里阿尼著，劳拉·费拉罗迪英译《宗教社会学
史》，高师宁译，何光沪校，中国人民大学出版社，2005。

罗杰·巴格诺尔：《阅读纸草，书写历史》，宋立宏、郑阳译，
上海三联书店，2007。

罗纳尔德·威廉逊：《希腊化世界中的犹太人：斐洛思想引
论》，徐开来、林庆华译，华夏出版社，2003。

罗斯托夫采夫：《罗马帝国社会经济史》，马雍、厉以宁译，
商务印书馆，2005。

马丁·麦格：《族群社会学》，祖力亚提·司马义译，华夏出
版社，2007。

迈克尔·格兰特：《罗马史》，王乃新、郝际陶译，上海人民
出版社，2008。

莫赫塔尔主编《非洲通史》卷二，中国对外翻译出版公司，
1984。

潘光主编《犹太研究在中国——三十年回顾：1978—2008》，
上海社会科学院出版社，2008。

乔治·古奇:《十九世纪历史学与历史学家》下册,耿淡如译,商务印书馆,1997。

萨拉·B. 波默罗伊、斯坦利·M. 伯斯坦、沃尔特·唐兰、珍妮弗·托儿伯·特罗伯茨:《古希腊政治、社会和文化史》,傅洁莹、龚萍、周平译,上海三联书店,2010。

塞缪尔·亨廷顿:《文明的冲突与世界秩序的重建》,周琪等译,新华出版社,1998。

宋立宏:《希腊罗马人对犹太教的误读》,载《世界历史》2000 年第 3 期。

——《犹太战争与巴勒斯坦罗马化之两难》,载《世界历史》2002 年第 1 期。

——《罗马的犹太政策》,载《学海》2006 年第 1 期。

——《谁是"犹太人"——关于"Ioudaios"的札记》,载《历史研究》2007 年第 2 期。

——《古代的犹太铭文》,载《历史研究》2005 年第 6 期。

——《犹太集体记忆视域下的巴尔·科赫巴书信》,载《历史研究》2011 年第 2 期。

——《希腊化与罗马时期犹太人的政治宗教特征——以古代犹太钱币为中心的考察》,载《历史研究》2013 年第 3 期。

宋立宏、孟振华主编《犹太教基本概念》,江苏人民出版社,2012。

泰萨·瑞洁克:《史学家约瑟夫斯及其世界》,周平译,商务印书馆,2014。

汤普森:《历史著作史》上卷,第一分册,谢德风译,李活校,商务印书馆,1996。

汤因比：《历史研究》，刘北成、郭小凌译，上海人民出版社，2000。

特威兹穆尔：《奥古斯都》，王以铸译，商务印书馆，2010。

王鹤：《托勒密埃及的统治者崇拜》，载《黑龙江社会科学》2008 年第 1 期。

王焕生：《古罗马文学史》，人民文学出版社，2006。

王晓朝：《罗马帝国文化转型论》，社会科学文献出版社，2002。

吴晓群：《希腊思想与文化》，上海社会科学院出版社，2009。

徐晓旭、王敦书：《庞培·特罗古斯的〈腓力史〉和查士丁的〈《腓力史》概要〉》，载《史学理论研究》2001 年第 2 期。

徐新：《反犹主义解析》，上海三联书店，1996。

——《犹太文化史》，北京大学出版社，2006。

——《论犹太文化》，世界图书出版广东有限公司，2013。

——《反犹主义：历史与现状》，人民出版社，2015。

——《论一神思想的精髓——以犹太思想为例》，载《学海》2007 年第 1 期。

——《论犹太教崇拜手段——祈祷》，载《学海》2010 年第 2 期。

文德尔班：《哲学史教程》上卷，罗达仁译，商务印书馆，1996。

亚伦·奥本海默：《犹太教：从圣殿到文本》，载宋立宏主编《从西奈到中国》，三联书店，2012。

杨共乐：《罗马的凯旋仪式及其价值》，载《河北学刊》2014 年第 5 期。

杨巨平：《碰撞与交融——希腊化时代的历史与文化》，中国社会科学出版社，2018。

袁指挥：《论古埃及埃勒凡塔的犹太社区》，载《古代文明》

2011 年第 1 期。

张春梅：《埃及文化"希腊化"辨析》，载《内蒙古民族师院学报》（哲学社会科学·汉文版）2000 年第 1 期。

——《"希腊化"还是"埃及化"——托勒密埃及希腊移民的文化地位研究》，载《史学集刊》2007 年第 1 期。

张楠、张强《奥古斯都功德碑译注》，载《古代文明》2007 年第 3 期。

张倩红：《改革开放以来犹太史研究中的几个问题》，载《世界历史》2008 年增刊。

张倩红、艾仁贵：《犹太史研究入门》，北京大学出版社，2017。

张晓校：《罗马军队与帝位嬗递》，中国社会科学出版社，2006。

张新樟：《"诺斯"与拯救——古代诺斯替主义的神话、哲学与精神修炼》，三联书店，2005。

章雪富：《斐洛思想导论（Ⅰ）：两希文明视野中的犹太哲学》，中国社会科学出版社，2006。

——《斐洛思想导论（Ⅱ）——犹太的律法和自我的治疗》，中国社会科学出版社，2008。

——《斯多亚主义》，第一卷，中国社会科学出版社，2007。

郑阳：《试论斐洛的教育观》，载《学海》2008 年第 3 期。

——《犹太世俗贵族的兴起与犹太社会的首次希腊化》，载《学海》2009 年第 6 期。

——《约瑟夫斯思想浅析》，载《学海》2010 年第 2 期。

——《族群空间与散居犹太人——以斐洛思想为例》，载宋立宏主编《从西奈到中国》，三联书店，2012。

——《弗拉维王朝犹太政策探析》，载《经济社会史评论》2019 年第 3 期。

周枏:《罗马法原论》, 商务印书馆, 2001。

周平:《〈犹太古史〉所罗门传: 希伯来传统与希腊化双重视野》, 社会科学文献出版社, 2011。

朱塞佩·格罗索:《罗马法史》, 黄风译, 中国政法大学出版社, 2009。

西文专著与论文

Abel, E. L., "Were the Jews banished from Rome in 19 A. D. ?", *Revue des Etudes Juives*, 127, 1968, pp. 383–386.

Alston, R., "Philo's in *Flaccum*: Ethnicity and Social Space in Roman Alexandria", *Greece & Rome*, Vol. 44, 1997, pp. 165–175.

Assmann, J., *Moses the Egyptian: The Memory of Egypt in Western Monotheism*, London & Cambridge: Harvard University Press, 1997.

Barclay, J. M. G., *Jews in the Mediterranean Diaspora: From Alexander to Trajan*, Berkeley & Los Angeles: University of California Press, 1996.

Bar-Kochva, B., "An Ass in the Jerusalem Temple: The Origins and Development of the Slander", in L. H. Feldman & J. R. Levison, eds., *Josephus' Contra Apionem: Studies in Its Character and Context*, Leiden: E. J. Brill, 1996, pp. 310–326.

Barnes, T. D., "The Sack of the Temple in Josephus and Tacitus", in J. Edmondson, S. Mason, and J. Rives, eds., *Flavius Josephus and Flavian Rome*, Oxford: Oxford University Press, 2005.

Barrett, A. A., *Caligula: The Corruption of Power*, London: Yale University Press, 1990.

Bell, H. I., "Anti-Semitism in Alexandria", *The Journal of Roman*

Studies, Vol. 31, 1941, pp. 1–18.

Ben Zeev, M. P., *Jewish Rights in the Roman World: The Greek and Roman Documents Quotes by Josephus Flavius*, Tübingen: Mohr Siebeck, 1998.

Ben – Sasson, H. H., ed., *A History of Jewish People*, Cambridge: Harvard University Press, 1976.

Bickerman, E., "Historical Foundations of Post Biblical Judaism", in L. Finkelstein, ed., *The Jews, Their History, Culture, and Religion*, Vol. 1, Philadelphia: Jewish Publication Society of America, 1949, pp. 70–104.

——*From Ezra to the Last of the Maccabees*, New York: Schocken Books, 1962.

——*The Jews in the Greek Age*, Cambridge(Mass.) : Harvard University, 1988.

Bilde, P., *Flavius Josephus between Jerusalem and Rome: His Life, His Work and Their Importance*, Sheffield: JSOT Press, 1988.

Bowman, A. K., *Egypt after the Pharaohs: 332 BC–AD 642: From Alexander to the Arab Conquest*, Berkeley: University of California Press, 1986.

Bowman, A. K., & Rathbone D., "Cities and Administration in Roman Egypt", *The Journal of Roman Studies*, Vol. 82, 1992, pp. 107–127.

Brown, P., *The World of Late Antiquity: AD 150 – 750*, London: Thames & Hudson, 1971.

Burkert, W., *Greek Religion*, trans., J. Raffan, Cambridge: Harvard University Press, 1985.

Christ, K., *Romans: An Introduction to Their Civilization*, London: Chatto & Windus, 1984.

Clark, G., *Late Antiquity: An Short Introduction*, Oxford: Oxford University Press, 2011.

Cohen, S. J. D., *The Beginning of Jewishness: Boundaries, Varieties, Uncertainties*, Los Angeles: University of California Press, 1999.

——*From Maccabees to the Mishnah*, 3rd ed., Louisville: Westminster John Knox Press, 2014.

Collins, J. J., *Between Athens and Jerusalem: Jewish Identity in the Hellenistic Diaspora*, Grand Rapids: Wm. B. Eerdmans Publishing Co., 2000.

——*Jewish Cult and Hellenistic Culture: Essays on the Jewish Encounter with Hellenism and Roman Rule*, Leiden: Brill Academic Publishers, Inc., 2005.

Colson, F. H., *The Week*, Cambridge: Cambridge University Press, 1926.

Cornell T., "The End of Roman Imperial Expansion", in J. Rich & G. Shipley, eds., *War and Society in the Roman World*, London: Routledge, 1995.

Daniel, J. L., "Anti – Semitism in the Hellenistic – Roman Period", *Journal of Biblical Literature*, Vol. 98, No. 1, 1979, pp. 45–65.

Delia, D., "The Population of Roman Alexandria", *Transactions of the American Philological Association*, 1988, Vol. 118, pp. 275–292.

——*Alexandrian Citizenship during the Roman Principate*, Atlanta: Scholars Press, 1991.

Earl, D. C., *The Moral and Politics Tradition of Rome*, Ithaca:

Cornell University Press, 1967.

El-Abbadi, M. A. H., "The Alexandria Citizenship", *The Journal of Egyptian Archaeology*, Vol. 48, 1962, pp. 106-123.

Erskine, A., "The Romans as Common Benefactors", *Historia*, Vol. 43, 1994, pp. 70-87.

——eds., *A Companion to Hellenistic World*, Oxford: Blackwell, 2003.

Favro, D., *The Urban Image of Augustan Rome*, New York: Cambridge University Press, 1996.

Feeney, D., *Literature and Religion at Rome*, Cambridge: Cambridge University Press, 1998.

Feldman, L. H., "Anti-Semitism in the Ancient World", in David Berger ed., *History and Hate: The Dimensions of Anti-Semitism*, Jerusalem: The Jewish Publication Society, 1986, pp. 15-42.

—— "The Omnipresence of the God-fearers", *Biblical Archaeology Review*, Vol. 12, 5, 1986, pp. 58-69.

——*Jew and Gentile in the Ancient World*, Princeton: Princeton University Press, 1993.

Fitzpatrick-McKinley, A., "Synagogue Community in the Graeco-Roman Cites", in John R. Bartlett ed., *Jews in the Hellenistic and Roman Cities*, London & New York: Routledge, 2002, pp. 55-87.

Frankfurter, D., "Lest Egypt's City be Deserted: Religion and Ideology in Egyptian Response to the Jewish Revolt (116-117 C. E.)", *Journal of Jewish Studies*, Vol. 43, 1992, pp. 203-220.

Fraser, P. M., *Ptolemaic Alexandria*, Vol. 1, Oxford: Clarendon Press, 1972.

Gager, J. G., *Moses in Greco - Roman Paganism*, Nashville & New York: Abingdon Press, 1972.

——*The Origins of Anti - Semitism*, New York & Oxford: Oxford University Press, 1985.

Gardiner, A. H, *Late - Egyptian Stories*, Brussels: Edition de la Fondation Egyptologique Reine Elisabeth, 1932.

Glay, M., Voisin, J., Bohec, Y., *A History of Rome*, trans., A. Nevill, Malden(Mass.) : Blackwell Publishers Inc., 1996.

Goodenough, E., *Jewish Symbols in the Graeco-Roman Period*, 13Vols., New York: Pantheon, 1953 - 1968.

Goodman, M., "Nerva, the Fiscus Judaicus and Jewish Identity", *The Journal of Roman Studies*, Vol. 79, 1989, pp. 40 - 44.

——*Rome and Jerusalem: The Clash of Ancient Civilization*, New York: Vintage Books, 2008.

Goudriaan, K., "Ethnical Strategies in Graeco - Roman Egypt", in- *Ethnicity in Hellenistic Egypt*, eds., Per Bilde *et al.*, Aarhus: Aarhus University Press, 1992, pp. 74 - 99.

Grabbe, L., *An Introduction to Second Temple Judaism: History and Religion of the Jews in the Time of Nehemiah, the Maccabees, Hillel and Jesus*, London: T&T Clark International, 2010.

Griffiths, J. G., *The Conflict of Horus and Seth from Egyptian and Classical Sources: A Study in ancient Mythology*, Liverpool: University of Liverpool Press, 1960.

Gruen, E. S., *Heritage and Hellenism: The reinvention of Jewish tradition*, Berkeley and Los Angeles: University of California Press, 1998.

——*Diaspora: Jews amidst Greeks and Romans*, Cambridge (Mass.), London: Harvard University Press, 2002.

Harris, W. V., "Child – Exposure in the Roman Empire", *The Journal of Roman Studies*, 1994, Vol. 84, pp. 1–22.

Hengel, M., *Judaism and Hellenism*, Vol. 1 & 2, Philadelphia: Fortress Press, 1974.

——*Jews, Greeks and Barbarians*, trans., J. Bowden, London: SCM Press, 1980.

——*The 'Hellenization' of Judaea in the First Century after Christ*, London: SCM Press, 1989.

Hölbl, G., *A History of the Ptolemaic Empire*, trans., T. Saavedra, London: Routledge Taylor and Francis Group.

Isaac, B. H., *The Invention of Racism in Classical Antiquity*, Princeton: Princeton University Press, 2004.

Isaac, J., *Jesus and Israel*, ed., C. H. Bishop; trans., S. Gran, New York: Holt, Rinehart and Winston, 1971.

Jaeger, "Greeks and Jews: The First Greek Records of Jewish Religion and Civilization", *The Journal of Religion*, Vol. 18, 1938, pp. 127–143.

Jones, A. H. M., *The Greek City from Alexander to Justinian*, Oxford: Clarendon Press, 1940.

Jones, B. W., *The Emperor Titus*, London: Croom Helm, 1984.

Kasher, A., *The Jews in Hellenistic and Roman Egypt: The Struggle for Equal Rights*, Tübingen: Mohr, 1985.

Leon, H. J., *The Jews of Ancient Rome*, Philadelphia: The Jewish Publication Society of American, 1960.

Levine, L. L., *Judaism and Hellenism in Antiquity: Conflict or Confluence?* Seattle: University of Washington Press, 1998.

Lewy, H., "Tacitus on the Origin and Manners of the Jews", *Zion* 8, 1943, pp. 1–26.

Liebeschuetz, W., "The Influence of Judaism among Non–Jews in the Imperial Period", *Journal of Jewish Studies*, Vol. 52, 2001, pp. 235–252.

Lüderitz, G., "What is the Politeuma?", in J. W. van Henten & P. W. van der Horst eds., *Studies in Early Jewish Epigraphy*, Leiden: Brill, 1994, pp. 183–225.

Malandra, W. W., trans. & ed., *An Introduction to Ancient Iranian Religion*, Minneapolis: University of Minnesota Press, 1983.

Mendels, D., " 'Creative History' in the Hellenistic Near East in the Third and Second Centuries BCE: The Jewish Case", *Journal for the Study of the Pseudepigrapha*, Vol. 1, No. 2, 1988, pp. 13–20.

Millar, F., "Last Year in Jerusalem: Monuments of the Jewish War in Rome", in J. Edmondson, S. Mason, and J. Rives, eds., *Flavius Josephus and Flavian Rome*, Oxford: Oxford University Press, pp. 101–128.

——*The Roman Near East, 31 BC–AD 337*, Cambridge: Harvard University Press, 1993.

Modrzejewski, J. M., *The Jews of Egypt: From Rameses II to Emperor Hadrian*, Edinburgh: T&T Clark, 1995.

Momigliano, A., *Alien Wisdom: The Limits of Hellenization*, Cambridge: Cambridge University Press, 1975.

Niehoff, M. R., *Philo on Jewish Identity and Culture*, Tübingen:

Mohr Siebeck, 2001.

Nirenberg, D., *Anti - Judaism: The Western Tradition*, London: W. W. Norton, 2013.

Nock, A. D., "Posidonius", *The Journal of Roman Studies*, Vol. 49, 1959, pp. 1-15.

Nolland, J., "Proselytism or Politics in Horace, *Satires* I. 4. 138 - 143?", *Vigiliae Christianae*, Vol. 33, 1979, pp. 347-355.

Parchami, A., *Hegemonic Peace and Empire: The Pax Romana, Britannica and Americana*, London & New York: Routledge, 2009.

Porten, B., *Archives from Elephantine: The Life of an Ancient Jewish Military Colony*, Berkeley & Los Angeles: University of California Press, 1968.

Radin, M., *The Jews among the Greeks and Romans*, Philadelphia: The Jewish Publication Society of America, 1915.

Rajak, T., *The Jewish Dialogue with Greece and Rome: Studies in Cultural and Social Interaction*, Boston & Leiden: Brill Academic Publishers, Inc., 2002.

Redford, D. B., "The Hyksos Invasion in History and Tradition", *Orientalia*, Vol. 39, 1970, pp. 1-51.

——*Pharaonic King-Lists, Annals and Day-Books: A Contribution to the Study of the Egyptian Sense of History*, Mississauga: Benben Publications, 1986.

Rives, J., "Human Sacrifice among Pagans and Christians", *The Journal of Roman Studies*, Vol. 85, 1995, pp. 65-85.

Rüpke, J., eds., *A Companion to Roman Religion*, Oxford: Wiley - Blackwell, 2011,

Rutgers, L. V., *The Jews in Late Ancient Rome: Evidence of Cultural Interaction in the Roman Diaspora*, Leiden: Brill, 1995.

Save-Soderbergh, T., "The Hyksos Rule in Egypt", *The Journal of Egyptian Archaeology*, Vol. 37, 1951, pp. 53–71.

Schäfer, P., *Judeophobia: Attitudes towards the Jews in the Ancient World*, London: Harvard University Press, 1997.

——*The History of the Jews in the Greco-Roman World: The Jews of Palestine from Alexander the Great to the Arab Conquest*, London: Routledge Taylor and Francis Group, 2003.

Schwartz, D. R., *Agrippa I: The Last King of Judaea*, Tübingen: Mohr, 1990.

Schwartz, S., *Imperialism and Jewish Society*, Princeton: Princeton University Press, 2001.

Sevenster, J. N., *The Roots of Pagan Anti-Semitism in the Ancient World*, Leiden: Brill, 1975.

Siedentop, L., *Inventing the Individual: The Origins of Western Liberalism*, Cambridge: The Belknap Press of Harvard University Press, 2014.

Simon, M., *Verus Israel: A Study of the Relations between Christians and Jews in the Roman Empire*, Oxford: Oxford University Press, 1986.

Singleton, D., "Juvenal's Fifteenth Satire: A Reading", *Greece & Rome*, Vol. 30, No. 2, 1983, pp. 198–207.

Smallwood, E. M., "Domitian's attitude towards the Jews and Judaism", *Classical Philology*, Vol. 51, 1956, pp. 1–13.

——*The Jews under Roman Rule: From Pompey to Diocletian*,

Leiden: Brill Academic Publishers, Inc., 1981.

Sterling, G. E., *Historiography and Self-Definition: Josephos, Luke Acks and Apologetic Historiography*, Leiden: Brill, 1992.

Stone E., ed., *Jewish Writing of the Second Temple Period: Apocrypha, Pseudepigrapha, Qumran Sectarian Writings, Philo, Josephus*, Philadelphia: Fortress, Press 1984.

Stricker, B. H., "Asinarii", *Oudheidkundige Mededelingen uit het Rijksmuseum van Oudheden te Leiden*, Vol. 46, 1965, pp. 52−75.

Tarn, W. W., *Hellenistic Civilisation*, London: E. Arnold, 1953.

Tcherikover, V., *Hellenistic Civilization and the Jews*, Philadelphia: Jewish Publication Society of America, 1959.

Thompson, L. A., "Domitian and Jewish Tax", *Historia*, Vol. 31, 1982, pp. 329−42.

Walbank, F. W., *The Hellenistic World*, Cambridge: Harvard University Press, 1992.

Wardman, A., *Religion and Statecraft among the Romans*, London: Granada Publishing, 1982.

Wardy, B., "Jewish Religion in Pagan Literature during the Late Republic and Early Empire", *Aufstieg und Niedergang der römishcen Welt*, II, 19. 1, 1979, pp. 592−642.

Warrior, V. M., *Roman Religion*, Cambridge: Cambridge University Press, 2006

Watts, W. J., "Race Prejudice in the Satires of Juvenal", *Acta Classica*, Vol. 19, 1976, pp. 83−104.

Weitzman, S., *Surviving Sacrilege: Cultural Persistence in Jewish Antiquity*, London & Cambridge (Mass.): Harvard University

Press, 2005.

Wells, C., *The Roman Empire*, Cambridge (Mass.): Harvard University Press, 1992.

Whittaker, M., *Jews and Christians: Graeco - Roman Views*, Cambridge: Cambridge University Press, 1984.

Williams, M. H., "Domitian, the Jews and the ' Judaizer' –A Simple Matter of Cupiditas and Maiestas?", *Historia*, Vol. 39, 1990, pp. 196–211.

—— "The Expulsion of the Jews from Rome in A. D. 19", *Latomus*, Vol. 48, 1989, pp. 765–784.

Yavetz, Z., " Judeophobia in Classical Antiquity: A Different Approach", *Journal of Jewish Studies*, Vol. 44, 1993, pp. 1–22.

Zampaglione, G., *The Idea of Peace in Antiquity*, Notre Dame: University of Notre Dame Press, 1973.

中文工具书

丁光训、金鲁贤主编《基督教大辞典》，上海辞书出版社，2010。

黄风编著《罗马法词典》，法律出版社，2002。

卢龙光主编《基督教圣经与神学词典》，宗教文化出版社，2007。

谢大任主编《拉丁语汉语词典》，商务印书馆，1988。

新华通讯社译名室编《世界人名翻译大辞典》，中国对外翻译出版公司，1993。

徐新，凌继尧主编《犹太百科全书》，上海人民出版社，1993。

英文工具书

Bunson, M., *The Encyclopedia of Ancient Egypt*, New York &

Oxford: Facts on File, 1991.

Hornblower S., & Spawforth, A., eds., *The Oxford Classical Dictionary*, 3rd ed. rev., Oxford: Oxford University Press, 2003.

Roth, C., & Wigoder, G., eds., *Encyclopaedia Judaica*, Jerusalem: Keter Publishing House Ltd., 1971-1972.

后　记

转眼之间，已至癸卯岁末。距离自己结束学生生涯，入职已十余年，但自己的学术业绩却属寥寥，本书也算得我这棵慢树挤出的稀果。果虽简陋，却承载了许多对我而言无法忘怀的东西。

甲申之夏，我得遇授业恩师——徐新先生。先生平易近人，而又奋发进取。研学为道，孜孜不倦，知行相合，观微知著；授业解惑，循循善诱，潜移默化，润物无声。子曰："知之者不如好之者，好之者不如乐之者。"先生之谓也。能从先生，实是莫大的幸运。师门之内，诚朴励学，一派融融。以此六载，悦如一日。先生专研犹太，深得其精髓，不但敏达于学理，更兼化运于言行。无论讲座、会议，甚或是聚餐、游学，一课一事，皆可使人以平实直观的方式体悟犹太性是谓何物。先生督学甚严，一丝不苟。凡布置任务，必有检验，各类文作，必躬亲修改。大至结构体例，细至遣词用句，无不用心，所批所注，无不切中要害。等到自己也成为教师，更加体悟到这何其不易。先生关心学生，更善引导学生。彼时学业近终，毕业谋职，诸事繁杂，相互牵动，多有坎坷，不禁忧思。先生每以善言相慰，如冬日暖阳，蓝水极星。及至我撰写博士论文陷入胶着之际，先生总能举重若轻地予以点拨，用亲切而富含幽默感的 "Brainstorm" 带我冲过 "Deadline"。临近毕业离别，先生又赠我以新著，方便我过备课教学之关。今日能稍窥犹太学之堂奥，皆先生教诲之功，点点滴滴，铭记于心。反思今日，学力不进，慢树稀果，多有愧疚之心。唯愿先生身体康健，诸事顺遂。生虽驽钝，必以师为模，忠于职分，不敢懈怠。

求学之际，得识宋立宏师，亦是难得之缘。立宏师专于犹太古代史，学力深厚，眼界开阔，资源丰富；为人洒脱豁达，实为良师益友。不拘课上课下，每与交流，必有要得。凡我所求学术资料，立宏师皆尽力支持。正是与立宏师的交流，使我慢慢知悉了国外古典犹太教研究的学术谱系，没有这些信息，本书断难完成。读博时我曾赴以色列访学，立宏师古道热肠，为我联系外方导师而费心奔忙，使我有幸结识 Benjamin Isaac、Maren Niehoff 等知名学者。之后在学术翻译、论文修改等方面，立宏师亦悉心帮助。凡此诸惠，无以言谢。

及至就职天津师范大学，依然十分幸运，遇到了又一位人生中的恩师——侯建新先生。先生学名卓著，严谨谦和，以学人之心提携后学，不遗余力。依此学缘，得先生耳提面命，时时得惠。先生的学术视野宏阔，于欧洲文明的见解精当而独到。正是先生之教诲，使我在史学知识和方法上都有了新的收获，一定程度上对欧洲文明有了长时段、整体性的认识，对于古代地中海世界也有了新的理解。凡此诸得皆极大地助益了本书的完成。得遇先生，实我之幸。先生教诲，我必铭记于心，竭力而行。

天津师范大学多湖，水色旖旎，甚有景色。春有繁花，夏观游鱼，秋游红叶，冬赏蒹葭。这是工作的好地方，不仅自然环境令人心怡，人际环境也十分融洽。在史学院，我结识了颇多志同道合的朋友。大家专攻学术，心无旁骛。我平时写作遇到瓶颈，时常叨扰诸同事以求开阔思路、起获灵感。诸同仁不以我惫懒，给予我各种鼓励和帮助，使我能够挣脱滞怠，走出迷宫。各位高朋不仅在学术上对我多有帮助，在各种事务上也对我十分关照。本书为国家社科基金青年项目成果。结项之际，我正于海外访学，诸事不便。袁指挥兄、冯金朋兄、尚海涛兄、李静老师、米亚老师，在项目的事务上不辞辛苦，为我奔忙，终使我能够顺利结项。在此，我向他们表示由衷的谢意！

此外，我的师兄张礼刚、师妹孙燕在项目事务以及书稿修改的过程中，为我提出了许多宝贵的意见，给予我很多帮助。社会科学文献出版社的卫羚编辑为本书的出版辛勤付出，尽心尽力。在此我也对他们表示由衷的感谢！

我还要感谢我的父母。二老为我操劳已大半生，我虽年过不惑，但在家中实是个不省心的。遇到各种人生关口，父母都是我最坚实的后盾。每有闭关工作之事，父母也都竭力助我处理各种杂事，使我能集精力于一端，安心做自己的事。没有父母的支持，本书的完成实难想象。人生于世，我常感慨家庭父母之不易。如今，我虽时迸拉比撕鱼之心，也终有息女绕膝之慰。希望自己对女儿能够做到我父母对我的一半，我便知足心安了。

最后，即便经过多次修改，由于我个人学力有限，本书必然还有各种不足与谬误，这完全是我的责任。我愿虚心接受广大读者的批评指正。

郑　阳

2023 年岁末于天津

图书在版编目（CIP）数据

傲慢与偏见：希腊化-罗马时期地中海世界的犹太观念 / 郑阳著. -- 北京：社会科学文献出版社，2024.4
ISBN 978-7-5228-2742-1

Ⅰ.①傲…　Ⅱ.①郑…　Ⅲ.①犹太哲学-研究　Ⅳ.①B382

中国国家版本馆 CIP 数据核字（2023）第 219056 号

傲慢与偏见

——希腊化-罗马时期地中海世界的犹太观念

著　　者 / 郑　阳

出 版 人 / 冀祥德
责任编辑 / 卫　羚
责任印制 / 王京美

出　　版 / 社会科学文献出版社·人文分社（010）59367215
　　　　　　地址：北京市北三环中路甲 29 号院华龙大厦　邮编：100029
　　　　　　网址：www. ssap. com. cn
发　　行 / 社会科学文献出版社（010）59367028
印　　装 / 南京爱德印刷有限公司

规　　格 / 开　本：889mm×1194mm　1/32
　　　　　　印　张：10.625　字　数：247 千字
版　　次 / 2024 年 4 月第 1 版　2024 年 4 月第 1 次印刷
书　　号 / ISBN 978-7-5228-2742-1
定　　价 / 98.00 元

读者服务电话：4008918866